善本金融
中国特色金融发展新范式丛书

链式生态金融

数字化变局下的金融新范式

陆建强◎主编

中国经济出版社
CHINA ECONOMIC PUBLISHING HOUSE

图书在版编目（CIP）数据

链式生态金融：数字化变局下的金融新范式 / 陆建强主编．-- 北京：中国经济出版社，2025. 4. -- ISBN 978 - 7 - 5136 - 8092 - 9

Ⅰ. F830. 2 - 39

中国国家版本馆 CIP 数据核字第 2025W948Q6 号

责任编辑　严　莉
责任印制　李　伟
封面设计　久品轩

出版发行　中国经济出版社
印 刷 者　北京科信印刷有限公司
经 销 者　各地新华书店
开　　本　710mm × 1000mm　1/16
印　　张　22
字　　数　304 千字
版　　次　2025 年 4 月第 1 版
印　　次　2025 年 4 月第 1 次
定　　价　65. 00 元
广告经营许可证　京西工商广字第 8179 号

中国经济出版社 **网址** http://epc. sinopec. com/epc/ **社址** 北京市东城区安定门外大街 58 号 **邮编** 100011
本版图书如存在印装质量问题，请与本社销售中心联系调换（联系电话：010 - 57512564）

善本金融
中国特色金融发展新范式丛书

编委会

丛书序言

想编这样一套丛书，一直是我的心愿。而这个心愿的产生，或许也是因为自己的经历。我从事市场行政监管工作 12 年之久，不仅感受到了我国市场化改革带来的巨变，也感受到了我国市场经济主体的不易。20 世纪末 21 世纪初那些年，每次召开企业家座谈会，大家对金融特别是银行意见颇多，其中印象最深的，一是很多中小微企业说“为银行打工”，意思是所获得的一点利润，都被贷款利息占了；二是金融特别是银行只有锦上添花，没有雪中送炭，甚至变成了“下雨天收伞”——企业一经困难，银行不是帮助而是抽离。但金融的“贵气”，也一直伴着我的记忆，那便是金融工作人士挣得多，富得早。

此后我有幸到省政府从事副秘书长工作，联系金融和国资口子，已经 5 年多，便开始比较深入地看着金融。那时的感觉，最明显的，一是金融事关系统性风险，一旦出问题危害性很大，特别是涉众事件，多少投资者财富瞬间蒸发，金融真的很重要。二是金融作为一个大系统，问题不少，其中有很多其实是逻辑不清，才导致乱象频发，金融改革任务很是艰巨。2018 年，我从政府出来调任财通证券党委书记、董事长，近 4 年管理一家投行。2022 年 1 月，又从券商调任到商业银行——浙商银行，至今又是 3 年。近 7 年，我走到了一线开始实操，也有了真切的机会把这些年来积累的一些想法付诸实践。也许正是因为一直在金融之外看金融，才有了更多从社会视角对金融的认知，有了对金融改革的迫切性感受；也许正是因为从政府走向金融机构，才有了更多从国家战略、政府视角对金融的审视，有了对中国特色金融发展之路创新的迫切性感受。

习近平总书记指出，当今世界正经历百年未有之大变局。对于中华民族，这是伟大复兴；对于整个世界，这是格局重塑。大变局之下，各行各业都在全面而深刻地变化着。对于金融，我想我们面临的最大的变局有二：

一是金融定位站位的变局。到底如何看待金融？金融在经济社会发展中应该定位于怎样的角色？这不仅是当下我国金融最本体的问题，也是中国特色金融发展之路的关键所在。纵观世界金融发展史，金融源自经济发展之需，最初的融资就是将资本从未来和他人手中转移到当下的项目上，获得倍增放大功效。金融功能性是第一性，后来其从实体经济的服务中独立出来变成一种持牌的市场主体存在，才有了金融本身的产业属性即盈利性。进一步，这种盈利性被资本的逐利性不断放大，进而从服务实体经济演变成与实体经济争利，并不断向控制实体经济发展乃至成为控制社会的利器。华尔街金融大鳄是金融寡头的代表。从这个意义上讲，一部金融发展史就是一部金融功能的异化史，从服务实体经济功能走向了依托金融获取红利。显然，这不符合社会主义的价值理想。我们强调金融的政治性、人民性，就是强调社会主义金融的功能定位。虽然我国金融没有走到西方资本主义那么远，但毋庸讳言，改革开放以后发展起来的金融业遵循的基本是西方金融的发展逻辑和理论体系。从中微观形态来看，西方金融的一些病灶在我国金融业里表现得可以说是淋漓尽致，有的方面有过之而无不及。比如只有锦上添花没有雪中送炭，又如为了挣快钱而成为资本无序扩张的帮凶，等等。显然，中国式现代化需要对中国的金融发展进行全新定位，回归初心，把功能性放在更重要的位置，对金融机构来一场站位提升，全面重塑价值体系，是当下我国金融机构面临的最大变局。

二是数字化变局。这是技术革新带来的行业变化，也是来自生产力发展的历史性机遇。金融作为经营风险的行业，计算是其中的核心力量，也注定在数字文明时代迎来全新的发展形态。数字化带来的金融变局将无比深刻而全面。原来金融特别是银行所依赖的不动产抵押和第三方担保，即被诟病的“当铺模式”，在数字化背景下将会转变成依赖数据、依靠算力的“场景模式”；原来好企业抢着服务、困难企业无人服务的状态也是被诟病的“打猎式经营”，会因为数字化时代的精准性真正走向陪伴型“种田式经营”；原来各家金融机构依托不同牌照的专项服务在数字化大背景下也必然走向以客户为中心的综合服务。凡此种种，数字化下的金融正在朝着链式生态金融迈进。这是一次伟大而深刻的变局。这场变局，对于我国金融业摆脱西方发展路径依赖、走中国特色金融发展之路、真正打造金融强国，是历史性大机遇。在我看来，随着数字文明时代的到来，我国金融必将从追随走向引领，也是在数字化大时代，我国才能真正变成金融强国。

一个时代有一个时代的使命，一代人有一代人的责任。面对金融发展的两大变局，这些年我们开启了金融创新发展的实践探索。我们的创新紧紧围绕两大变局展开。在金融定位上，我们从国家、社会的需要出发，走出以经济论金融、以金融论金融的狭隘，更多地从社会价值视角重塑金融逻辑。我们把金融的功能性放在第一性的位置去推动金融转变，开展了一系列创新实践，并将这些实践提升为“善本金融”，就是想释放一个理念：金融不只是向善，更是要以善为本，从善（社会价值）出发。这至少有六个方面的创新探索，到现在都有了比较好的实践效果。

一是首创并成功推动了金融顾问制度的落地。借鉴 20 世纪 80 年代企业法律顾问的做法（在我看来，法律顾问制度对于我国市场经济法治化水平的提升意义重大，让当年从乡镇出来的第一批企业家可以心无旁骛地抓营销，而把签约和打官司交给了专业的律师），让金融专业人士走出金融机构，被赋予一个社会角色，走进企业、走进政府、走进社会，成为企业的金融全科家庭医生、政府的金融子弟兵、社会的反诈宣传员。让金融从以牌照为中心的专项服务转变为以客户为中心的综合服务，也让金融从业人员从牌照服务的营销人转变为提供金融专业服务的社会人。这一创新至今已有 6 年的实践，在浙江省内就有 4500 名金融人士拿到了金融顾问的资格，有 116 家政府的金融工作室，还有每年上千场的投资者教育和反诈宣传活动。全国有 16 个省市也发文在推广。

二是依托金融顾问制度，开展了县域综合金融生态建设工程。我们对一个县的金融需求进行全面梳理，与党委、政府共同组建金融综合生态建设领导小组，首次在临平下沉近 80 名金融顾问，金融顾问拿方案，党委、政府抓推进，围绕着政府平台的优化和健康运行、企业包括融资成本在内的运营成本的迭代下降、社会金融风险意识的全面提升三大任务，创新了一系列措施和工具，在一个县域里全面推进金融供给侧结构性改革，提升了整个金融生态。这一创新至今已推出 3 年，基本创出了政府、企业、社会三大主体的三大工具和八方面举措、六方面成效，形成了县域综合金融生态建设的临平 3386 模式。目前杭州市在全面推广，全国各地也有 22 个省、42 个地市、74 个区县在推进。

三是把社会价值评价注入金融风险的管控中，创新了风险“善标”。过去对金融风险的管控，重在经济，重在资产质量。对于金融风险的把握，我们形成了两个共识：第一，金融就是一个放大器，如果服务了“善”的企业，也就是对社会发展正向正行的企业，就是放大了社会效果；如果服务了“恶”的企业，也就是对社会发展造成社会危害的企业，就是放大了社会危害。第二，金融风险看似出在资产质量上，但从长远来看，最大的风险不在资产而在人品。一个口碑好的人，值得帮助，最后也容易成就；相反，一个口碑不好的人，必须限制，看似挣到快钱但最终不可持续，最容易形成风险。基于这两方面认知，我们在行业评估时首推了社会价值评价维度的风险把控模式，出台了“浙银善标”。善标主要从客户家庭评价、行业评价、所在地评价三个维度来确定口碑“善分”，对于“善分”高的用户加大服务力度，给予让利优惠政策；对于“善分”低的用户加大管控力度，限制甚至取消服务。目前这个标准已经运行一年多了，还在不断地深化。很多口碑不好的用户，已经慢慢退出了我们的服务客户之列。这一创新，可以说是我们总结了这些年来资本无序扩张背后的金融迷失、痛定思痛之后对金融的领悟。我甚至提出，一个金融机构的风险如果出在“善分”高、口碑好的用户身上，对于整个社会，也是一种贡献。

四是创新金融工具，推动企业行善，创造性地开展了“善本信托”推进工程。浙江是共同富裕的示范区，金融如何助力共同富裕建设一直是我关注并着力研究的课题。在调研的基础上，我提出了“共同富裕不能过多聚焦缩小差距，还应该聚焦防范社会撕裂上”“贫富两端矛盾的主要方面在富裕主体，关键是如何将财富主动用于社会建设上来实现财富升维”“我国的慈善要结合我国的文化，更多关注企业家内心的主动性研究”等观念，并着手依托慈善信托工具的改革创新，开启了让企业家自主可感知的慈善模式创新。我们提出了让企业家在三种场景自主设立和推进慈善项目，并改进自身发展的生态：①企业自己生态里的慈善，如给员工家庭做大病保险，化解劳资矛盾；②企业所在地的慈善，如为当地解决一些实际困难，改进政企以及社企关系；③企业家老家的慈善，如为家乡解决实际困难，改进企业家与家乡的关系进而提升价值感。三种场景三大改进，既是对我国企业“一捐了之”式慈善的改进，也是对我国民营企业家存在方式的改进，助力财富升维成人生价值。这项实践于 2023 年 5 月提出，当年

11 月就有首批 33 家“善本信托”落地。我常想，只有中国的企业家都一手抓经营，一手做身边的慈善，参与社会治理，才会高于西方式慈善，才会有社会主义企业家的格局和情怀，才会真正走出中国式现代化的道路。

五是推出问责向善、员工向善，推出“幸福生活的践行者倡导者”文化品牌，以人文建设来构架行业生态。这项工作主要是向内的改革。这些年金融机构伴随着市场经济发展起来，市场激励成为最大动力，在带来效益的同时也带来了功利主义盛行和企业文化的薄弱。我们提出员工为本、价值为要，就是想以员工幸福为本，以员工提升价值为要。一方面强调金融机构的员工要率先向善从善开展慈善，我们每个分行都与一所学校结对，“一行一校”，开展帮扶也推进员工支教，每个分行都设立拥军工作室，开展拥军服务；强调问责向善，敬畏合规，严惩初心不善者，也宽容过失行为者。另一方面在全行开展“幸福生活倡导者践行者”文化品牌建设，明确反对无效加班，明确提出工作生活两不误，明确提出银行员工当好时代模范、践行幸福生活的倡导。这项以善为核心的员工管理改革至今已近 3 年，不纠结、不内卷、不另类，活出幸福、活出精彩，虽然一直在路上，但企业凝聚力、社会影响力都在快速增进。

六是积极推动并践行从社会价值维度全面重塑金融机构的价值评价体系。这项工作与其说是实践创新，不如说是对金融定位思考后对我国金融改革的一项建议。坚持金融的政治性、人民性，把金融的功能性放在第一性和更重要的位置上，到底如何才能真正落实下去，落实到机构里、落实到员工的行为中？不改变对金融机构的价值评价方式，不从考核评价中去重塑定位，是难以走出原有路径依赖的。基于此，我们提出了三分法来重塑金融机构的价值评价体系：作为牌照机构依托的是国家资源，应该建立一套金融机构服务功能评价体系；作为投资主体依托的是股东投入，应该建立一套可持续性规模效益评价体系；作为风险管理机构，必须专业监管，应该建立一套风险评价体系。这三方面构架起一家金融机构的三大评价维度，从目前我国的实际来看，功能性评价体系停留于普惠绿色等号召性而被虚化，导致金融机构盈利性过强的问题突出。所以我们提出在当前背景下，只有金融委员会主抓功能性价值评价体系，给予足够的权重，压缩盈利性权重，持之以恒地坚持几年，功能性第一位的金融机构才会成形，中国特色金融发展之路才能全面开启。

上述六大方面的创新实践，我们总结成为"善本金融"的创新实践。实践时间虽不久，但我们深切地感受到了改变的发生，一条不同于西方金融的创新之路正在全面开启。

对于数字化变局，我们也积极创新，提出了加快建设"链式生态金融"的使命。所谓"链式生态金融"，就是数字化时代正值高质量发展阶段，加上新发展格局，必然要求盘活存量内涵式发展代替外延式扩张，金融也必然从"当铺思维"走向算力思维，从抵押担保走向场景金融。金融服务从原来以服务一个客户、一家企业为主转向服务一个产业、一个生态。数字化正在深刻改变着资产的形态、财富的形态，改变着经济的逻辑、金融的逻辑。生态金融、场景金融、共富金融、保障金融，连同金融"五篇大文章"，正在从技术创新、运营提质走向模式创新、形态创新。这些创新既关涉金融的未来，也是中国特色金融发展的机遇。

2023 年中央金融工作会议召开，此后习近平总书记在省部级主要领导干部推动金融高质量发展专题研讨班开班式上发表重要讲话。中国特色金融发展之路连同金融强国建设在国家层面被正式提出，政治性、人民性和"八个坚持""五要五不"一系列金融思想全面呈现，一次来自中国的金融理论全面创新呼之欲出。没有理论指导的实践是盲目的，没有实践基础的理论创新是虚幻的。我们这些实践，源自对金融在大国兴起中的功能和作用，源自基层对金融服务的呼唤和要求，其中很多思考和探索还没有上升到理论层面，系统性还不够；很多实践还只是初步成绩，谈不上经验，更谈不上理论体系。但我们深信这些创新具有重要价值。我们用了“新范式”来总结这些探索做法，就是感觉我们的实践还只是留在“创新范式”这个层面上。同时我们更清楚，对新范式的探索是开放的，我们做了些事，但也只是处于初步阶段。我们把我们的做法编成一套丛书，是抛砖，就想引玉；有探索，就想有提升。希望有更多的金融有识之士参与这套丛书的编撰中，把各方面的实践创新点滴汇聚起来，共同努力，开创中国特色金融发展之路，争取在中国式现代化建设中不辜负于这个伟大的时代。

是为序。

2025 年 3 月

序

探寻金融新航道，开启链式生态金融新时代

在全球金融体系重构与数字文明崛起的交汇点上，中国金融业正经历着前所未有的范式跃迁。在传统金融理论面临诸多挑战的背景下，由浙商银行党委书记、董事长陆建强担纲主编的《中国特色金融发展新范式丛书》另辟蹊径，以突破性的理论创新与实践智慧，为中国特色金融发展之路提供了具有时代价值的解构范式。其中，《链式生态金融：数字化变局下的金融新范式》聚焦数字化时代的金融变革，突破了以往金融理论仅从机构或市场单一视角出发的局限，构建了一套融合金融功能观、生态学理论、系统论等多学科的理论框架。本书既是对传统金融理论的范式改革，更是对数字经济时代金融进化的全景式导航，也是金融领域从业者、研究者以及关注金融发展的各界人士不可多得的佳作。

一、理论与实践结合，为金融理论发展注入新的活力

1. 理论创新。融合多学科理论，突破传统金融思维定式。本书创新性地将生态学、系统论、博弈论等多学科理论融入金融研究，构建了独特的链式生态金融理论体系。这种跨学科的研究方法打破了传统金融理论的局

限，坚持以客户为中心，强调金融与实体经济的共生共荣，将金融服务嵌入产业生态的各个环节，为理解金融在现代经济中的复杂作用提供了全新视角，填补了金融理论在数字化生态领域研究的空白，推动金融理论向更贴合现实、更具前瞻性的方向发展。

2. 实践导向。丰富案例支撑，可操作性强。书中穿插了大量来自金融一线的实践案例，如工商银行、招商银行、浙商银行等金融机构的数字化转型实践，以及各类场景金融的应用案例。这些案例不仅生动展示了链式生态金融的实践路径，还为金融从业者提供了可借鉴的操作模式和实践经验，使理论知识更易于理解和应用。

3. 紧跟时代。聚焦数字化变革，把握金融发展脉搏。紧密围绕数字化这一时代主题，深入探讨数字技术在金融领域的应用和影响。从数字货币、数字资产到金融机构的数字化转型，书中内容全面涵盖了数字化时代金融发展的各个关键方面，及时反映了金融领域的最新趋势和发展动态。

4. 全局视野。兼顾宏观与微观，涵盖金融生态各主体。既从宏观层面探讨金融与实体经济的共生关系、金融在国家战略中的定位，又从微观层面深入分析金融机构的业务模式、客户服务和风险管控。同时，关注金融生态系统中政府、企业、金融机构等各类主体的相互作用，展现了对金融生态系统的全面理解和把握。

二、创新与务实并重，为金融机构转型提供了全新视角

1. 回归金融本源，服务实体经济。本书强调金融应回归服务实体经济的本源，这是中国特色金融发展之路的核心要义。在实践中，金融机构应以此为导向，深入了解实体经济的需求，通过创新金融产品和服务，如发展供应链金融、科技金融等，为企业提供精准的金融支持，促进实体经济的创新和发展。金融机构要摒弃单纯追求盈利的短期行为，树立长期服务

实体经济的理念，与企业建立共生共荣的关系，共同推动经济高质量发展。

2. 拥抱数字化转型，提升金融服务效能。数字化转型是金融行业发展的必然趋势，本书为金融机构如何进行数字化转型提供了清晰的路径。金融机构应积极运用大数据、云计算、人工智能、区块链等数字技术，提升金融服务的精准性、高效性和安全性。通过构建数字化平台，整合内外部资源，实现金融服务与场景的深度融合，为客户提供更加便捷、个性化的金融服务。同时，利用数字技术加强风险管理，提高风险识别和预警能力，有效防范金融风险。

3. 构建共生生态，实现多方共赢。书中所倡导的共生理念为构建中国特色金融生态提供了重要启示。金融机构应与政府、企业、科技公司等各方主体加强合作，构建开放、协同、共赢的金融生态系统。在这个生态系统中，各方应充分发挥各自的优势，实现资源共享、信息互通、优势互补。通过建立合理的利益分配机制和风险共担机制，促进金融生态系统的稳定和可持续发展，实现金融机构、实体经济和社会的多方共赢。

4. 强化金融监管，防范金融风险。随着金融创新的不断推进，金融风险也日益复杂多样。本书对链式生态金融风险的深入分析，提醒我们在探索中国特色金融发展之路时，必须强化金融监管。监管机构应根据金融创新的发展趋势，及时调整监管政策和手段，加强对金融市场的全方位监管，防范系统性金融风险。同时，金融机构自身也应加强风险管理，建立健全风险防控体系，提高风险应对能力，确保金融市场的稳定运行。

我深知自己的水平和理解能力有限，但依然深感荣幸能为这样一部具有重要意义的著作写荐读序。在阅读本书的过程中深受启发，更钦佩陆建强董事长在金融领域的深入探索和创新精神。我相信，《链式生态金融：数字化变局下的金融新范式》将为中国特色金融发展之路提供重要的理论支持和实践探索，不仅助力中国金融业在坚守本源中开拓创新，推动我国金融行业在数字化时代实现高质量发展，而且能够在全球金融治理变革中谱写中国范本，贡献独特的东方智慧，构建中国金融话语体系。同时，期待更多的读者能从这本书中汲取智慧，激发更多同仁共同探索，在数字时代的星辰大海中，共同绘制中国特色金融发展的壮阔蓝图。

清华大学五道口金融学院金融安全研究中心主任 周道许

2025 年 3 月

目　录

下 篇 探索与实践

绪 论

党的二十届三中全会通过的《中共中央关于进一步全面深化改革、推进中国式现代化的决定》多次提到“数字化”，并首提“数智技术”，为探索助力中国式现代化建设的金融新范式指明了方向。以“数智技术”发展数字经济，以“数实融合”加快新质生产力培育、实现新旧动能转换，是构建新发展格局、推进中国式现代化的必然要求，亦对金融发展提出新要求。

从大数据到大模型，新一轮科技创新周期将肇始于底层算力创新，繁荣于生成式人工智能（AIGC）等上层应用爆发，大数据、物联网、区块链、人工智能等数字技术趋向于组合式进化，将释放出巨大的乘数效应。以数字技术赋能、数据为关键要素、高质量发展为导向，意味着供应链的调整、产业结构的升级、价值链的跃迁，表现为一种“数字技术—经济范式”的形成过程，将从根本上重塑社会经济的发展范式，一如工业革命以来的机械化范式、蒸汽动力和铁路范式、电力和重型工程范式。与此同时，“数字技术—经济范式”也改变了传统金融的运行逻辑和服务模式，必然催生金融供给的新范式。

从政府部门到金融机构，我一直在思考一个问题，那就是中国究竟需要什么样的金融？尤其是中央金融工作会议首次提出金融强国目标后，这个问题更为迫切，直接关系着中国式现代化建设全局。应对金融定位的变局，我提出“善本金融”发展理念，坚持功能性为第一性，重塑金融与实体经济的关系。应对数字化变局，我提出深化链式生态金融实践，也是一线金融机构做好“数字金融”这篇大文章的实践探索。我认为，“善”和“数”回答了中国需要什么样的金融的问题。“善”“数”之间相辅相成，金融要以“善”为本、以“数”为用，二者相结合的金融，才是高质量发展的金融，是中国式现代化需要的金融。以“善”为本延伸出了“善本金融”理论，以“数”为用是否能延伸出新的金融服务模式？这是本书研究的由来。

应对数字化变局，传统金融机构需要一场刀刃向内的自我革命，要坚持问题导向、目标导向，以解放思想、主动改革的魄力和勇气，答好“中国究竟需要什么样的金融”的时代命题。我的脑海里是有一幅清晰蓝图的：首先我们得有一个非常强大的数字系统，能和每个员工进行场景互动，实现互相赋能；冲在最前线的，是一批综合型客户经理，类似全科医生，是金融机构服务客户的灵敏触角，在各个场景中挖掘、承揽客户的综合需求，为客户提供相对标准化、常态化的服务，一旦遇到疑难杂症，可以随时呼唤综合能力更强的专家型客户经理，类似专科医生，快速进行会诊，给出方案，承做项目；在客户经理背后，是一批具有较强投研能力的产品经理，依托数字系统和各大研究院，与客户经理协同服务，推出精准匹配客户需求的产品和服务方案。在这个过程中，所有客户和业务的效益可以精准计量分析，所有客户经理、业务产品的贡献可以精准计量考核，所有触客信息、交易信息、服务信息全部沉淀在系统中，形成客户中心、产品中心、资源中心，源源不断地为前端赋能，从而形成一个有机整体和系统闭环。

如何将规划的“新蓝图”建成“实景图”？全书以“链式生态金融：数字化变局下的金融新范式”为题进行了探索，分为上、中、下三篇，除了绪论、展望外共有13章，由我本人提出整体框架与撰写思路，并进行统稿和审定。写作创意和素材源于我多年的金融工作实践与理论思考。

数字化变局

上篇聚焦“数字化变局”，从数字化重构社会经济发展逻辑切入，阐述了以“数据+算力+算法”为核心的数字经济，正在深刻驱动金融领域的变革。从社会发展维度来看，数字化对链接、规则、时空的重构，深刻地改变了社会经济的运作方式，颠覆和再造我们已经习以为常的认知。数据成为重要生产资料，算力成为重要生产力，算法成为重要生产工具，是培育新质生产力、推动新旧动能转换、助力“双循环”新发展格局形成的重要抓手。从经济金融维度来看，数字技术重新定义经济发展范式，数字平台成为价值创造的载体，数字经济成为新型经济形态，给全球金融体系带来了结构性影响，也开启了以数字资产为核心的金融新时代。从金融机构维度来看，基于区块链的“分布式金融”（DeFi）以其独特的去中心化特性，具有引领全球金融变革的可能性，单纯从金融机构视角难以把握金融的核心问题和发展脉络，金融机构的经营逻辑也要随之改变，通过数字化转型加快实现“四个重要转变”，在服务社会经济高质量发展的过程中实现自身高质量发展。上篇共三章，具体来看：

第一章“数字化重构发展逻辑”从重构方式、作用要素、经济影响以及治理挑战四个方面阐述数字化如何改变发展逻辑。第一，分析数字化对链接、规则、时空的重构如何改变社会经济的运作方式，颠覆和再造我们习以为常的认知。第二，分析数据、算力和算法作为生产资料、生产力和生产工具，如何推动新一轮科技革命和产业变革。第三，分析数字化转型如何赋能新质生产力培育，数实融合如何推动现代化产业体系建设，以及数字中国建设如何构筑国家竞争新优势。第四，分析数字鸿沟带来的治理挑战，以寻求金融创新与监管之间的平衡点。

第二章“数字化催生金融变革”从数字技术赋能金融高质量发展、数据要素重构金融产业生态、数字资产重构全球财富形态，以及数字货币重构国际金融格局四个维度探讨数字化催生金融变革的体制机制。第一，分析数字技术如何提升金融服务实体经济质效、驱动金融自身高质量发展并重构金融风险管理逻辑。第二，分析数据要素价值实现的演进路径，并探索“数据要素×金融服务”的相关实践，以及商业银行视角下的数据资产。第三，厘清数字资产的范畴，明晰数字资产的创造途径，并进行数字资产的监管探索。第四，分析数字货币对传统金融体系的冲击，以及新变局下的国际货币体系改革，并阐述中美数字货币博弈和预判应对。

第三章“金融机构的数字化转型”聚焦问题导向、目标导向、需求导向、政策导向，阐述了金融机构数字化转型的必要性，从数字化战略、业务数字化、管理数字化三个维度解析金融机构数字化转型路径，并基于金融与科技的融合创新历程，介绍了金融业从电子化、网络化、信息化向数字化、生态化演变的脉络。本章还重点选取摩根大通、工商银行、招商银行、浙商银行的数字化转型案例，开展对比分析和经验总结。

金融新范式

中篇聚焦“金融新范式”。数字经济时代，数字技术对金融生态场景切入的范围越来越广、程度越来越深、速度越来越快，链式化、生态化、场景化等都将成为金融服务变革的重要方向，金融服务变革的未来已来。我有一个观点：并购战略是工业经济时代众多企业突破发展瓶颈、提升竞争力的重要手段，背后的逻辑是协同效应，即“1+1>2”，但生态战略对处于数字化变革中的企业更为重要，所涉及的互动关系远超“1+1”的关系。其主要出发点是为客户创造更大价值，构建一个完整、协同、可持续发展的生态链系统，最终体现在与合作伙伴的黏着度上，即它们愿意留在生态中，贡献力量，并分享利益。张瑞敏曾说，“未来的企业只有两种命运：要么生态化，要么被生态化”。金融同样如此，要嵌入场景、融入生态，摒弃传统“单赢”的竞争观念，因为未来的竞争不再是个体金融机构之间的竞赛，而是生态系统之间的对抗。敏锐的金融机构会选择合适的生态系统进行嵌入与依托，借生态系统之力来支撑自身的快速发展。正因如此，我提出了“链式生态金融”这个概念，其核心内涵是以客户为中心，以数字化为主线，以场景和算力为依托，以协同共生为导向，链接多元主体，盘活各类资源，提供“精准、高效、无感”的金融服务体验，推动生态模式的构建和生态价值的最大化，最终实现客户及生态各方共生共赢、为社会创造价值循环的金融新范式。中篇共六章，具体来看：

第四章“链式生态金融的提出”从概念内涵、使命担当、价值意义等维度详细解构链式生态金融。首先，从概念定义、理论基础、内涵特征、思维框架四个方面阐述了“什么是链式生态金融”。在理论基础中，我们以坚持金融功能第一性、生态学理论、系统论、博弈论、金融功能观等构建起链式生态金融的理论框架和价值机理，并从嵌入场景、聚焦生态、盘活资源这三个方面详细阐述了链式生态金融的特征，搭建起链式生态金融的思维框架。其次，从经济新发展阶段呼唤金融加快实现金融站位驱动服务形式转变、高质量发展驱动服务对象转变、技术创新驱动服务手段转变、客户需求驱动服务方式转变四个重要转变方面阐述了链式生态金融的使命担当。最后，从优化资源配置、助力新质生产力培育和弥合数字鸿沟三个方面阐述了链式生态金融推动经济社会高质量发展的价值意义。

第五章“链式生态金融的技术驱动”探讨数字技术如何成为链式生态金融发展的核心驱动力，分析其在实际应用中的重要作用，并探讨这些技术运用如何共同塑造了一个更加高效、稳定和共赢的金融生态圈。首先，深入剖析云计算、大数据、物联网、区块链和人工智能等技术如何推动金融行业的变革，并具体展示了这些技术在链式生态金融中的应用价值和实践案例。其次，聚焦平台化服务，具体从技术平台、业务平台和合作平台三个维度探讨其作为链式生态金融重要载体的角色和功能，解析了平台化如何重新定义银行业务和服务，以及如何为用户提供高效、灵活的综合金融服务。最后，详细阐述了链式生态金融中技术运用的价值目标，包括方案定制化、风控智能化、渠道一体化、服务全面化和主体协同化五大技术价值实现。

第六章“链式生态金融的客户理念”阐述了坚持以客户为中心是链式生态金融的应有之义，指出构建以客户为中心的服务体系是金融机构在新时代实现可持续发展的必然选择，是打造链式生态金融的综合服务模式的核心内容，提出在数字化时代下，银行客户服务体系逐步从以产品为中心演变成以客户为中心。本章还介绍了在国内外监管环境变化下，银行业以客户为中心的先进做法，进而阐明构建以客户为中心的服务体系的实现路径，包括构建敏捷化的组织架构、实施精准化的考核和资源配置、进行综合化的队伍培养、开发智能化的数字系统。

第七章“链式生态金融的场景构建”研究了场景金融的基本定义、核心要素，阐述了场景金融是链式生态金融的重要依托。场景不是商业银行与生俱来的基因，由此分析了商业银行金融场景建设的必要性、场景选择的关键标准以及场景建设的主要路径。同时，聚焦 B 端产业场景、C 端消费场景、G 端政务场景，探讨了各类场景的发展情况，针对性地提出了各类场景金融的切入点，客户在哪里，场景就在哪里，金融服务就延伸到哪里。

第八章“链式生态金融的共生进化”也是在践行善本金融理念，在实现生态整体价值最高的动态过程中，重塑了经济金融共生的内在逻辑，构建起金融发展服务实体经济、实体经济涵养金融发展的新范式。我们以供应链金融为场景，从学术与实践两个视角深入剖析了经济金融活动主体的目的和行为，指出稳链强链成为链式生态金融所有主体的共识与目标，主体间形成共生共荣关系，并基于共生理论，提出通过政府“有形之手”健全共生环境，深化善数融合，强化数字创新应用最大化共生价值，推广善本金融理念重塑共生逻辑，优化利益分配机制，打造最优金融共生模式，实现链式生态金融的连续性对称互惠共生进化。

第九章“链式生态金融的风险应对”深入剖析链式生态金融中多元化

的风险类型。首先，分析信息不对称所致的信用风险、操作风险、法律风险、道德风险、技术风险和数据安全风险，细究其根源与潜在冲击。其次，进一步探寻链式生态金融风险的核心特性——系统性、复杂性、依赖性和不确定性，并结合各类风险特征，提出了构建链式生态防御体系的具体策略，包含严格的准入评估、智能化风控体系、法律责任分配机制、技术安全保障，为金融机构提供更具实效的决策指引和风险管理支持。最后，引入“浙银善标”体系，将“善”作为资源配置导向，在引导金融资源向善的客户、产业、生态倾斜的同时，更全面地识别潜在风险，更有效地优化客群结构，也让社会价值反哺链式生态。

探索与实践

下篇聚焦“探索与实践”。实践出真知，让听得见炮声的人来呼唤炮火，我们对中国特色金融新范式的思考探索来自金融一线实践的提炼，积累了丰富而鲜活的实践案例，这既来自我投身金融工作的亲身实践，也来自浙商银行 2 万多名干部员工的经营实践。因此，“链式生态金融”也是一个基于实践提炼理论，由理论指导实践，再不断升华理论的过程。下篇共四章，具体来看：

第十章“链式生态金融服务全产业链条的实践”围绕产业链从上游备货到下游销售的全链条交易环节，从浙商银行业务实践的角度讲述了链式生态金融如何基于三大信用体系以链式服务打造全方位、立体化的产业链金融服务生态。一方面，利用链上企业交易过程中产生的商流、资金流、物流、信息流推出应收通、供货通、订单通、分销通以及针对企业缴费场景的业务模式，以链式融资服务全产业链条；另一方面，通过金融顾问制度与以客户为中心的综合协同改革，以数字化为底座，构建产业良性生态，营造多维度产业服务环境。

第十一章“链式生态金融服务流动性管理的实践”阐述了在链式生态

场景中各环节企业保持流动性的重要性，通过对企业流动性进行有效管理，可以避免少数企业出现信用危机对上下游企业整个债务链产生的负面影响。从三个方面来介绍浙商银行流动性管理服务模式实践。首先，详细剖析通过善融资产池的创新服务方案赋能实体企业在集团财资管理、产业链生态圈打造等方面的众多需求。其次，聚焦跨国集团、外贸企业等“走出去”主体盘活境内外流动性的需求，详细阐述了跨境资产池、跨境资金池等创新服务模式。最后，介绍了通过同业资产池支持中小同业金融机构流动性管理的探索。

第十二章“链式生态金融服务块状模式的实践”从服务浙江块状经济出发，聚焦区域金融综合服务堵点，围绕政府、企业、社会三大主体，通过打造数字化平台、整合区域内资源、构筑多维金融服务体系，逐步形成以县域、乡村为主阵地的块状服务模式，在优化区域营商环境、赋能县域发展、助力乡村振兴等方面取得良好成效。

第十三章“链式生态金融赋能平台模式的实践”阐述了如何通过精准的金融服务和创新的业务模式，助力产业互联网平台和政府平台的高效运作，实现节点间链接的精准和高效，推动产业互联网平台和政府平台的协同发展，从而构筑统一共生的生态体系。

约瑟夫·熊彼特在《经济发展理论》中提出，“创造性破坏”是资本主义经济发展的根本动力，而技术创新是这种创造性破坏的关键因素，它不断地颠覆旧产业，创造新产业，推动经济发展。当下，以生成式 AI 为代表的数字技术正以前所未有的速度取得创新突破。与此同时，社会经济和金融产业发展格局也逐渐被重塑。全书的最后，我们对数字化与金融未来进行了展望。首先，讨论了数字化技术对社会经济发展的深远影响，包括从生产力的跃迁到产业结构的重塑，再到社会生活的全面变革，将构建一个更加互联互通、高效运转的智能社会。其次，聚焦金融行业，探讨了数字化在金融场景、金融生态和金融交易等方面带来全面变革的可能性，以及数字技术对金融服务模式重塑的新场景。最后，我们认为通过数字化顶层设计、数字货币推广和金融科技创新试点等，进一步提升数字金融基础设施建设、人民币国际化以及推动金融模式创新，这给了我们引领时代、引领经济，真正实现数字金融强国的一次机会。

在本书撰写过程中，浙商银行周伟新、宋永明、舒良超、叶志桂、孙文祥、李晓满、肖郑进、田金寰、王少东、杜欣、高珂、刘天奇、谢泽邦、黄凯晖、杨博野、温晓静、林雅嘉等同事参与了讨论和相关章节的撰写，对他们的辛勤付出表示感谢!

深化链式生态金融实践，也是在践行善本金融理念，在实现生态整体价值最高的动态过程中，重塑了经济金融共生关系的内在逻辑，构建起金融服务实体经济发展的新范式。这个过程中，从金融主体行为的“本善、内善、向善”到多主体、多对象的“善他、共善、互善”，正是链式生态金融的共生进化。我们深知，这只是一个开始，只是中国特色金融新范式探索中的“盆景”。我们希望与业界一道，共同探讨、共同努力，在金融强国建设、金融高质量发展过程中，让“盆景”变成更美丽的“花园”。

上　篇

数字化变局

第一章
数字化重构发展逻辑

纵观过往，历次科技革命的爆发标志都是新一代通用技术（General Purpose Technologies，GPTs）引发生产力跨越式发展，进而使生产资料、经济范式等发生颠覆式变革。在农业经济时代，轮子、农耕技术等的普及提高了人类迁徙和获取食物的效率。人类可以在大规模开发土地资源的基础上持续繁衍，为经济发展提供源源不断的底层动力，但由于纯体力劳动效率较低、土地资源有限，农业经济增长相对缓慢且存在明显的“天花板”。在工业经济时代，蒸汽机和电气化分别引发了第一次工业革命和第二次工业革命，这两项 GPTs 从根本上改变了体力劳动的性质，代之以机械化大生产，在蒸汽动力、电力等新型生产力驱动下，人类获取矿产等自然资源的效率大幅提升，以大规模流水线生产为特征的现代工厂加速兴起，推动人类社会实现了跨越式发展。信息通信技术（Information and Communications Technology，ICT）作为推动信息技术革命的 GPTs，使得以算力为生产力、数据为生产资料的数字经济模式开始萌芽。

2022 年 11 月 30 日，OpenAI 推出的聊天生成式预训练转换器（Chat Generative Pre－trained Transformer，ChatGPT）引发全球热议，人工智能技术有望成为新一代的底层通用技术——通用人工智能（Artificial General Intelligence，AGI），并引发新一轮科技革命。区别于专用技术（Special Purpose Technologies，SPTs），AGI 代表着对人类经济社会产生巨大、深远和广泛影响的 GPTs，万物互联的数字化时代即将开启。人类社会优化分配资源的方式因数字技术的普及、数字资源的丰富而发生重大改变，并因此催生出大量社会新需求、消费新模式。一切都在瞬息万变，我们稍有懈怠，就可能被这个时代无情抛弃。

人类已经进行了超过三次工业革命，由于历史原因，中国与前两次工业革命失之交臂，没有跟上时代发展的步伐，改革开放让中国得以参与第三次工业革命，虽然不是引领者，但工业化和信息化并重的发展战略，使得中国经济保持多年的高速增长，为推进中国式现代化奠定了坚实基础。党的十八大以来，习近平总书记深刻把握新一轮科技革命和产业变革机遇，着眼统筹中华民族伟大复兴战略和世界百年未有之大变局全局，就构建以数字技术为引领、数据为关键要素的数字经济作出一系列战略部署，抢占未来发展制高点。

本章主要从四个方面阐述“数字化重构发展逻辑”。第一，数字化对链接、规则、时空的重构，深刻地改变了社会经济的运作方式，颠覆和再造我们已经习以为常的认知；第二，“数据 + 算力 + 算法”共筑数字新时代，数据是重要的生产资料，算力是重要的生产力，算法是重要的生产工具，正推动新一轮科技革命和产业变革；第三，数字化、新质生产力与新发展格局，以数字化转型赋能新质生产力培育、数实融合推动现代化产业体系建设、数字中国建设构筑国家竞争新优势推进构建新发展格局；第四，数字鸿沟带来治理挑战，要寻求创新与监管之间的平衡点，构建一个安全、公平、可持续发展的数字经济生态系统。

数字化对链接、规则、时空的重构

伴随生产力与生产关系的纵向演化，人类社会逐渐从狩猎时代、农耕时代、工业时代、信息时代进入数字时代。数字时代是以数字形式为信息存在方式，以数字技术为运行基础，通过数字化方式将现实世界和虚拟世界融会贯通的时代。尼葛洛庞帝在其1996年出版的《数字化生存》一书中指出，“人类生存于一个虚拟的、数字化的生存活动空间，在这个空间里人们应用数字技术（信息技术）从事信息传播、交流、学习、工作等活动，这便是数字化生存”。由于大数据、5G网络、区块链、人工智能等技术的演进，数字化应用已经渗透到人类的生活、学习、生产、社交等各个场景。从经济形态来看，数字产业化、产业数字化推动数字技术和实体经济深度融合，是盘活资源、提升效率和优化结构的重要推动力，加快了经济发展方式的转变。但从底层逻辑来看，数字化是链接、规则、时空的重构，其本质逻辑是一个复杂而多维的过程，深刻地改变了企业、行业乃至整个社会经济的运作方式，颠覆和再造我们已经习以为常的认知。

1. 链接的重构，引领消费方式变革

互联网时代的链接主要是人与网络的链接，以及通过人工方式实现的物流与信息流的链接。我们每记录一个单据，就意味着实现一个实物流和信息流之间的链接。数字化的基础是万物互联，它链接的不仅是人和物，还有人的思想和行为、物的特性和变化，最终对代表“物”的数据、代表“事”的信息、代表“人”的情绪进行有机整合。人类社会正在由人与环境构成的物理关系总和向“万物数字化”及万物互联的数字关系总和转变，社会关系和社会结构呈现出前所未有的新特征。

数字化时代，人类的生存方式不再是寻求实现链接，而是链接的选择，即围绕人类生产生活的需求需要，选择与谁链接、何时链接。数字化通过各种技术创新和组合方式打破了时间与空间的束缚，让各主体的交互可以同时发生，从而使信息链向信息网络演进，不仅提高了工作效率，也促进了跨领域、跨系统、跨条块的服务应用，不断催生新制造、新服务、新业态。而且，这种链接不仅是技术层面的互联互通，更是理念的融合与价值的传递。

数据作为数字时代的新型生产要素，打破了传统生产要素的质态，是

形成新质生产力的重要生产要素。但数据从哪里来？就是靠链接。数字化最大的一个特点是链接大于拥有。链接的价值不在于拥有，而在于使用，链接一切为我们所用。工业时代，福特汽车用流水线大规模生产模式取代手工制造，是让每个人都能买得起汽车，但今天的一个打车软件，就能让每个人都能使用汽车，链接汽车的价值大于拥有汽车。过去20多年，数字化对链接的重构深刻地改变了人们的消费方式，让中国在消费互联网领域发展得风生水起，市场规模出现了爆发式增长，诞生了阿里、腾讯、百度、京东、小米、拼多多等一批代表性的消费互联网企业。链接力成为这些消费互联网企业一种非常重要的能力。可以说，一个平台的链接力不仅决定了一个平台的影响力，也决定了一个平台的成就高度。

从科斯的经济学理论出发，数字化链接能够降低达成最优均衡的交易成本，促成基于既有禀赋的帕累托改进。随着5G技术的广泛应用，短视频、“5G + AR/VR”沉浸式体验等应运而生，带动抖音等直播平台的快速发展，消费互联网实现了虚拟与现实、线上与线下的高度融合，催生了诸多迥异于传统线下接触式的消费新模式和消费新业态，贯彻其中的是从传统消费到新型消费背后的数字化技术重构链接的支配逻辑。布莱恩·阿瑟在《技术的本质》中写道，“技术给我们带来了舒适的生活和无尽的财富，也成就了经济的繁荣。一句话，我们的世界因技术而改变”。“万物互联”对日常生活的改造根本不同于以往消费升级所带来的变化，而是日常生活系统性、根本性的变革，为在更大范围内满足人民对美好生活的需要提供了更多的选择和更好的保障。

不难发现，所有的消费互联网企业都有一种“超能力”——链接力。淘宝不生产产品，它只是把买家和卖家链接在一起；滴滴不生产汽车，也不卖一辆车，它只是把有车的人和用车的人链接在一起；美团不开一家饭店，不炒一个菜，它只是把饭店和需要用餐的消费者链接在一起。综合来看，依托数字平台的新型消费主要包括以下四大类别的新业态或新模式：第一类是“互联网 + 服务”新业态，如在线教育、在线娱乐、在线健身、互联网医疗等各种新业态；第二类是共享经济、平台经济等新业态，如网约车、共享单车、共享住宿、外卖配送等新业态；第三类是无接触式的消费模式，如智慧超市、智慧餐厅等新型零售业态；第四类是线上线下融合的消费模式，如直播带货、社交营销、"云逛街"等新模式。

一个又一个数字消费场景链接不仅将消费的空间无限延伸，而且能够触发消费者沉浸式的体验，如社交、网购、短视频、游戏等应用程序内往往包含丰富的应用场景。这些场景已经融入大多数人的日常生活，成为人们链接世界的一种方式。数字平台记录并储存了人们的消费过程，带来了感知新奇（认识价值）、感知便利（功能价值）、感知放松（情感价值）等多方面的价值，增强了消费者的个人感受，并赋予消费符号意义，改变了服务消费的价值维度。值得关注的是，与服务消费相关的平台更具有价值共创的特征，随着服务消费的扩张，消费者将深度参与价值共创过程，背后的逻辑在于通过技术赋能形成的分享观念。

2. 规则的重构，引领生产方式变革

相较于消费互联网，产业互联网的影响范围更广、深度更强。它不仅局限于商品的销售，而且深入制造业产业链的各个环节。随着消费互联网增量红利的逐渐消退，产业互联网具备更为广阔的发展空间。数字技术革新提供了新的可能性，云计算、大数据和物联网支持实物资产的海量链接，区块链打造基于多方互信的共识机制，正在绘制产业数字化转型的新规则。

对于传统制造业而言，数字化转型具体实施过程较为艰难，容易面临技术、资源、能力、组织、文化和管理等各方面的挑战。数字化重构了各行各业的规则和流程，"数字平台"其实就是规则的集合，本质上是通过大数据的共享，重构社会分工协作体系，让新生产关系和数字化时代的生产力更好地结合，减少经济活动中的信息摩擦。智能手机的普及、消费互联网的发展，使得消费端率先实现了数字化，客户消费进入个性化、定制化阶段。消费端倒逼制造端的改变，带来了产业逻辑、产业规则的变化，

不再是工厂生产什么客户就买什么，而是要求工厂适应客户的个性化、定制化需求。正因如此，传统制造业必须迈入产业互联网，通过嵌入产业生态推进数字化转型，从线性、固化的供应链，向柔性的协同价值共同体不断演化，形成以客户为中心、全产业链紧密协作的产业集群。

传统的价值链理论是典型的线性思维，如工业时代的特征主要是基于技术的长周期，基本上是“市场需求—研发—生产—销售—收集反馈—市场需求”这样一个线性的叙事模式。数字化时代强调数据驱动，数据驱动的模式是反向的，即数据和调度规则自动产生信息流、商流、物流与资金流的“四流合一”，然后推动工厂去执行。在这种模式下，基于规则的数字化转换，突破了线性思维的桎梏，升级到分布式多中心的网状思维模式，重构了企业的组织边界、产品模式和价值生态，供应链向生态链的变革逐渐被催生。小米就是以客户为中心，围绕客户的生活方式和消费场景，通过“投资孵化＋平台赋能”的方式，构建了一个基于“人车家全生态”的智能硬件研、设、产、销全链路数字化的创新型产业集群，目前已孵化超过 390 家生态链企业，其中专精特新“小巨人”企业达 40 余家，拉动上下游产值突破万亿元。小米快速发展的秘诀就是其于 2013 年提出的生态链战略。《小米生态链战地笔记》这样形容小米的生态链战略：传统企业的“基业长青”像百年松树，虽然经过日积月累才得以长成，但一旦遇到大风大浪会有被连根拔起的风险。与之相比，虽然竹子的生命周期短，但是变成竹林后，能够生生不息。

数字技术重构规则，企业竞争已经不再是单一产品或服务的竞争，而是整个生态系统的竞争。现有研究指出，生态赋能要想取得理想效果，绝不能仅靠链主企业简单地提供产品或服务，而是需要依赖生态系统中的多方进行价值共创。从实践来看，生态链是一个以链主企业为核心的产业生态系统，基于链主企业的核心能力，可分为以制造型、零售型和平台型为核心的产业生态系统。链主在不同的生态链商业模式中所扮演的角色不同，与成员企业的合作与博弈关系也有所差异，但各主体之间不再是零和博弈，而是深度的相互依存与协同进化，共同创造价值并分享成果，形成一个充满生机的生态系统。

华为的鸿蒙系统就是面向“万物智联”时代而生，于 2019 年 8 月对外发布，作为新兴的开源操作系统，其开辟了一片新天地。2024 年 10 月，华为正式发布 HarmonyOS NEXT（HarmonyOS 5），已拥有超过 1.1 亿代码行、675 万名注册开发者，搭载鸿蒙系统的生态设备已超过 10 亿，覆盖金融、电力、教育、交通、医疗、航天等多个领域，已跨越 16% 的“生死线”。由于不再依赖 Unix 和 Linux 内核，也不再兼容安卓（Android），这一版本又被外界称作“原生鸿蒙”。在生态建设领域，鸿蒙系统以“自主创新”“开放生态”“全场景智能”三大关键词为核心，实现了在手机、平板、汽车座舱等多种设备和多个场景之间的互联互通，逐步构建一个充满活力、开放共赢的生态系统。关于 OpenHarmony 的发展方向，华为基础软件首席科学家陈海波表示，一是要打通消费终端；二是要把消费终端和行业终端进行联通，从而破解当前终端设备在技术和生态上的“烟囱化”。图 1 – 1 为华为四大生态圈建设版图。

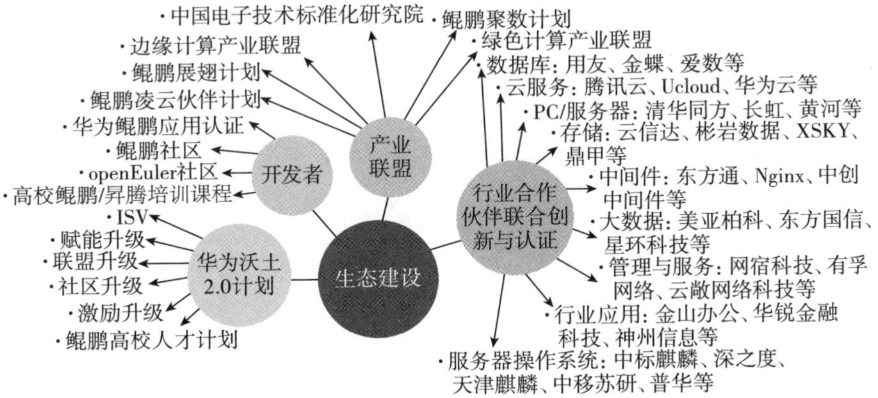

图 1 – 1　华为四大生态圈建设版图

数字化时代，国产操作系统是“国之重器”，其对下牵引半导体产业链、向上服务终端用户与开发者，是构建网络安全第五疆域的基石，事关国家信息安全。《"十四五"数字经济发展规划》《"十四五"软件和信息技术服务业发展规划》等多个重要文件均强调了操作系统国产化的重要性和迫切性，但操作系统是一个非常复杂的体系，生态的力量与链接设备数量的平方成正比。历经数十年的迭代，具有先发优势的海外厂商掌控了全球操作系统行业的话语权，它们联合上下游厂商或自身整合的生态系统高筑起生态护城河，实现强者恒强。例如，服务器 OS 中 Linux 市场占有率超 60%，桌面 OS 中 Windows 市场占有率约为 70%，移动 OS 中 Android 占手机 OS 超 75%，平板 OS 中 iOS 和 Android 平分天下。

谁能重构规则、制定标准，谁将获得更多话语权。从线性思维转向分布式多中心的网状思维，"数字平台"在试错中迭代，从多条道路中选择，再聚焦，甚至另辟蹊径，是我们推动传统产业提质升维和培育新质生产力的重要机会。华为以鸿蒙为名，是有开天辟地意味的。事实上，能够打破微软的 Windows、苹果的 iOS 和 Google 的安卓统治格局，确实也是一大开创，9 亿 + 鸿蒙设备数量只是起点，并且有望在 5AIoT（5G + AI + IoT）上实现生态超车。由此可见，数字技术重构各行各业的规则体系，规则体系的重构又将进一步反作用于数字技术变革、新兴产业发展，颠覆传统的生产方式，实现供应链的调整、产业结构的升级和价值链的跃迁，表现为"数字技术—经济范式"的形成过程。

3. 时空的重构，引领生活方式变革

历史地看，人类社会发展史是人类立足不同时空情景，遵循不同时空秩序，争取不同时空资源，进而生产不同社会产物的时空过程。中国曾经是一个相对封闭、较少流动、变迁缓慢的乡土社会，费孝通先生曾在其早期著作《乡土中国》中以"差序格局"和"团体格局"分别概括中西方的社会结构特点并进一步比较了中西文化的差异。"差序格局"被认为是中国传统乡土社会的人际关系特征和社会结构状态，这种人际关系就像一块石头丢在水面后所产生的一圈圈推出去的波纹，每个人都是其产生社会影响的中心，按照血缘关系的远近逐渐向外推展。当前，包括中国在内的

人类社会已经进入一个以数据为基础的数字化时代，个体生活的时空情景日渐数字化和数据化，深刻地改变了社会结构的内涵、特征和弹性，并由此建构了一种全新的时空状态和社会生活方式。

当然，这里指的是数字化对人类生存时空的重构，而不是直接改变时空本身。2021 年最为火爆的元宇宙（Metaverse）概念引发了人类对未来社会的广泛想象，是人类社会空间的跨时空延伸。元宇宙这一概念源自尼尔·斯蒂芬森 1992 年出版的科幻小说《雪崩》，指在一个脱离于物理世界，却始终在线的平行数字世界中，人类可以通过联结进入计算机模拟的虚拟三维“现实”。现实世界的所有事物都被数字化复制，人们可以通过数字分身在虚拟世界中做任何现实生活中的事情，以虚拟人物角色（Avatar）自由生活，并与现实世界映射与交互，具备新型社会体系的数字生活空间。2021 年 10 月，Facebook 更名为 Meta，公司 CEO 扎克伯格表示，“元宇宙是下一个前沿，从现在开始，我们将以元宇宙为先，而不是 Facebook 优先”。作为虚拟世界和现实世界融合的载体，元宇宙蕴含着社交、内容、游戏、办公等场景变革的巨大商业机遇，给未来人类的生存环境和生活方式带来无尽想象。正如社会学家曼纽尔·卡斯特在《网络社会的崛起》中所言：“我们置身于新世界，我们需要新理解。”场景是我们开展社会生活方式研究的重要分析单元。在数字化生存之前，日常生活的场景通常局限于集市、超市、购物中心、影院、咖啡厅、公园等传统的物理空间之中，这些物理场景今天依然发挥着重要作用。随着技术革新，数字生活场景突破了物理空间的局限，呈弥散式、全覆盖式的增长。“微信，是一个生活方式”“抖音，记录美好生活”“微博，随时随地发现新鲜事”“小红书，你的生活指南”“美团，美好生活小帮手”……这些超级 App 重新定义了生活方式，引发了一场“指尖上的无声革命”，服务了人们生活的方方面面。

20 世纪 80 年代，记者出身的美国作家阿尔文·托夫勒出版畅销书《第三次浪潮》，绘声绘色地描述了“信息社会”的生产与生活。该书出版时大多数人看到书中描绘，认为如同科幻小说或神话故事一般。然而仅过了40年，托夫勒的预言绝大部分已成为现实。从重构社会结构的进程来看，数字技术对于人类社会的改变，完全可以媲美当初工业革命解构传统农业社会并建构工业社会的进程。需要警醒的是，人类社会的生活方式从物理空间向数字空间的转向，也潜在隐喻着时空资源的重新分配与整合。数字生活空间的每一个场景都是数字技术构成的子系统，而每一个子系统中都有一套平台预先设定的算法，劳动形式通过数字技术链接，形成一种“非物质劳动”状态，以创造性破坏的方式占有个体的碎片时空。无论是“007”工作模式还是“996”工作模式都表明资本和权力对时间的细化已达到极致。

很多年以前，哈贝马斯的“系统—生活世界”二阶社会构想已经发出警告：在现代社会，系统有着侵入和破坏生活世界的倾向，即“生活世界的殖民化”。其中，最突出的表现在于“算法”对各个应用场景的支配与控制。最典型的案例莫过于《人物》杂志撰写的《外卖骑手，困在系统里》一文所反映的现实问题：按照设定的程序，算法系统会自动修改参数，外卖骑手速度越快，配送时间就越会被缩短，骑手为了避免因延误而被罚款，就不得不疲于奔命，想方设法地缩短配送时间，如此循环往复，骑手越是卖力，配送时间越是被缩短，陷入“自噬循环系统”。

由此可见，数字化对时空的重构在为人们带来新的生活方式和价值满足方式的同时，也带来了浮躁的心态和时空重叠的压力，具有双面性。“困在系统”中的不仅是如外卖骑手、网约车司机等需要靠网络平台接单的劳动者，还有大量通过网络平台获取服务的普通人。比如，我们通过美团、大众点评等数字平台订购外卖，会显示几点几分订购成功、商家几点几分接单、外卖骑手几点几分送达。我们即便是在刚下单的时候也会不自觉地去关注这些时间点，如果在预计时间送不到，我们便会感到焦虑，并产生不安的情绪。

困在系统里、大数据杀熟、信息茧房……数字化社会背后运行的算法系统已潜移默化地渗透进我们生活的方方面面。当数字技术与社会经济结合得越来越紧密的时候，我们会发现，它带给我们的不只有效率、便捷，还有风险以及整个社会生态系统的变化。数字社会开辟了人类生活的另一个空间，同时在一定程度上制造了人的异化危机。数字异化将人的数字劳动商品化，致使人依附于数字的劳动过程，并消解人的现实性和虚化人的主体性。当然，人和技术从来就是共生的。按照斯蒂格勒的说法，人类的历史就是通过技术不断外化自己、将技术不断内嵌于自己的过程。人类之所以变成现在已知宇宙当中的智慧物种，是因为我们会使用技术，并以技术向善破解数字异化，增进人类福祉。

社会转型是一个关键的历史跃迁过程，标志着社会时空结构和形态的变迁，涉及消费方式、生产方式和生活方式等多方面的深刻变化。与西方发达国家相比，我国迈入数字化是两步并一步的“跨越式双重转型”，带有强烈的补课和叠加性质，而以中国的空间之大和人口之多，这种双重转型也必然具有不均衡性。虚实交错的社会空间结构打破或弱化了中国传统社会长期形成的血缘、地缘、业缘的圈层关系和差序格局，社会时空大幅压缩，社会结构分化重组。中国式现代化是14亿人口的现代化，是以人为本的现代化，也是建立在数字化基础上的现代化，需要以范式之变带动社会形态之变，最终创造人类文明新形态。

“数据+算力+算法”共筑数字新时代

数字经济成为经济发展中创新最活跃、增长速度最快、影响最广泛的领域，在培育发展新质生产力和增强产业链、供应链韧性方面发挥了强大的支撑作用。《中国数字经济发展研究报告》显示，我国数字经济规模已由2012年的11.2万亿元增长至2023年的53.9万亿元，增长率高达381.25%。

2021年，国务院印发了《“十四五”数字经济发展规划》，表示要以数据为关键要素，以数字技术与实体经济深度融合为主线，加强数字基础设施建设，不断做强做优做大我国数字经济。这为我们建设数字强国勾画了具体路径。在此基础上，明确数字技术、数据、数字基建对经济和社会的作用渠道，分析数字生态系统建设必要性，探寻数据、算力和算法的影响因素，有助于实现科技跨越发展，推动产业与社会治理优化升级，最终完成生产力整体跃升。

1. 数字技术是数字化时代的关键驱动力

数字化时代，数字技术如同一股汹涌澎湃的浪潮，席卷着各个领域，成为推动社会不断向前发展的关键驱动力，大数据、云计算、物联网、区块链和人工智能等数字技术已成为各国战略竞争的焦点。

大数据是数字化时代的信息基石。随着物联网的普及以及移动设备和传感器网络的广泛应用，每天都有海量的数据产生，涵盖了从社交媒体动态到商业交易记录，再到科学研究结果等各个方面。大数据的价值不仅在于数据本身，更在于如何利用这些数据来创造价值。维克托·迈尔－舍恩伯格在《大数据时代：生活、工作与思维的大变革》中前瞻性地提出，大数据时代最大的转变就是放弃了对因果关系的渴望，取而代之关注相关关系。大数据的 4V 特征——数据量大（Volume）、数据种类多（Variety）、数据价值密度低（Value）以及数据产生和处理速度快（Velocity）促使人们获取新的认知，其在经济领域的应用降低了信息的不对称性和金融中介的重要性，创造出新的价值信息源泉。

云计算是数字化时代的算力源泉。算力是对信息、数据进行处理和运算的能力，是一种新型的生产力。算力依赖于算力资源，既包括 CPU、内存、硬盘、显卡这样的硬件资源，也包括操作系统、数据库、运行库、中间件、应用程序这样的软件资源。在算力需求指数式增长的同时，传统计算架构正失去竞争力，云计算就是获取上述算力资源的一种新型方式，通过“云”的方式提供“算力”，在确保海量数据的安全存储和高效管理的同时，使得用户能够像使用水和电一样，按需获取所需的算力，打破传统计算资源的地域和使用方式的限制。例如，腾讯的智能汽车云平台从数据接入到模型部署，全流程为自动驾驶减负，受到蔚来、博世、奔驰、英伟达等大型企业的青睐，有助于打破特斯拉在智能驾驶领域的垄断地位，提升行业国际竞争力。

物联网是数字化时代的连接桥梁。根据国际电信联盟（ITU）的定义，物联网主要解决物品与物品、人与物品、人与人之间的互联，并在最大范围内实现万物互联。形象地说，就是让所有东西都能连上网，让它们像我们一样能够“说话”、能够“感知”，将物理世界与数字世界融合，开启智能未来。在制造业中，物联网技术通过智能传感器、RFID 标签等设备，实现了生产流程的实时监控和自动化控制，有效避免了资源浪费和产能过剩，提高了生产效率。其与区块链技术的跨界融合不仅保证了供应链数据供给数量，还有效提升了数据的供给质量，为从供应链到生态链的演进提供了新的路径。

区块链是数字化时代的信任保障。区块链作为去中心化的分账式账本技术，为数字化时代构建了新的信任机制。通过加密算法和公式机制，区块链确保数据的不可篡改性和透明度，为交易双方提供了安全可靠的信任环境。可以想象，如果每笔交易都由一个人记账，风险一定很大。去中心化可以理解为每个人都有一个用于记录交易的账本，减少了电子商务中的中心环节，提高人们对交易的信任度。同时，为提高可信度，区块链采取了少数服从多数的原则，舍弃并更换不符的账本，保证数据的统一。例如，加密算法保证了比特币在市场上具有类似于贵金属的稀缺价值和数字化的信任机制，并通过消除传统金融系统中的中介机构，保证了其在全球范围内的高流动性。据统计，2023 年比特币价格达到 4.4 万美元，链上月均活跃地址约为 94.87 万个，全年累计链上交易超 1.45 亿次，交易手续费约为 6.41 亿美元，其市场吸引力和价值认可度可见一斑。

人工智能是数字化时代的智能大脑。1956 年夏，麦卡锡、明斯基等科学家在美国达特茅斯学院开会研讨“如何用机器模拟人的智能”，首次提出“人工智能”（AI）概念，标志着人工智能学科的诞生。作为研究开发能够模拟、延伸和拓展人类智能的理论、方法、技术及应用系统的一门新的技术科学，AI 在 60 年间迅猛发展。2022 年 ChatGPT 的横空出世，更是直接将 AI 技术拉入了大众视野，拓宽了公众对人工智能的认知，激发了公众的想象力。2024 年诺贝尔物理学奖和化学奖同 AI 关联度之高，在科学研究领域掀起巨大涟漪。从大数据到大模型，通用人工智能正在颠覆科学研究范式，即“人工智能驱动的科学研究”，AI 与学科领域认知和先进实验手段相结合将成为主流的科研范式，并将斩获更多的诺贝尔奖。

2. 数据是数字化时代的重要生产要素

在产业变革进程中，关键生产要素也在不断演变，从以土地和劳动力为核心的农业经济时代到以技术和资本主导的工业经济时代，再到当前以数据为核心的数字经济时代，数据要素与传统生产要素的一个重要差别在于数据不被消耗，且在生产和消费过程中逐渐积累，具有边际报酬递增效果。据统计，2023 年，我国数据生产总量达 32. 85 ZB，同比增长 22. 44%，占全球数据总量的 10. 5%，是名副其实的数据资源大国，急需一套完整有效的数据管理体系来释放数据价值。

目前，我国已经逐步形成了一套“一项顶层规划 + 一套基础制度 + 多点政策配套”共同发力的政策体系，为数据要素资源化、资产化和资本化指明方向。在顶层规划方面，《数字中国建设整体布局规划》明确地提出了“释放商业数据价值潜能，开展数据资产计价研究，建立数据要素按价值贡献参与分配机制”。数据作为资产的商业价值与收益分配已成为数字中国建设的重要内容。在基础制度方面，“数据二十条”明确支持为实体经济企业特别是中小微企业数字化转型赋能开展信用融资，探索数据资产入表。在配套政策方面，国家数据局、财政部、人力资源社会保障部等多部委配合“数据二十条”出台了一系列政策，初步形成了政策的“组合拳”（见表 1 - 1）。数据驱动数字经济发展源于乘数效应、竞争效应和转型效应三大发展机制，为数字经济提供了新的生产函数，有效缓解供需失衡，并推动产业升级（徐玉德和程东，2024）。

表 1－1　数据要素重要政策文件

序号	时间	政策文件名称	内容要点
1	2019 年	《中国共产党第十九届中央委员会第四次全体会议公报》	首次将数据纳入生产要素
2	2019 年	《关于构建更加完善的要素市场化配置体制机制的意见》	首次提出培育数据要素市场
3	2021 年	《中华人民共和国国民经济和社会发展第十四个五年规划和 2035 年远景目标纲要》	提出建立健全数据要素市场规则
4	2021 年	工业和信息化部《“十四五”大数据产业发展规划》	提出建立市场定价、政府监管的数据要素机制
5	2021 年	《国务院办公厅关于印发要素市场化配置综合改革试点总体方案的通知》	要求探索建立数据要素流通规则
6	2022 年	国务院《“十四五”数字经济发展规划》	鼓励市场主体探索数据资产的定价机制
7	2022 年	《中共中央 国务院关于加快建设全国统一大市场的意见》	要求加快培育统一的技术和数据市场
8	2022 年	《关于征求〈企业数据资源相关会计处理暂行规定（征求意见稿）〉意见的函》（财办会〔2022〕42 号）	数据资源会计计量办法指引
9	2022 年	《中共中央 国务院关于构建数据基础制度更好发挥数据要素作用的意见》（“数据二十条”）	创新数据产权观念，淡化所有权、强调使用权，提出“三权分置”的数据产权制度
10	2023 年	中共中央、国务院印发《数字中国建设整体布局规划》	提出“释放商业数据价值潜能，开展数据资产计价研究，建立数据要素按价值贡献参与分配机制”
11	2023 年	《财政部关于印发〈企业数据资源相关会计处理暂行规定〉的通知》	正式推进企业数据资源入表
12	2023 年	国家发展改革委、国家数据局印发《数字经济促进共同富裕实施方案》	立体化实施“东数西算”，引导数据要素跨区域流通融合

续表

序号	时间	政策文件名称	内容要点
13	2023 年	国家发展改革委等《关于深入实施"东数西算"工程 加快构建全国一体化算力网的实施意见》	构建全国一体化算力网
14	2023 年	财政部发布《关于加强数据资产管理的指导意见》	构建"市场主导、政府引导、多方共建"的数据资产治理模式
15	2023 年	国家数据局等部门联合发布《"数据要素 ×"三年行动计划（2024—2026 年）》	推动数据要素与其他要素的协同，充分发挥乘数效应
16	2024 年	人力资源社会保障部、国家数据局等联合发布《加快数字人才培育支撑数字经济发展行动方案（2024—2026 年）》	扎实开展数字人才育、引、留、用等专项行动
17	2024 年	国家发展改革委、国家数据局等发布《关于深化智慧城市发展 推进城市全域数字化转型的指导意见》	全领域推进城市数字化转型

数据要素发挥乘数效应，重构生产函数。相较于传统要素，数据要素具有非实体性、非竞争性、低成本复制等特点，突破了传统生产要素的稀缺和排他局限，打破了数据流动的时空限制，实现"看不见的流通"，并在流通过程中创造价值。数字经济背景下，数据要素作为一项新的生产要素加入生产函数，丰富了经济增长的源泉，拓宽了原有生产力和生产关系的外延，对提高生产效率的乘数作用逐渐显现。一方面，数据要素催生了新型生产关系。由于非竞争性和零边际成本，数据可以被多个主体同时使用，逐渐产生数字化生产、网络化分布、智能化管理等新型数字生产关系，表现出促进多元主体协作的网状共享性，有利于打破信息壁垒和激发生产主体活力，构建灵活开放的共享生态。另一方面，数据资产不仅具有传统生产要素的单向赋能作用，还能与其他生产要素融合形成新的生产力，具有提升其他要素效率的依附倍增性。数据要素更加深入地介入生产过程，从根本上改变了生产函数中的要素构成和相互关系，能够实现要素

间资源的优势互补，提高生产、分配、流通、消费过程中各资源的协同效率，达到最优配置比例，提高全要素生产率，从而实现生产力的升级。

数据要素发挥竞争效应，缓解供需失衡。数据要素作为新兴的要素形态，具有鲜明的技术驱动特征。数据要素随着数字技术的发展不断积累和转化，需要凭借一定的挖掘技术手段和数字处理能力释放其承载的价值信息。海量数据资源和精湛的数字技术相互配合为数据画像提供锁定优势，进而带来加速技术创新的竞争效应。相较于传统经济，通过数据挖掘、分析、建模所形成的数据资产，可以洞察更深层次的关系和规律，使得个体差异、习惯偏好、文化价值等软信息变得可计量、可处理和可预测，促进管理层高精准决策和驱动全社会高质量创新。同时，数据动态反馈机制也有助于数据价值的释放，促进科技创新和知识创意的蓬勃发展。数据规模越大、种类越丰富，越容易捕捉消费端的偏好变化，进而提高供需匹配效率，增加市场份额。规模递增效应带来的数据价值红利又反过来促使企业提升技术创新和数据分析能力，进一步推动数据要素积累，形成正反馈效应和滚雪球式的自我增长。此外，数据要素的解剖从需求侧引致细分领域创新，这种“数据驱动型决策”模式提高了市场规模细分程度，不断推动企业从“规模生产”走向“规模定制”，为个性化定制、体验式、网络化等新的灵活制造模式带来长尾经济。数据要素的竞争效应，从供给和需求两端出发，不断提升供给质量，发掘需求变动，为缓解供需失衡矛盾提供解决方案。

数据要素发挥转型效应，赋能产业升级。作为数字经济的基础，数据资产在推动数字产业化和产业数字化中发挥了重要作用，通过催生新产业和新模式“无中生有”和改造传统产业“有中生新”打造优质服务与实现经济增长。以数据要素为表征的数字新业态、新模式逐渐与实体经济融合，为其带来生产效率优化、产品质量提升以及运营成本降低等助益，为企业转型升级开辟新路径。数字产业化方面，数据要素是人工智能、大数据等新型数字产业成长的重要“燃料”，通过深入挖掘海量数据资源，数字产业积极探索数字技术迭代升级，重塑创新动能、创新应用场景以提高自身的竞争优势，并在此过程中更大程度地推动了社会生产力的发展。产业数字化方面，依靠区块链、大数据、云计算等数字技术的发展与应用，传统工业、农业和服务业不断推进数字化转型。数字化渗透帮助传统行业实现全业态数据采集分析和全方位、全链条、全周期的数字化、网络化、智能化改造，不断创新催生新产业、新业态和新模式。在数据对企业经营业务向数字化方向引导的过程中，企业也不可避免地对传统低效能产业进行改造、升级，不断智能化、数字化过时的生产设备和生产线，淘汰过剩产能，促进产业更新换代。

3. 数字基建是数字化时代的算力底座

庞大的数据产量和各行各业对智能应用的需求催生了数据时代的新难题，以数据搭载、算法执行和算力分配为特征的数字基础设施建设成为解决方案。

数字基建支撑数据搭载。数字基建为数据提供了坚实的载体、高效的传输通道以及可靠的后期处理。大规模的数据中心作为数字基建的核心组成部分，具备先进的存储技术和管理系统，能够安全、可靠地储存海量的数据资源，确保其完整性和可用性。高速通信网络如同数据流通的高速公路，打破了数据流通的时空限制，极大地提升了数据的传输速度和效率。数字基建还为提升数据质量提供了有力的支持。借助先进的数据处理技术和强大的数字基建，原始数据能够被精细地清洗、去噪和严格的验证。大量错误数据和无效数据被剔除，大幅提高了数据的准确性和可靠性。数据融合等前沿技术还可以巧妙地整合多源数据，极大地丰富数据的维度和内容，为后续的数据应用和深度分析奠定基础。

数字基建优化算法执行。首先，强大的数字基建，如云计算中心和超级计算机等，为算法的执行提供了高速的计算能力，使得复杂的算法可以快速处理大规模数据，缩短算法的运行时间，提高算法的效率。近年来，深度学习在人工智能领域的应用日益广泛，需要大量的计算资源来训练模型。数字基建提供的强大算力可以显著缩短训练时间，提高算法的执行效率。其次，数字基建提供的丰富数据和强大算力为算法创新提供了土壤。研发人员和开发者可以利用这些资源尝试新的算法设计和优化方法，推动算法的不断进步。最后，数字基建的广泛覆盖推动算法在不同领域的创新应用。无论是智能交通、医疗健康还是金融服务等领域，都可以借助数字基建实现算法的落地和推广，不仅能推动本行业的进步，还为跨行业、跨学科的合作提供条件。

数字基建调控算力分配。早期，算力主要集中于大型计算机和服务器中，只有少数企业和机构拥有算力资源。随着数字技术的不断进步，特别是云计算的出现，以及数字基建数目的日益增多，算力逐渐走向普及化和民主化。科技巨头纷纷加大对算力的研发和投资，争夺云计算市场份额。通过不断优化数据中心架构、提升算力服务质量、研发算力终端，为用户提供更高效、更可靠的算力支持和更多的市场选择。其中，硬件制造商不断推出性能更强大的计算设备，软件开发商则致力于优化算法和应用程序，以充分发挥算力的优势，让需要算力的个体和组织都能分配到足够的资源。更优的算力分配使得原本占据主导地位的劳动密集型产业逐渐让位于技术密集型和知识密集型产业，产业形态也从传统的线性供应链模式转向复杂的生态系统模式，经济发展迎来新的增长点。

数字基础设施支撑有力。我国大力推进数字基础设施体系化部署和规模化发展，为制造业数字化转型提供有力支撑。一是网络基础设施持续升级。深入实施“宽带中国”战略，建成了全球最大的光纤和移动宽带网络，截至 2023 年底，我国 5G 基站总数达 337.7 万个，千兆光网具备覆盖超过 5 亿户家庭能力，率先实现“物”连接数超过“人”连接数。二是算力基础设施达到世界领先水平。截至 2023 年底，全国在用数据中心机架总规模超过 810 万标准机架，算力总规模达每秒 230 百亿亿次浮点运算，其中智能算力规模达每秒 70 百亿亿次浮点运算，增速超 70%，为高效处理、加工海量数据提供基础支撑。三是融合基础设施快速发展。工业互联网网络、平台、安全体系建设稳步推进，标识解析体系全面建成。截至2023年12月，“5+2”顶级节点稳定运行，服务企业超40万家，工业互联网覆盖全部41个工业大类，有一定影响力的工业互联网平台超340个，工业设备连接数超过9600万台（套），行业赋能、赋值、赋智作用日益凸显。

4. 数字生态是数字化时代的平台载体

数字生态是数字主体互连互动形成的多层次、多结构、多形态且彼此依存的动态系统，关键在于释放数据价值，本质是连通数据要素和传统生产要素，目的是提升全要素生产率，形成需求牵引供给、供给创造需求的动态平衡。

数字生态释放数据价值。数字生态的兴起，深刻地改变了数据资源的获取、流通和应用模式，打破数据孤岛。从数据的流通性角度来看，数字生态极大地促进了数据的自由流通和广泛共享。在数字生态环境中，数字化平台和应用不断涌现，打破了传统的数据壁垒。社交媒体、电子商务、金融科技等领域的多平台交互，使得用户数据、交易数据、市场数据能够在不同主体间快速传递，并被广泛应用于广告投放、供应链管理决策等多个领域。这种数据的流通丰富了数据的来源和种类，为数据的深度挖掘和分析创造了条件，能够有效释放数据价值。不断进步的数据管理体系提供数据清洗、验证和修复服务，在保障数据可靠性的前提下，将低价值密度的原始数据转化为可用于决策和分析的数据资源。日益完善的数据保障条例和安全技术则避免个体和组织陷入数据泄露、篡改和滥用的风险中，为释放数据价值保驾护航。

数字生态推动数实融合。从数字技术相互融合的角度来看，数字生态催生了技术间的协同效应，显著提升了技术应用的效率和效能。以人工智能与大数据技术为例，二者的深度融合使得人工智能算法能够从海量的数据中学习和优化，提高智能决策的准确性和效率。其在金融风控、医疗诊断、精准营销等诸多领域的应用带来了前所未有的效率提升和价值创造。类似地，物联网技术与云计算、边缘计算的结合，实现了物与物、人与物的互联互通，推动了智能城市、智能家居等领域的发展，深刻地改变了人们的生活方式和生产方式。从数字技术与实体经济相互融合的角度来看，数字生态扮演了关键的桥梁和催化剂角色，打破了传统行业的边界和局限，为数字化转型提供了有利条件。一方面，通过推动数字产业化、产业数字化，数字生态促进了数字技术在实体经济中的广泛应用。另一方面，通过提供共享平台、开放接口、标准规范等，数字生态降低了数字技术应用的门槛，促进了不同行业之间的协同创新。

数字生态重塑数字标准。传统标准已难以满足快速发展的数字经济需求，而数字生态通过整合技术、数据和产业力量，提供了全面的解决方案。首先，数字生态促进了数字基建标准的统一性和互操性，统一的接口标准和数据交换协议实现了不同系统和设备间的无缝对接，使得各类数字基础设施能够协同工作，发挥“1+1>2”的效能。其次，数字生态提升了数字基建的安全标准，通过整合安全技术、管理和服务，构筑起坚实的防御体系，可有效防御网络攻击和数据泄露等风险，为数字基建的稳定运行提供保障。最后，数字生态优化了数字基建的性能标准，借助人工智能和大数据等技术，以及宽带升级（5G 和光纤网络的普及），实现了带宽利用率的提高和延迟的降低，进一步增强了数字基建的服务能力和响应速度。总而言之，数字生态正在深刻地重塑数字基建标准，推动其向更高效、更安全、更智能的方向发展，为数字经济的繁荣发展提供坚实的基础保障。

数字化、新质生产力与新发展格局

数字化转型、新旧动能转换和新发展格局形成都是当前中国经济正在经历的发展过程，三者之间存在紧密联系。自 2020 年 4 月以来，党中央已在多次会议中提及“新发展格局”，党的十九届五中全会更是明确其为“十四五”规划乃至更长时期内的一项重要战略部署，以推动我国经济社会实现高质量发展。数字化转型是构建新发展格局的关键路径，核心任务是新质生产力的培育和发展，重要表现形态是数字经济，具体而言，就是数字产业化（新型数字技术的产业化应用）和产业数字化（传统产业的数字化转型），其底层逻辑主要由数据和信息构成，而不是传统经济所依赖的土地、资本、劳动力，意味着经济发展方式发生重大转变。一言以蔽之，数字经济发展过程，就是数据及其关联要素重构生产函数所引发的经济全场域和自相关创造性破坏过程，呈现高渗透性、高融合性、高创新性等特征，能够有效统筹供需两端，推动供需协同，是培育新质生产力、推动新旧动能转换、助力"双循环"新发展格局形成的重要抓手。

1. 数字化转型赋能新质生产力培育

从新旧动能转换到新发展格局构建，再到中国式现代化，在这一条贯彻新发展理念的主脉络上，数字化转型赋能新质生产力的培育和发展，是推动健全经济高质量发展体制机制的重大举措。新质生产力是由技术革命性突破、生产要素创新性配置、产业深度转型升级而催生的先进生产力质态。高质量发展是全面建设社会主义现代化国家的首要任务。习近平总书记关于新质生产力的重要论述丰富与发展了传统的生产力理论，是推动高质量发展的内在要求和重要着力点。党的二十届三中全会提出"健全因地制宜发展新质生产力体制机制"，意味着党中央将进一步健全发展新质生产力的相关规则和政策，加快形成同新质生产力更相适应的生产关系，在百年变局加速演进中赢得战略主动。

新质生产力的核心是新要素。生产要素是生产力发展的重要基础。新质生产力旨在提高全要素生产率，把数据引入生产函数是生产力进步的重要标志。从蒸汽机轰鸣的工业时代到信息技术日新月异的数字时代，生产的核心要素正经历着深刻的转变。从最开始的土地、劳动力二要素到土地、劳动力、资本、技术等要素，再到现在数据加入要素体系，进一步为经济发展注入新的要素动能。作为数字化时代的关键生产要素，数据要素在经济社会活动中的重要性与战略价值日益凸显，其战略意义也引起党和国家的关注。自2019年10月党的十九届四中全会将数据列为生产要素以来，中共中央、国务院发布多项政策文件，推动数据加入要素体系，正式进入以“数据要素改革”为驱动力的发展新阶段。数据要素是数实融合发展衍生的核心资源，突破了传统生产要素投入规模报酬递减的约束，其边际成本递减、边际效应递增的经济属性，以及非竞争性、强渗透性和融合性的特点，使突破“索洛悖论”成为可能，促进社会生产和要素禀赋结构变迁，进而通过全要素生产率提升助推经济高质量发展。

新质生产力的关键是新技术。习近平总书记指出：“科技创新能够催生新产业、新模式、新动能，是发展新质生产力的核心要素。”受数字技术的驱动，人工智能、物联网、语音识别、视觉识别、位置识别等所产生的数据种类和数量迎来了一个“大爆炸”时期。发展新质生产力离不开对这些海量数据的处理、计算、存储和应用，这就使得算力成为重要的“底座技术”。在数据处理、使用和与其他要素融合过程中，算力是关键工具，是数据向生产要素“华丽蜕变”的主要推手。算力与数据、算法的交互融合，重构了要素应用范式，正在催生数字化、智能化、生态化的新质生产力形态。历史地看，人类社会处于主导形式的生产力经历了从人力、水力、热力、机械力到电力的演进，每一次技术革命都会引发生产力跃迁，并形成特定时期的新质生产力，催生新产业、新模式、新动能。与前三次工业革命不同，第四次工业革命以人工智能、大数据、云计算、物联网等数字技术为引领，本质是围绕算力展开的竞争。当前，抢占算力制高点已成为世界主要大国的共识和战略选择，谁掌控了算力优势，谁就能主导未来科技发展和产业变革，从而掌握新质生产力形态的发展命脉。

新质生产力的载体是新产业。按照“技术—经济”分析范式，发展新质生产力必然落实到与之相适应的新产业上。在现代化产业体系建设过程中，必须全面融入新质生产力，形成与之高度契合的产业结构、组织形式和生态系统，“推进产业智能化、绿色化、融合化，建设具有完整性、先进性、安全性的现代化产业体系”。当前，大数据、云计算、人工智能、区块链等技术加速创新，新一代信息技术、生物技术、新能源、新材料、高端装备、新能源汽车、绿色环保以及航空航天、海洋装备等新兴产业正在快速发展壮大，类脑智能、量子信息、基因技术、深海空天、氢能储能等未来产业也在孕育发展。在一些前沿技术领域，我国开始进入并跑、领跑阶段，如利用多元算力、数字孪生等数字技术赋能企业智能化决策，已经在汽车、装备制造、新能源等领域释放出巨大的产业价值。同时，也要及时将新质生产力应用到改造提升传统产业上。我国传统产业体量大，在制造业中占比超过 80%，传统产业的改造升级直接关系到现代化产业体系建设全局，不能把传统产业当成“低端产业”简单退出。围绕新质生产力的发展，我们要改造提升传统产业，培育壮大新兴产业，布局建设未来产业，进一步完善现代化产业体系。

2. 数实融合推动现代化产业体系建设

新发展格局是一种“目标导向格局”，指向了一条摆脱对传统发展模式的依赖、实现新旧动能转换的新道路。在破立之间的转型期和阵痛期，如何让新质生产力快速培育成长，及时填补旧生产力破除造成的空白，对新发展格局的形成至关重要。如果旧动能破了，而新的动能没跟上，就会发生经济坠落的风险，甚至引发系统性危机。因此，数字化赋能新质生产力培育、推动现代化产业体系建设的重要性不言而喻。习近平总书记指出，“现代化产业体系是现代化国家的物质技术基础，必须把发展经济的着力点放在实体经济上”。党的二十届三中全会发布的《中共中央关于进一步全面深化改革、推进中国式现代化的决定》明确提出“健全促进实体经济和数字经济深度融合制度”，为建设现代化产业体系、打造国际竞争新优势指明了方向和路径。我国制造业总体规模连续 14 年居全球第一位，数字经济规模连续多年稳居全球第二位，双重优势为数实融合打下良好基础。

数实融合塑造现代化产业体系新特征。数字经济和实体经济的深度融合，本质上是以数字化赋能实体经济，对制造业、服务业、农业等传统产业进行全方位、全链条改造，推动各类要素重新配置，有效解决结构性错配问题，具有智能化、绿色化、融合化的新特征。现代化产业体系的智能化，主要体现为通过技术革新持续推动质量、效率和动力的变革，提升产业链的韧性和供应链的可靠性，重塑竞争优势。现代化产业体系的绿色化，主要体现为加快发展方式绿色转型，构建市场导向的绿色技术创新体系，降低高污染、高能耗产业的资源损耗与环境污染，进一步壮大节能环保产业、清洁生产产业、清洁能源产业。现代化产业体系的融合化，主要体现为三次产业的有序连接、高效畅通、融合发展，打破传统产业边界的束缚，更好地释放产业网络的综合效益。

数实融合塑造现代化产业体系新模式。随着数字技术的日新月异、数字化平台生态的持续延伸，数据成为实现数实融合的重要生产要素。由于数据具有非竞争性、零成本、流动速度快等特性，可以降低不同地理区位企业之间的交易成本，产业集聚逐渐突破地理区位限制，形成线下产业链与线上产业生态融合集聚的“新产业集群”发展模式。“以数强实”打造具有国际影响力的新型实体企业，赋能实体经济的延伸拓展，并加快形成“新实体经济”，不仅包括与数字技术直接相关的数字化产业，而且涵盖产业数字化、数据价值化发展过程中涌现的新业态和新模式。很多地方的实践也表明，数实融合对产业空间布局、集群产业范围、集群微观主体、协作方式和管理模式等有着重要的推动作用，深刻改变了传统产业集群的作用方式，极大地提升了产业效率和区域竞争力。而且区域经济的数字化转型将推动城市布局更加高效，促进从“边际扩展”的城市化向“数字化协同”的城市群一体化转变，更加有利于创新和生产活动的开展。

数实融合为现代化产业体系注入新动能。一个国家或地区是否有活力、有前途，一个核心的指标就是看这个国家能否源源不断地培育出一批具有创新活力的企业和新兴产业集群。当前，数字经济正成为重组全球要素资源、重塑全球经济结构、改变全球竞争格局的关键力量，但无论经济发展到什么程度，实体经济都是我国在国际竞争中赢得主动的根基。数实融合不是实体经济与数字经济的简单相加，而是一种以创新为导向的发展策略，要有效发挥双重优势，产生“1 + 1 > 2”的协同效应，以推动经济实现更高水平的发展。从“3G 突破”到“4G 同步”，再到“5G 引领”“6G 探索”，我国数字基础设施水平不断跃升。在数实融合的过程中，正是要立足已有基础，抓住新一轮科技革命机遇，加强关键技术的自主创新，推动传统产业提质升维和培育新质生产力并举，不断提升产业链、供应链的现代化水平，防范和化解“堵链”“卡链”“断链”“掉链”风险，构建安全型现代化产业体系，在百年变局加速演进中牢牢把握发展主动权。

3. 数字中国建设构筑国家竞争新优势

数字中国建设是加快构建新发展格局、以高质量发展推进中国式现代化的重大战略举措，其理论与实践源于新一代信息技术革命的大背景，但最直接的动因是习近平总书记在福建、浙江工作期间“数字福建”“数字浙江”的实践探索以及他在 2015 年底有关“数字中国”的重要讲话，经历了萌芽起步、地方探索、国家战略三个阶段。2023 年 2 月，中共中央、国务院印发《数字中国建设整体布局规划》，擘画了建设数字中国的宏伟蓝图，是推进中国式现代化过程中应对新一轮科技革命的战略回应，犹如 1993 年时任美国总统比尔·克林顿提出“信息高速公路”国家战略计划，有助于构筑国家竞争新优势。

打造中国式现代化新引擎。中国式现代化涉及经济、政治、社会、文化、生态文明等领域，数字中国建设催生了数字经济、数字政府、数字文化、数字社会和数字生态文明新形态，全面赋能“五位一体”总体布局，是推进中国式现代化的重要引擎。数字经济建设是继农业经济、工业经济之后的经济发展新形态，它以数据为关键生产要素，以算力、算法为核心驱动力，重塑经济社会发展方式，对促进新旧动能加速转换具有强大的驱动作用。数字政府建设的核心是要推进政府治理的数字化转型，利用数字技术实现政府功能和效率的现代化蜕变，重点顺应人治、德治、法治走向数治，从服务型政府走向创新赋能型政府，形成与中国式现代化相适应的政府管理模式，更好地实现人民对美好生活的向往。数字文化建设是通过集成全息呈现、数字孪生、多语言交互等数字技术，构建虚拟和现实深度融合的数字文化体验场景，并推动中华优秀传统文化创造性转化、创新性发展。数字社会建设的核心是推进“社会数字化”和“数字社会化”的有机融合，形成社会运行和社会治理的全新形态，建构以人为本、惠及全民的数字生活。数字生态文明建设的核心是推动“数字化的绿色化”和“绿色化的数字化”的融合与集成，构建美丽中国数字化治理体系，实现人与自然和谐共生。

开拓国际合作新格局。开展数字领域全方位国际合作，是不断优化数字化发展环境、加快构建新发展格局的重要内容。数字化的快速发展在给人们生产生活带来便利的同时，也给全球带来网络安全、隐私保护、数字鸿沟等一系列共同难题，抑制数字红利的充分释放，亟须通过国际合作携手共同应对。一是积极参与数字领域国际规则制定。加快推进电子商务、数据跨境流动等相关国际规则和标准研究制定，推动建立开放、公平、非歧视的数字营商环境，带动全球产业链供应链价值链整合优化，为全球经济恢复增长注入新动能。二是高质量共建“数字丝绸之路”。强化与共建“一带一路”国家数字经济产业合作，帮助共建“一带一路”国家建设高质量、可持续、价格合理、包容可及的数字基础设施，共建联合实验室、技术对接合作平台等，支持平台企业“走出去”，拓展“丝路电商”伙伴关系。三是推进国内国际网络空间协同治理。与各国一道探索互通有无、合作共赢的“正和博弈”新模式，完善数字与人工智能治理体系，共同应对网络威胁和安全挑战，共同推动形成繁荣发展的人类命运共同体。

构建新发展格局，归根到底就是为实现中国式现代化，我国的发展资源和生产要素在时空上怎么“摆布”、结构上怎么安排才能实现更高质量发展的问题。中国式现代化是建立在数字化基础上的现代化，我们要以数字化转型赋能新质生产力培育为立足点、数实融合推动现代化产业体系建设为基本盘、数字中国建设构筑国家竞争新优势为出发点，推动新旧动能转换，重构经济社会的发展逻辑，以发展范式之变带动形态之变，最终创造人类文明新形态，进而回答构建一个什么样的新发展格局的问题。

数字鸿沟带来的治理挑战

发展数字经济已成为全球共识。《全球数字经济发展指数2024》显示，2023年，全球数字经济规模突破40万亿美元，我国数字经济规模占全球的比重超过17%。数字经济已成为全球经济发展的关键力量和重要引擎，但随之而来的数字鸿沟（Digital Divide）、数字安全威胁以及数字监管挑战等一系列治理问题不容小觑。数字鸿沟使得不同国家、不同人群之间的信息获取能力和创新能力出现显著差异，进一步加剧了社会不平等现象。数据泄露和网络攻击带来的数字安全威胁，不仅直接侵害了个人和组织利益，还引发了深刻的伦理冲突，激发了人们对数字技术的不信任。洞悉数字化进程带来的治理问题有助于为下一步的风险防范奠定基础。

1. 数字鸿沟加剧发展失衡

技术进步引发了关于数字平权还是数字鸿沟的相关讨论。社会被信息技术分为“拥有者”和“匮乏者”两部分，并且他们之间的差距会随着技术的发展越来越大，这种现象被称为“数字鸿沟”。赫拉利在《未来简史》中指出，新技术在向社会推广的开始阶段确实扩大了阶层的区分。富人、有权的人、精英阶层享受更多的福祉，而底层的人会遭受剥夺、压制。

从经济史角度来看，人类社会发展至今，共经历了4次工业革命和6次技术浪潮，尽管人们在每次技术浪潮到来之前都对新技术抱有极大的憧憬，但事实证明，技术能够做大蛋糕，却不足以解决不平等问题。不同国家、地区、行业、企业和人群对信息、网络技术的应用程度以及创新能力存在差异，导致了“信息落差”“知识分隔”和“贫富分化”问题，数字鸿沟应运而生，主要表现在全球鸿沟、社会鸿沟和民主鸿沟三个方面。这种差距不仅体现在经济和技术层面，还会对社会、政治和文化产生深远影响。

全球鸿沟限制数字技术资源均衡分配，削弱发展中国家竞争力。全球鸿沟是数字鸿沟最直观的表现之一，指发达国家社会和发展中国家社会之间在接入网络方面的差距。2023 年 3 月召开的第五次联合国最不发达国家问题会议指出最不发达国家当中有 2/3 的人口仍未接入互联网，并呼吁在最不发达国家实现更包容和公平的数字转型，以应对最棘手的全球挑战之一：缩小富裕国家和贫穷国家之间令人震惊的巨大数字鸿沟。基础网络的低覆盖率、信息技术的低层次化以及教育资源的匮乏和分配不均，限制了大量人口的数字经济参与度，部分发展中国家因此被边缘化，难以在全球价值链中攀升，发展潜力受到限制。与此同时，诸多发达国家还会利用技术优势及对其有利的国际数字规则，对发展中国家进行“数据榨取”“数字圈地”，以加速自身资本的积累和扩张，形成严重的数字霸权，进一步边缘化发展中国家在全球数字秩序中的地位。比如，2020 年美国发起“清洁网络”计划，从清洁运营商、清洁应用商店、清洁移动应用、清洁云以及清洁电缆 5 个方面排挤中国互联网企业，并通过国家安全条例限制数据被境外和“非美国人”访问，推动了数字领域的地缘政治竞争。

社会鸿沟加剧社会资源分配不均，阻碍社会阶层平等发展。作为数字鸿沟在国内层面的表现，社会鸿沟是指每个国家中种族、性别、年龄等造成的信息富有者和信息匮乏者之间的差距。社会鸿沟反映了数字技术应用和获取的明显不平等所引致的社会阶层之间的差距。在数字化时代，数据和技术资源已经成为重要的生产要素和财富来源。经济发展水平、数字素养以及基础设施建设的不平衡分化了不同阶层数字资源的获取水平，导致了一种新的贫困——“信息贫困”。那些能够优先获取和利用数字技术的人能够在经济上获得更大的收益，从而巩固其社会地位。而缺乏数字技术资源的人群可能被边缘化，在收入分配、就业和发展机会上处于持续弱势，陷入贫困的恶性循环中。这不仅阻碍了个人的可持续发展，还会进一步固化社会阶层，拉大贫富差距，引发一系列社会问题。为此，中央网络安全和信息化委员会印发《提升全民数字素养和技能行动纲要》，强调要聚焦弥合数字鸿沟的实际需求，按照“用得上、用得起、用得好、有保障”的要求，采取如加快千兆光网、5G 网络、IPv6 等新型基础设施建设部署，加强适老化智能终端供给，做优做强数字素养与技能教育培训资源等措施，对弱势群体给予帮助扶持。

民主鸿沟掣肘全过程人民民主的真实实现，抑制民主治理的效能发挥。民主鸿沟是数字鸿沟在政治领域的体现，指使用和不使用数字资源去从事、动员或参与公共生活的人们之间的差别。随着数字技术的普及，信息的获取和传播方式发生了根本性的变化。然而，这种变化并未惠及所有人，反而在某些方面加剧了政治参与的不平等。一方面，算法黑箱威胁程序正义，引发决策失灵。算法背后隐匿的算法偏见、算法共谋、数据窃取等风险给全过程人民民主带来了严峻的挑战。人们利用数字赋能的同时也为数字所束缚，更加依赖算法和机器制定决策，开展政治参与、协商交流，使得人民作为主体却屈从算法程序，“数字依赖”削弱人民的自决能力。另一方面，深度伪造引发信息失真，侵蚀政治信任。生成式人工智能而来的深度伪造技术（Deepfake）在社会上迅速传播，不仅打破了“有图有真相”的新闻媒体时代的认知规律，也打破了“有视频有真相”的网络时代的事实认知规律。在“眼球效应”作用下，有的 MCN 机构为“蹭热点”“博流量”，通过 AI 软件生成虚假新闻，导致大量网络谣言病毒式传播，造成不可忽视的负面影响，容易滋生非理性的社会情绪，诱发谣言认同、网络犬儒主义、网络民粹式信任等消极后果，使政府公信力落入“塔西佗陷阱”。

2. 数字安全威胁社会稳定

习近平总书记强调，“没有网络安全就没有国家安全，就没有经济社会稳定运行，广大人民群众利益也难以得到保障”。在数字化时代，数据已经成为一项极其重要的资产。网络安全的内涵和外延也随着时代变化不断拓展。数字安全不仅关乎个人和组织的隐私和信誉，也对社会秩序和伦理标准提出了严峻考验。

数据泄露导致敏感信息的非授权公开，损害个人隐私和企业信誉。数据泄露是数字安全威胁中最常见且最具破坏性的一种形式。未经授权的个人、组织或实体获取和披露他人敏感信息，在侵犯了个人隐私的同时，还严重损害了企业的信誉。首先，在个人层面，数据泄露可能造成身份盗窃、财务损失以及对个人生活的严重干扰等一系列问题。个人信息一旦被泄露，可能被用于恶意活动，如未经授权的金融交易、信用卡诈骗等。这不仅会给个人造成经济损失，还可能带来心理上的压力和困扰。2017 年，信用评分报告公司 Equifax 发生数据泄露事件，导致约 1.47 亿美国公民的个人信息泄露，给许多人带来了身份盗窃的风险和长期的信用问题。其次，在企业层面，数据泄露可能导致商业机密、客户数据等敏感信息的外泄，直接损害企业的市场竞争力和品牌信誉。2018 年 3 月曝光的“剑桥分析”事件中，8700 万 Facebook 用户数据被剑桥分析公司不当利用，用于在 2016 年的美国大选中支持美国总统特朗普。“泄密门”一经爆出，Facebook 股价应声大跌 7%，市值蒸发 360 亿美元，公众形象严重受损。

网络攻击破坏信息系统的完整性和可用性，削弱企业和国家的安全防护能力。网络攻击是另一种常见的数字安全威胁，通常由黑客、网络犯罪组织或国家支持的攻击者发起，旨在破坏信息系统的正常运行，损害系统的完整性和可用性，进而削弱企业和国家的安全防护能力。对企业而言，网络攻击可能导致生产中断、数据丢失以及巨额的经济损失。攻击者通过恶意软件、勒索软件或分布式拒绝服务攻击（DDoS）等手段，造成企业信息系统瘫痪，使其无法正常运营。汇款行业巨头 MoneyGram 证实，自 2024 年 9 月 20 日以来，因网络攻击，该公司一直面临系统中断和客户投诉等问题，经营业务受阻。此外，网络攻击还可能导致企业机密数据泄露，影响企业的战略决策和市场地位。2014 年，索尼影业遭遇严重的网络攻击，黑客窃取并泄露了大量机密数据，包括未发布的电影和敏感的员工信息。这次攻击不仅造成了索尼影业数百万美元的经济损失，还对其战略部署、品牌声誉和市场信任度造成了长期影响。在国家层面，数字技术作为一把科技“双刃剑”，在带来新发展契机的同时，也让国家安全形势变得更为严峻。

伦理挑战质疑技术应用的道德界限，影响社会对数字技术的信任和接受度。随着数字技术的迅速发展，其应用范围和影响力不断扩大，但带来了关于技术应用的伦理挑战，促使人们重新审视技术的道德界限。首先，数据收集和使用的透明性问题备受关注。企业和政府机构在收集和使用个人数据时，往往缺乏透明性和用户知情权，引发公众对数据隐私的担忧。其次，人工智能和自动化技术的应用也带来了伦理挑战。尽管人工智能在纯技术层面是价值中立的，基于算法的自动化决策具有相对客观、公正和高效的优势，但在实际应用中，历史数据的偏差、设计者个人偏见嵌入系统以及技术本身的不完善都会导致自动化决策系统存在算法偏见，影响决策的公平性和公正性。大数据杀熟、信息茧房、虚假信息泛滥等一系列问题的出现引发了对“算法暴政”和“数据霸权”的担忧。此外，人工智能技术的发展可能威胁就业，导致社会不平等加剧。越是可以自动化、计算机化的任务，就越有可能交给智能机器人完成。机器人替代人工劳动已成为21世纪的一个必然趋势。就业问题的严峻化最终将加剧社会不平等。最后，技术滥用问题引发了社会对数字技术的质疑。技术滥用包括利用技术进行监控、操控公众舆论，以及进行恶意攻击等。这些行为不仅会破坏社会对技术的信任，还可能导致社会的分裂和不稳定，进一步挑战社会的伦理和道德标准。

3. 数字监管应对发展挑战

数字鸿沟和数字安全威胁问题逐渐显现，成为制约数字经济可持续发展的重要问题。寻求创新与安全之间的平衡点，需要数字监管发挥作用，构建一个安全、公平、可持续发展的数字经济生态系统。

科技向善破解数字鸿沟难题。数字鸿沟，如同一条巨大的裂缝，将世界分割成信息富裕和信息贫乏的两极，阻碍着全球发展和社会公平。要破解这一难题，需要以“科技向善”为理念，构建多层次、多维度的解决方案。“人类命运共同体”强调全球各国命运相连，唯有合作共赢才能共同发展。在这一框架下，发达国家应积极承担责任，秉承科技向善的理念，通过技术援助、资金支持和人才培养，帮助发展中国家提升数字基建水平，缩小全球鸿沟。普惠政策则为弥合社会鸿沟提供解决方案。在科技向善的指引下，资助建设公共数字基础设施、实施数字技能培训计划、开发适应性技术以及制定公平合理的数字经济政策，都有利于将数字红利惠及弱势群体，促进数字经济的共享发展。民主鸿沟的存在同样不容小觑。公平透明的数字治理或许能为我们提供一些好的答案。通过贯彻科技向善的理念，规范数字平台的行为，打击网络谣言、虚假信息和网络暴力，提升公众的数字素养和批判性思维能力，建立健全网络安全和数据隐私保护机制，以及减少算法歧视和操控等手段，民主公平将得到保障。

协同共治缓解数字安全威胁。数字安全威胁已经成为全球面临的严峻挑战之一。协同共治作为一种综合性的治理理念和模式，为缓解数字安全威胁提供了切实可行的路径，其涵盖的技术创新、规范管理、合作共享与意识提升等多个层面相互交织、协同作用，共同构筑起数字安全的坚固防线。加密技术（区块链、隐私计算技术）的不断演进提升了信息在复杂的网络环境中的保密性。政府构建严格的监管体系，制定完善的法律法规用以明确行为边界。行业自律规范促使企业自我约束，加强内部安全管控。监管制度的内外配合确保数字经济活动规范有序。国际合作机制打破国界壁垒，各国共享情报、经验与策略，携手应对跨国网络攻击等全球性难题。信息共享平台促进资源整合与协同规范，安全信息的及时传递使各方能迅速响应，降低威胁危害，提升整体防御效能。意识提升作为基础工程，同样重要。安全意识教育普及大众，能够培养社会安全习惯。专业数字安全人才在各环节发挥关键作用，以创新应对复杂多变的情况，提升整体安全防护水平。

当前，数字技术正以前所未有的速度全面融入人类社会经济的各领域和全过程，对各国经济社会发展、全球治理体系、人类文明进程影响深远。习近平总书记指出，“让数字文明造福各国人民，推动构建人类命运共同体”。中国发起的《全球数据安全倡议》为制定全球数据安全规则提供了蓝本，呼吁各国携手努力，共同打造数字命运共同体。打造数字命运共同体，是中国顺应时代发展趋势，践行人类命运共同体理念，为破解全球数字治理难题贡献的中国智慧。

第二章
数字化催生金融变革

随着数字经济的快速发展，金融业发展经过传统范式和金融科技范式后，金融创新与技术变革融合演进，将迎来数字金融的迸发，进一步模糊金融机构的边界，单纯以金融机构为视角难以把握金融的核心问题和发展脉络。区块链的去中心化、无须事先信任、开放式和自治性等特征，天然地成为 DeFi 的底层基础性技术，具有引领全球金融变革的可能性。这些极具破坏性和替代性的数字技术重新定义了金融业态和发展模式，给全球金融体系带来了结构性影响，也开启了以数字资产为核心的金融新时代。

本章主要从四个方面探讨“数字化催生金融变革”：第一，数字技术在提升金融服务实体经济质效和金融风险防控能力过程中，有效赋能金融自身高质量发展；第二，数据要素将成为撬动金融创新的关键杠杆，改变传统融资模式，构建新的金融生态；第三，数字资产将成为数字经济时代的重要财富形态，催生全球财富新格局的形成；第四，数字货币正在成为重组全球要素资源、重构国际货币体系、改变全球竞争格局的关键力量。

数字技术赋能金融高质量发展

习近平总书记指出，“当今时代，数字技术、数字经济是世界科技革命和产业变革的先机，是新一轮国际竞争重点领域”。金融是数据密集型行业，数字技术历来是金融发展的重要推动力。金融发展不仅体现在“量”的方面，即规模扩张，更应体现在“质”的方面，即效能提升，而金融高质量发展正是“量”的合理增长与“质”的有效提升的有机统一。2023 年中央金融工作会议提出要“坚定不移走中国特色金融发展之路，推动我国金融高质量发展，为以中国式现代化全面推进强国建设、民族复兴伟业提供有力支撑”。

数字技术作为一种通用目的技术（GPT），代表着新质生产力的发展方向，深刻影响着金融服务供给模式的变革。推进金融高质量发展，就是要通过提高整个金融体系的质量，实现金融业务和金融服务在质量、效率方面的双提升，进而助力经济社会高质量发展。顺应数字经济时代变革要求，数字技术加快金融业数字化转型，将有助于转变金融服务范式、拓展金融服务边界、加速金融创新进程，提升金融服务实体经济质效和金融风险防控能力，有效赋能金融高质量发展。

1. 数字技术提升金融服务实体经济质效

金融是实体经济发展的产物，金融高质量发展是在持续满足实体经济需求的过程中实现的，脱离实体经济的支撑，金融将成为无源之水、无本之木，失去高质量发展的方向和动力。金融要回归服务实体经济本源，避免经济脱实向虚和过度金融化。金融高质量发展要围绕提升服务实体经济效能，着力深化金融供给侧结构性改革。2023 年中央金融工作会议强调，“高质量发展是全面建设社会主义现代化国家的首要任务，金融要为经济社会发展提供高质量服务。做好科技金融、绿色金融、普惠金融、养老金融、数字金融五篇大文章”。“五篇大文章”指明了金融支持经济高质量发展的发力点和经济金融结构优化的基本方向，是金融服务实体经济高质量发展的根本遵循和行动指南。

当前，以大数据、云计算、人工智能、物联网为代表的数字技术发展日新月异，正迅速向金融领域渗透，催生了数字货币、数字支付、数字信贷、数字证券、数字保险、数字理财等新业态，金融科技在实体经济的沃土中落地生根。数字技术具有去中心化、全周期性和强联结性的特性，用数字技术赋能“五篇大文章”，能够全方位推动资源盘活和配置高效，带动金融服务效率持续提升、服务成本显著降低、服务广度和深度大幅延伸，在提升实体经济服务质效过程中实现金融自身的高质量发展。“五篇大文章”各领域情况不同，金融服务方向各有侧重，科技金融和绿色金融瞄准的是构建经济高质量发展的金融服务体系，普惠金融和养老金融侧重的是提升民生福祉的金融服务体系，而数字金融作为一项系统工程，是数字化时代利用数字技术促进经济社会高质量发展的重要手段，是支撑科技金融、绿色金融、普惠金融、养老金融数字化赋能的硬件条件。因此，数字技术赋能“五篇大文章”，应坚持需求导向和问题导向。

一是聚焦卡点堵点，构建全链条、全生命周期的科技金融服务体系。科技创新是一个周期长、风险高、不确定性较大的过程，处于不同行业、不同发展阶段的科技型企业差异明显、需求迥异，并且“轻资产、重智力”的禀赋特征导致其在融资过程中面临风险难以量化、估值难以确定、渠道难以适配等问题，导致科技金融服务供给的针对性和有效性不足。因此，应借助大数据技术推进多维度数据的归集、共享和分析，赋能科技型企业信用评级模型、信贷审批模型的开发迭代，结合机器学习算法、物联网、人工智能技术实现精准风险评估与实时监测预警，将技术“软实力”转化为融资“硬通货”，切实满足从初创期到成熟期各阶段的科技型企业特别是中小型企业在研发、生产、市场推广等环节的差异化金融服务需求。

二是聚焦“双碳”目标，构建“数字＋绿色”金融服务体系。“数字＋绿色”金融是通过大数据、机器学习、人工智能、区块链、物联网等技术支持，帮助环境效益项目进行投融资活动，实现可持续发展目标的金融创新。一方面，大数据、区块链等技术可以有效地缓解绿色金融领域的信息不对称问题，显著降低金融机构的绿色识别和风险管理成本。大数据技术能够有效破除“数据孤岛”，为绿色金融供给提供科学的数据支持，而区块链技术所具有的“不可伪造”“全程留痕”和“可追溯”的特性可以实现对绿色资金流向的实时监管及风险信号的及时预警。另一方面，数字技术为满足多层次、多元化、多场景的融资需求提供了解决方案，推动绿色金融产品的供给和创新。大数据、云计算等技术提升了信息收集、处理、传递效率，可以准确地发现企业和客户在不同场景、不同生命周期阶段的绿色金融需求，为金融产品的开发提供数据和算力支持。

三是聚焦痛点难点，构建多层次、广覆盖、可持续的普惠金融服务体系。一方面，充分运用移动物联网、智能终端等现代信息技术，拓展金融服务渠道、扩大服务半径，推动网络化、智能化金融业务与生产生活场景深度融合，打造产品丰富、交互智能、流程高效的数字普惠金融服务体系，不断提升普惠金融的下沉深度、覆盖广度。另一方面，利用大数据、人工智能等技术精准识别中小微企业融资需求，获取更加完善的中小微企业信用画像，将企业诚信经营、纳税信用、专利价值等数据转化为信贷动能，解决获客成本高、信息不对称、定价不精细、风控不完备等问题，推动企业底层资产数字化、产业链条透明化，促进中小微企业融资增量扩面、提质降本。

四是聚焦现实需求，促进养老金融服务体系数智化转型。首先，运用大数据技术分析预测养老需求、精准评估寿命风险，优化养老金融产品组合，确保养老储备的安全性和收益性。其次，开展在线健康咨询、长寿风险保障产品等定制服务，在拓宽养老金融产品和服务范围的同时，提升服务效率和便利性，改善老年用户的金融服务体验。最后，通过移动互联网、智能终端等技术手段，将金融服务延伸覆盖广大中低收入群体和农村地区，实现养老金融服务的全民覆盖。

五是聚焦效能与安全，构建与实体经济发展适配的数字金融服务体系。发展数字金融是做好“五篇大文章”的重要一环。数字金融是金融业与数字化相结合、金融创新与科技创新相叠加而形成和发展起来的金融业态，具有金融与数字的双重属性，其本质是金融，依托的是数字支付、区块链、人工智能、大数据分析等数字技术。数字金融可以大幅提升资源配置效率，促进金融和数字产业实现良性循环发展，加速资金、信息、数据等要素的自由流动，扩大中小微企业、“三农”领域、低收入群体的金融服务覆盖面，为经济实现包容性增长注入动力，成为实体经济高质量发展的重要驱动力。近年来，我国数字金融发展成效卓著，在移动支付、数字信贷、央行数字货币等领域已走在全球前列，未来要着重防范数字金融广泛应用带来的潜在风险，比如个人信息和数据泄露带来个人隐私保护风险以及算法推荐加剧信息茧房、人工智能技术带来伦理安全风险等。

综合来讲，科技金融借助大数据、人工智能等技术，能够更精准地评估企业的创新能力和发展潜力，为科技创新企业提供更高效的融资支持。绿色金融通过整合环境数据，能够准确识别绿色项目和企业，引导资金流向环保产业，助力可持续发展。普惠金融依靠丰富的数据资源，能够使金融服务覆盖更广泛的小微企业和弱势群体，促进金融公平。养老金融则通过分析社保、医疗等数据，为老年人提供个性化的金融产品和服务，满足其养老需求。数字金融以数字化手段打破传统金融服务的时空限制，让金融服务更加便捷、高效。

2. 数字技术驱动金融自身高质量发展

在数字技术的驱动下，金融行业不断创新服务范式、提升效率、拓展覆盖范围、加强风险管理，为经济社会的发展提供更加优质、高效、安全的金融支持。

数字技术创新了金融服务范式。在数字化时代，金融服务范式正经历革命性变化。首先，金融作业方式从自动化向智能化转变。在计算机技术和互联网技术推动金融作业方式从手工作业升级到自动化作业阶段后，随着数字技术、量子通信等技术应用，金融作业方式实现了向智能化进阶，复杂算法、大模型可以对海量数据进行实时分析，从而能够“一键式”为客户提供更加精准的服务。其次，金融经营方式从粗放型向精细型转变。

数字化让金融服务个性化、精细化达到了前所未有的水平。尤其是在场景金融中，金融机构通过深入分析客户行为数据，能够为客户量身定制无感金融服务、按需金融服务，并挖掘产品交叉销售潜能，不仅提高了客户体验，也增强了客户黏性。再次，金融专业难度从低频简单化向高频复杂化转变。利用机器学习和人工智能技术，金融机构能够自动完成重复性、复杂化、高频型任务，不仅提高了金融服务效率，还大大降低了运营成本，降低了人工错误的概率，服务流程更简捷高效。例如，数字技术发展为远程开户取代面签开户提供了技术支撑。最后，金融风险管理实现从过去式经验到前瞻式模型管理的转变。大数据技术改变了传统的将抵质押物作为风险管理"第一道防线"的模式，转为依靠大数据风控模式。同时，大数据、物联网、人工智能等技术使金融机构能够实时监控市场动态和客户行为，及时发现、防范和处理潜在风险点，对金融风险实施前瞻性管理，提高了金融机构和整个金融系统的稳定性。

数字技术拓展了金融服务边界。金融业数字化转型的一个重要方向就是拓展金融服务的边界，为金融服务打开新的空间。一方面，数字化使金融服务能够覆盖更多新的客群。数字化应用使金融机构能够以更低成本、更高效率服务更广泛群体，尤其是那些传统金融机构有服务意愿但没有服务能力，甚至难以触及的长尾客群，显著提升金融服务的基础性和保障性。同时，数字化能够拓展金融服务"挖潜"的广度和深度，使金融机构能够发现已有客户或用户新的需求，从而提供更丰富、更全面的金融服务。另一方面，数字化使金融服务开拓新的领域。数字技术切入的场景越来越丰富，为金融服务开辟了绿色金融、跨境金融等新兴领域。这些新兴领域通常涉及复杂交易和风险管理，而数字技术的应用使金融机构能够有效地处理这些问题。例如，区块链技术在绿色项目融资中的应用，不仅提高了资金流动的透明度和效率，也支持了可持续发展目标的实现。

数字技术加速了金融创新进程。数字化时代，金融创新日新月异。一是金融产品和服务创新加快。人工智能和机器学习技术的应用使得金融服务更加智能化，金融产品创新层出不穷。例如，智能投资顾问通过算法和模型分析，能够根据投资者的风险偏好、投资目标和市场状况自动调整投资组合，提供定制化的投资建议，降低了财富管理的门槛。此外，数字钱包、手机银行等数字金融产品，让金融服务真正做到“像空气一样”无处不在、无时不有。二是金融机构创新加快。在数字化浪潮的席卷下，金融机构的创新步伐不断加快。传统金融机构依赖物理网点和人海战术的模式逐渐显露出局限性，无物理网点且高智能化、单纯依靠线上服务的新型金融机构模式迅速崛起。金融机构创新加快也促使行业竞争加剧，各机构必须不断探索新的业务模式和产品服务。例如，利用大数据进行精准营销和风险评估，开发创新金融产品满足客户多样化需求。此外，金融机构还应加强与科技企业的合作，共同推动金融科技创新，为客户创造更大的价值。

3. 数字技术重构金融风险管理逻辑

把控风险是金融工作的永恒主题。数字化转型为金融业带来了广泛的发展机遇，但也伴生了更为多样和复杂的风险类型，数字技术正以前所未有的速度和深度重构金融风险管理逻辑。

数字化发展改变金融风险形态与特征。在数字化转型背景下，新型金融风险较传统金融风险呈现显著的差异性。与数字化转型之前的金融风险相比，数字化转型背景下的金融风险由于信息技术的引入产生了一系列新的特征与危害，使相应监测与预警体系构建变得更具挑战性。依据金融风险发生前、中、后阶段，可作以下划分：在金融风险事件发生之前，一是更新迭代快，二是风险频次高；在金融风险事件发生的过程中，一是隐蔽性强，二是识别难度大，三是爆发速度快，四是传导性强；在金融风险事件发生之后，一是波及范围广，二是涉案金额大，三是事后追踪难。英国技术哲学家大卫·科林格里奇在其著作《技术的社会控制》中表示，一项技术的社会后果不能在技术生命早期被预料到，但当不希望的后果被发现时，技术往往已成为整个经济和社会结构的一部分。当容易改变时，人们无法预见改变的需求，而当改变的需求变得明显时，改变已经变得昂贵、困难和耗时。这种两难境地被称为“科林格里奇困境”。数字技术在金融领域的应用，使传统金融治理模式陷入“管早了、管多了影响创新，管晚了、管少了积累风险”的两难境地。要摆脱数字金融治理“科林格里奇困境”，需加快建立完善数字金融领域警戒牌、缓冲区、车道线、信号灯、对讲机、电子眼等工作机制。通过科学合理的机制设计，摆脱数字金融治理“科林格里奇困境”，是促进数字金融守正创新的必然要求，也是推动数字经济健康发展的应有之义。

数字技术改变金融风险管理模式。传统的风险管理模式往往依赖于有限的历史数据和静态的分析方法，而数字技术可以整合多源数据，包括客户的交易数据、行为数据、社交数据等，从而构建更加全面和准确的客户画像，实现风险的精细化管理。同时通过实时监测和分析，及时发现潜在的风险因素，提升了风险预测的准确性和前瞻性。增强金融风险监测与预警能力，不仅是维护金融稳定的直接需要，也是促进金融业健康有序发展的迫切要求，有助于控制金融系统的脆弱性，保护投资者和消费者的利益，促进金融市场可持续发展。

数字技术提升金融监管效率。通过大数据分析和人工智能算法，监管机构可以更准确地识别潜在的风险点，及时采取措施进行防范和化解。一是从事后监管向事前、事中监管转变。传统的金融监管主要是事后监管，即在金融风险发生后采取措施进行处置。数字技术使得金融监管机构能够实时收集、分析金融数据，实现对金融市场的实时监测和预警，及时采取措施进行防范和化解，提高金融监管的有效性。二是从单一监管向协同监管转变。数字技术的发展使得金融业务的边界越来越模糊，金融风险的传播速度也越来越快。这就要求金融监管机构加强协同监管，形成监管合力。数字技术可以为金融监管机构之间的信息共享和协同监管提供便利，提高金融监管的效率和效果。三是从机构监管向功能监管转变。传统的金融监管主要是机构监管，即按照金融机构的类型进行监管。数字技术的发展使得金融业务的创新速度加快，金融产品和服务的边界变得越来越模糊。这就要求金融监管从机构监管向功能监管转变，即按照金融业务的功能进行监管。功能监管可以更好地适应金融创新的发展，提高金融监管的针对性和有效性。四是从人工监管向智能监管转变。数字技术的发展使得人工智能、大数据等技术在金融监管中的应用越来越广泛。智能监管可以实现对金融市场的实时监测和预警，提高金融监管的效率和准确性。同时，智能监管还可以减少人为因素的干扰，提高金融监管的公正性和客观性。

数据要素重构金融产业生态

数据作为数字化时代的新型生产要素，已快速融入生产、分配、流通、消费和社会服务管理等各个环节，在全球经济运行中的价值日益凸显，是一个国家的基础性战略资源。把握数字化机遇，发挥金融机构的专业优势，积极融入国家数据要素市场建设大局，让数据“连起来、跑起来、用起来”既是金融机构数字化转型的题中之义，也是构筑竞争优势的必然要求。随着政策、评估体系、流通机制的日渐成熟，以及金融行业的自我革新，数据要素将成为撬动金融创新的关键杠杆，改变传统融资模式，构建新的金融生态。金融机构，尤其是商业银行，应主动适应数字经济时代，通过提升数据分析能力、优化信贷模型、创新金融产品等方式，积极参与数据要素市场建设，促进“数据—金融—产业”生态的良性循环，探索数据价值创造新模式，培育穿越经济周期的核心能力。

1. 数据要素价值实现的演进路径

数据作为新型生产要素，其战略意义已不下于石油。维克托·迈尔－舍恩伯格在《数据资本时代》一书中提出：“在今天的数据时代，数据的全面收集与分析，为我们提供了一个前所未有的看待现实的新视角。”站在数据要素视角来看，数据价值的最终落地涉及数据的资源化、资产化、资本化和生态化。每个阶段都有其特定的含义和作用，是数据价值渐进释放的过程，资源化提高了数据的可用性，资产化使数据成为具有明确经济价值的资产，资本化使数据成为一种新型金融资产的属性更加明确，生态化使数据融入一个开放、协同、价值共享的生态系统中。

数据资源化是数据价值实现的重要前提，可类比于“石油开采”，是指将分散、无序的原始数据收集、处理并转化为有组织、易于访问和分析的格式的过程。如果某个数据有潜在价值但未经过加工，那它就是数据资源；如果这个数据加工后成为可以产生经济利益的数据，那它就变成了数据资产。所以，数据有没有价值，不是由其本身决定，而是由需求决定，并且在不同的使用场景中，同一数据的价值也不同。特斯拉车辆在全球范围内行驶，每秒都在生成海量驾驶数据。这些数据不仅用于改进自动驾驶算法、提升车辆性能，还构成了特斯拉数据生态系统的核心。通过分析用户驾驶习惯、车辆状态等信息，特斯拉能够精准优化充电网络布局、预测维护需求，甚至开发出新型保险产品，直接依据车主的实际驾驶行为定价。

数据资产化是数据价值实现的核心环节，可类比于“石油炼化”，是指原始数据经过处理、价值评估、确权、入表和运营，转化成能够交易流通、为所有者创造经济利益的具有实际价值的数据资产的过程。其中，数据确权是数据资产化过程中最为关键的环节，2022 年 12 月我国出台了“数据二十条”，明确提出了数据资源持有权、数据加工使用权、数据产品经营权等“三权分置”的数据产权制度框架。作为针对数据要素的第一项基础制度，其发挥了“举旗定向、探索定道、功能定位”的作用。一旦数据资产完成确权，它就可以作为一种资产入表。这不仅是一种会计处理方式的革新，也是在金融领域内对数据价值认可的一大跨越，意味着数据资产可以像土地、建筑物等传统资产一样，单独进行融资，从而拓宽公司的融资渠道。2024 年是我国数据资产入表“元年”，已有 41 家 A 股上市公司在 2024 年半年报中披露了将数据资产入表的事项，覆盖 10 个门类、25 个大类。其中，信息传输、软件和信息技术服务业占比最高，有 13 家。

数据资本化是数据价值实现的关键抓手，可类比于“油企投融资”，是指金融机构赋予数据资产更多的金融属性，是数据资产基于金融手段实现的价值跃迁。数字资产具有明晰的权属确认、可预见的经济价值、良好的流动性，以及区块链等技术保障下的不可篡改性和全程追溯性等多重优势，与金融市场的高流动性和交易安全性要求相契合，为金融产品创新提供了新的探索方向，而将数据资产作为抵质押品等用于融资及其他金融活动的过程，意味着数据资产的经济价值得到了金融市场的认可，其自身也实现了增值。2024 年 6 月，神州数码成功将旗下“金服云数据产品”作为数据资产纳入企业财务报表，并获得建设银行深圳分行授信融资 3000 万元，是“入表 + 融资”模式的成功实施，意味着数据资产化闭环的形成。这一融资授信模式可以推动数据资源价值显性化，带动企业加大对数据资源开发的力度与协同度，助力企业数字化转型。

数据生态化是数据价值实现的最高形态，可类比于“油气产业链重构”，从传统一体化产业链向平台经济模式调整，践行生态优先、绿色发展理念，追求闭环回路的生态价值最大化。参照詹姆斯 · 摩尔 1993 年在《哈佛商业评论》中提出的商业生态系统理论，数据生态化是围绕数据价值实现发生交互的政府、各类组织、企业和社会公众等利益相关者共同支撑的一个数据产业共同体，涵盖了从数据采集、存储、处理到应用的全过程。这些主体在这一生态中扮演不同角色，通过数据共享、交换和协作，共同挖掘数据的深层价值，并将“数据向善”的理念融入数据价值实现的过程中，实现共建共享共赢。

值得注意的是，从 2024 年开始，各地公共数据资产化进展较快，入表资产以公交、供暖、供水等公共事业数据为主，个别城投公司还通过数据资产完成了融资，如温州市大数据运营有限公司基于温州政务区块链的“数据资产云凭证”体系研发的数据产品“信贷数据宝”。相较于商业数据，公共数据和政务数据具有数据源清晰、数据授权容易、数据量大而全等特点，更易实现数据资产化，因而具有极大的社会经济价值，其开发和利用问题也一直受到社会各界高度关注，要警惕一些行政机关在运营公共数据过程中单纯逐利和行政垄断的风险。

2. “数据要素 × 金融服务”的探索

金融行业是对数据最敏感并最先通过开发利用数据提升服务水平的行业之一。2023 年 12 月 31 日，国家数据局等 17 个部门联合印发了《“数据要素 ×”三年行动计划（2024—2026 年）》。这是国家数据局挂牌成立后主导发布的首个文件，选取了包括金融在内的 12 个行业和领域，推动发挥数据要素乘数效应，释放数据要素价值，并明确了到 2026 年底要打造 300 个以上示范性强、显示度高、带动性广的典型应用场景。总体思路是以推动数据要素“协同优化、复用增效、融合创新”为重点，实践中按照“有基础、有场景、有需求”的原则推进，如金融等领域，对其他行业数据需求大，要发挥其牵引作用，推动数据“复用增效”，提升金融服务实体经济的水平，提高金融抗风险能力。

综合来看，“数据要素 × 金融服务”的价值意义体现在两个方面：一是数据要素是金融服务创新发展的动力。金融机构利用数字技术和数据要素实现双轮驱动，加深了解客户的消费习惯、投资偏好、风险承受能力等，挖掘客户的个性化需求和行为特征，为客户定制数据资产衍生的金融产品，促进金融服务由被动式向主动式转变，实现从“以产品为中心”向“以客户为中心”的跨越。二是金融服务是数据要素价值释放的引擎。金融机构在风险可控的条件下，与其他行业机构加强合作，深入客户的产业生态，赋予数据要素金融属性，形成数据资产质押融资、数据资产增信、数据资产作价入股和数据资产证券化等数据类金融产品，帮助客户挖掘“沉睡的宝藏”，打通数据要素流通价值链，并激发金融市场新活力。如图 2－1 所示。

在政策的推动下，金融行业对数据要素的利用正在积极推进。基于数据资产化的金融产品和服务创新不断涌现，金融机构围绕数据资产“入

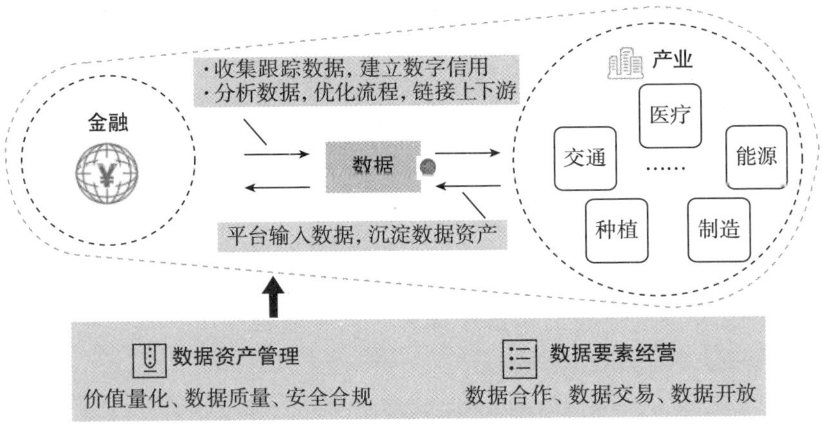

图 2－1　数据资产化推动金融市场发展

表＋融资”的实践逐渐丰富。同时，基于数据资产化的金融市场体系也将不断丰富，并将推动数据银行、数据信托、数据征信、数据开发商等一系列数字金融机构的兴起，形成更丰富的数据金融业态。具体来看，可归纳为以下四种模式：

一是“数据资产＋信贷”模式创新。其中包括数据资产增信、数据资产质押融资两种形式。前者基于银行现有的信用借贷模式，以数据资产价值及其运营产品的能力作为企业增信的手段，从而提升企业的可贷额度，降低企业的融资成本。后者基于企业的优质数据资产而非主体的信用，企业将基于数据产品交易合约的应收账款或数据资产作为信用担保质押给银行，以获取银行贷款。2024 年 6 月，上海数据交易所探索建设数据资产交易市场，与金融机构深入合作推出“数易贷”产品，为“轻资产、重数据”的企业拓展了融资渠道，在一定程度上解决了融资困难问题。

二是“数据资产＋信托”模式创新。通过提供独立的数据管理法律结构，解决数据价值实现与数据权益保护之间的矛盾。根据公开信息，中航信托在国内信托行业内首次提出“数据信托”概念，并于 2016 年与数据堂公司合作发行了全国首个基于数据资产的信托产品。2023 年 4 月，贵阳大数据交易所完成了全国首笔基于数据信托设计的个人数据交易。经过处理的数据产品在贵阳大数据交易所上架后，用人单位可以购买数据，而个人用户可以通过平台获得其个人简历数据产品交易产生的利润分成。

三是“数据资产+保险”模式创新。运用区块链和隐私计算等技术，将企业在研发、生产和销售过程中的数据有效转化为数据资产并进行确权，然后通过保险创新产品对数据资产进行价值评估。2024 年 8 月，由天道金科股份有限公司牵头，太平科技保险股份有限公司签发，全国第一张“数据资产入表保单”在山东济宁落地，当企业数据资产入表失败或未实现预期价值时，将获得相应理赔。

四是“数据资产+证券化”模式创新。通过将数据资产未来产生的现金流作为偿付支持，进行结构化设计和信用增级，发行可出售的权利凭证，实现数据资产的变现和流通。2023 年 7 月，杭州高新金投控股集团 2023 年度第一期杭州高新区（滨江）数据知识产权定向资产支持票据（ABN）在中国银行间市场交易商协会成功簿记，发行金额 1.02 亿元，票面利率 2.80%，发行期限 358 天，这是全国首单包含数据知识产权的证券化产品。

“数据要素×金融服务”是一项创新行动，尽管实践中形成的新模式可复制性不强，探索意义大于实际价值，但都试图打通数据资源化、资产化、资本化演进的可行路径，目前仍面临较大挑战，需要政府及监管机构扮演好引导角色，充分调动各方力量，进一步完善数据从治理、合规确权、估值定价、入表到资产化、资本化的各环节服务，构建“数据要素×金融服务”生态链。尽管挑战重重，但随着政策环境的完善和技术的进步，数据资产在金融领域的应用前景令人期待。

3. 商业银行视角下的数据资产

商业银行是金融体系的核心支柱，商业银行在数据资产化进程中的角色尤为关键，不仅是典型的数据密集型企业，还是数据价值实现的催化剂，对数据资产化基础制度探索、数据要素市场建设具有重要引领突破作用。由于数据资源中蕴含着巨大的生产潜力，数据资产的管理和利用事关商业银行数字化转型成败，未来必将形成以领先商业银行为代表逐鹿数据要素市场的局面。

商业银行数据资产的生成机制。受益于独特的经营模式，商业银行数据积累不断丰富，数据池体系建设日趋完善。从数据来源视角来看，商业银行的数据主要来源于内部和外部两个渠道：内部渠道是商业银行从自身的业务经营活动和运营管理活动中沉淀的数据，即数据在业务发生的同时生成，如通过信贷业务办理在系统中留存的客户基本信息、交易行为信息等。外部渠道可进一步划分为政府部门提供的政务公共数据和从外部权益主体手中购买的有关数据。政务公共数据主要包括工商、税收等数据。购买则以“缺什么，补什么”为主，通过外部数据引入，补齐内部数据短板，从而构建更精准的客户维度画像。随着商业银行数据池体系建设日趋完善，购买外部数据的资源投入放缓，但对数据价值挖掘与数据价值管理的资源投入不断增加。商业银行天生与数据打交道，过去主要是记录业务过程和统计经营成果，但当数据成为关键生产要素后，便会倒逼商业银行的经营模式、管理方式等的优化和变革。2021 年 3 月，中国人民银行发布《金融业数据能力建设指引》，从数据战略、数据治理、数据架构、数据规范、数据保护、数据质量、数据应用、数据生存周期管理八个方面提出了数据能力建设的要求，对商业银行数据资产管理具有重要意义，逐步将数据资产从对内使用向对外营销转化。

商业银行数据资产的入表探索。2024 年 1 月《企业数据资源相关会计处理暂行规定》施行后，国内其他行业已经有了相当多数据资产入表的成功案例，显示了数据资产入表的广泛适用性和潜在价值，也为商业银行推进自有数据资产入表提供了宝贵的参考经验。尽量拥有海量数据资源，但由于数据资产入表会改变商业银行资产结构，直接影响商业银行资产负债率、费用利润率等财务指标，势必引起银行监管机构、税务机构以及股东与投资者的关注，使得商业银行在推进数据资产入表的探索上更为谨慎。多家商业银行从数据资产入表的理论研究着手，与科技公司、行业协会、学术机构合作，发布了一系列研究报告。例如，光大银行发布了《商业银行数据资产估值白皮书》及《商业银行数据资产会计核算研究报告》，浦发银行联合 IBM、中国信息通信研究院发布了《商业银行数据资产管理体系建设实践报告》等。中国银行业协会也于 2024 年 2 月发布了团体标准《银行业数据资产估值指南》，结合银行数据资产特性，构建适用于银行的数据资产估值框架。这些研究报告从理论深度和操作实践两个方面探讨了数据资产的会计处理和价值评估，提供了数据资产入表实操的框架和方案。2024 年 10 月，恒丰银行在《商业银行数据资产估值研究与入表探索》研究成果的基础上，筛选出 14 个潜在入表项目，最终确定与应用场景密切相关的“字节放心借”风控模型为典型案例，在同业内率先实现数据资产入表，具有里程碑意义。

商业银行数据资产的生态建设。“数据即资产”已成为全社会的共识，我国数据要素市场产业链也初步成形，由数据供需方、数据交易所、第三方服务机构等多方市场主体共同参与，目前市场以供需双方直接交易为主。商业银行具有成熟的数据处理技术、丰富的数据管理经验和强大的业务创新驱动能力，在数据要素市场建设中，需要承担新使命、探索新角色和新场景。无论是从商业角度还是从社会责任角度，商业银行都有动力积极参与数据要素市场建设，这不仅是响应国家政策的体现，也是打通数字金融生态的必经之路。数据的有序共享与流通是商业银行参与数据要素市场化的突破口。《“数据要素 ×”三年行动计划（2024—2026 年）》明确提出，在依法安全合规前提下，推动金融信用数据和公共信用数据、商业信用数据共享共用和高效流通。从近年的实践来看，商业银行引入外部数据的效果比较明显，先后推出了普惠贷、税务贷、政采贷等多元化的产品，在利用外部风险信息加强客户准入、授信审批、贷后管理等场景的风险防控方面也取得了良好成效。结合已有的条件基础和实践经验，商业银行要积极参与构建标准统一、权责分明、协同合作的数据要素交易市场，持续优化数据要素产业生态布局。

商业银行数据资产的潜在挑战。尽管数据资产化为商业银行带来了巨大的潜力和机会，但在实际推进过程中，无论是在数据治理、技术应用，还是在监管合规与数据安全方面，仍然存在一系列亟待应对的挑战。第一，数据孤岛问题依然严重，阻碍了数据的充分利用与整合。在许多商业银行中，数据分布在不同的业务部门和系统中，形成了独立的信息孤岛。各业务线长期独立运营，产生的数据无法有效整合或共享，造成了数据的冗余和碎片化，这不仅增加了银行对数据的管理难度，也限制了数据的全面应用，难以实现数据的整体价值最大化。第二，数据质量问题普遍存在，影响了数据资产化的价值发挥。商业银行在日常运营中生成了海量数据，但这些数据并非都具备高质量。许多银行的数据存在不完整、不准确、更新不及时等问题，严重影响了数据资产化的效果。例如，客户信息可能因手动录入产生错误，交易数据可能存在重复记录，历史数据可能因系统升级而丢失或不一致。这些问题不仅会阻碍数据的分析和决策，还可能在数据资产化过程中带来风险。第三，数据隐私保护和监管合规的压力不断增加。商业银行是掌握大量个人和企业敏感数据的机构，因此其在数据收集、存储、处理和共享的过程中，需要严格遵守数据隐私保护的法律法规，如《中华人民共和国个人信息保护法》以及其他国家和地区的数据保护法。第四，数据技术基础设施和人才储备不足，制约了数据资产化的深度应用。数据资产化需要依赖先进的大数据技术、人工智能和机器学习模型来挖掘数据的价值。然而，许多商业银行的技术基础设施相对落后，尤其是老旧的 IT 系统无法支持大规模数据处理和实时分析，导致数据的处理能力和效率受限。此外，商业银行在数据科学和人工智能等技术领域的人才储备不足，难以组建高效的技术团队来支撑数据资产化的实施。要实现数据资产化的真正价值，商业银行不仅需要在技术和管理层面进行全面的升级和转型，还需要在战略上明确数据资产化的方向与路径，通过打破信息孤岛、提升数据治理水平、强化数据合规能力、加强技术基础设施建设以及探索数据资产模式，在数字化竞争中占据主动地位，真正实现数据驱动的业务创新和增长。

在建设全国统一大市场的背景下，推动数据要素市场化建设具有重要的现实意义。国内银行业展现出了多样化的探索路径，国有大行、股份行和城商行积极推进，形成了百花齐放的局面。但是，数据资产化不是数据价值创造的终点，围绕数据要素市场化生态体系的目标导向，商业银行要坚持价值实现与风险管理的统一，既要满足不同市场主体实现数据价值变现的效用需求，也要注意应对数据资产交易和应用中的风险，时刻谨记不发生系统性金融风险的底线要求。

数字资产重构全球财富形态

被赋予了金融属性的数据资产、基于分布式记账的数字货币，以及其他以数字形式存在并可在互联网上交易转移的虚拟资产，共同丰富了数字资产的内涵、外延以及功能，将成为数字经济时代的重要财富形态。形象地说，数字资产就是一串代码或数字凭证，正在催生全球财富新格局的形成。

1. 数字资产的范畴厘清

数字资产是数字经济时代的必然产物，已经处于价值爆发的临界点。那么，什么是数字资产？在全球加快探索数字资产的进程中，各国对数字资产的定义并不相同。全球反洗钱和反恐怖融资国际标准制定机构金融行动特别工作组（FATF）用虚拟资产代指数字资产，认为虚拟资产是价值的数字表示，可以进行数字交易或转移，并可用于支付或投资目的。2022年3月，美国总统拜登签发《关于确保数字资产负责任发展的行政命令》，明确提出“数字资产”的定义，具体包括三类内容：一是所有央行数字货币，而不论其使用何种技术；二是金融资产和工具，用于实现支付或者投资，传输或者交换资金的债权；三是通过分布式账本技术以数字形式发行或者代表的货币等价物。2020年5月生效的日本《支付服务法》和《金融工具与交易法》修正案，将数字资产定义为加密货币、实用代币和投资代币。新加坡金融管理局《数字代币发行指南》中将数字资产分为证券型代币（Security Token）、支付型代币（Payment Token）、功能型代币（Utility Token）三类。

从国内来看，关于数字资产的定义众多，甚至是数据资产、数字资产两个概念混用。一般而言，数据资产是企业或组织在运营过程中积累的各种数据资源。无论是数据库中的结构化数据，还是如图像、视频等非结构化数据，若能被有效管理和利用，便能为企业创造巨大的价值。正如古语所言，“工欲善其事，必先利其器”，数据就是企业的“器”，其价值源自对数据的深入挖掘和利用。数据资产是数字资产形成的一个重要基础，两者之间的关系可以类比为石油与燃料的关系。数据资产就像原始的石油资源，通过开采、加工，最终转化为可以驱动机器运作的燃料；数据资产通过确权、评估、标准化后，形成了可交易、可融资的数字资产。故此，国内有观点认为数字资产就是被赋予了金融属性的数据资产，但也有观点认为数字资产是指使用加密技术和区块链技术创建、存储和交易的数字化资产，其存在于区块链上。数字资产更宽泛的说法是指任何以数字格式存在、能为所有者或用户带来经济或实用价值的内容、记录或资源。而上海数据交易所等联合发布的《数字资产应用白皮书（2023）》虽然没有对数字资产给出直接、明确的定义，但是提出了其应具备的四大属性：一是实质性的劳动创造，二是可界定的权利属性，三是数字化的表现形式，四是可预期的经济价值。

不难看出，数字资产作为一种新兴的财富形态，尚处于快速发展和不断完善之中，但万变不离其宗，其本质上仍是一种能够带来经济利益或财富的资源。作为可进行兑换与交易的数字凭证，数字资产形式上具有数据属性，实质上具有财产价值，其数据属性是网络秩序法益的具体表达形式，而财物属性是财产权利法益的具体表达形式（房慧颖，2024）。进而言之，数字资产在形式上的技术层面体现为数据代码，在实质上的价值层面却映射了现实世界中的经济利益。

2. 数字资产的创造途径

与传统资产相比，数字资产从诞生到消亡的整个生命周期过程，都运行在数字化的虚拟空间之中，人们很难像购买一处土地、采购一批设备、修建一所宅院等那样，进行直接的感知和价值判断，但这并不意味着数字资产是“无根之木，无源之水”。它既可以是资本化了的数据，也可以是限量版的数字艺术品，抑或是具有创新价值的智能合约，成为我们每个人生活中不可或缺的一部分。具体来看：

一是可交易、可融资的数据资产。数据作为新型生产要素，其价值正在被逐步挖掘和释放，通过数据确权、数据交易平台等机制，数据可以像其他资产一样进行交易和流通，为企业和个人带来新的收入来源，促进数据要素市场的繁荣。同时，数据资产的资本化也为创新型企业提供了新的融资渠道，而且这一要素是虚拟的，可无限次重复使用，在重复使用过程中，其价值递增、成本递减，由此彻底改变了工业经济的生产函数，加速数字资产时代的到来。

二是以数字形式存在的金融资产和工具。例如，代币化的股票、债券和基金等，能够降低投资门槛，提升交易效率，促进普惠金融。通过区块链技术，可以实现资产的碎片化，使得小额投资者也能参与原本高门槛的投资市场，分享经济增长的红利。同时，智能合约的应用能够自动化执行交易流程，降低人为干预和操作风险，提高金融市场的透明度和效率，为投资者提供更公平、安全的投资环境。

三是存储在区块链上的非同质化代币（NFT）。基于区块链技术不可篡改、记录可追溯等特点记录产权并确保真实性与唯一性，NFT 提供了一种标记原生数字资产所有权的方法，且可通过交易流转实现特定资产的价值流转。NFT 也被誉为“基于区块链的数字艺术品”，从游戏到艺术创作，NFT 的应用场景越来越广，可以代表一幅画、一首歌、一项专利、一段影片、一张照片，或者其他知识产权，随着用例的增加和协议的完善，理论上“万物皆可 NFT”。

四是基于分布式账本技术的同质化代币（FT）。同质化代币和非同质化代币都是基于区块链去中心化网络的概念，但同质化代币是一种可互换的数字代币，作为交换媒介而开发，即每一枚同质化代币都是完全一样的，如比特币等。它们作为货币等价物，可以用于支付、交易和价值存储，提供了一种美元替代品，基本上不受适用于传统金融体系的控制（包括制裁）的约束，正在构建一种新型的价值体系。去中心化的特性赋予了它们抵抗审查和操控的优势，也为构建更加开放、透明和公平的经济体系提供了可能。例如，比特币所有的交易记录都被公开透明地记录在区块链上，每个节点都可以验证这些记录的真实性。这种去中心化的信任模式打破了传统的信任壁垒，使得全球范围内互不相识的个体可以在无须中间机构担保的情况下，放心地进行价值交换和财富流转。

五是现实世界资产（RWA）的代币化。顾名思义，RWA 指的是那些存在于物理世界中的资产，如房产、汽车、股票、债券以及其他任何形式的实物资产。在 Web3（运行在区块链技术上的去中心化互联网）语境下，以数字化、代币化的方式来表示和交易现实世界中的资产，并参与 DeFi 生态，进行借贷、质押、交易等操作，正在重塑传统实物资产的数字化管理和交易方式（见图 2 -2）。DeFi 的目标是创建一个无须传统银行中介的金融服务系统，而这一系统的核心组成部分之一就是 RWA 的代币化。例如，蚂蚁数字科技与朗新集团合作，在香港特区完成了国内首单基于新能源实体资产的 RWA 代币化融资，融资金额约 1 亿元人民币，被选为香港金融管理局 Ensemble 项目沙盒的首批 RWA 代币化案例，显示了 RWA 在跨境

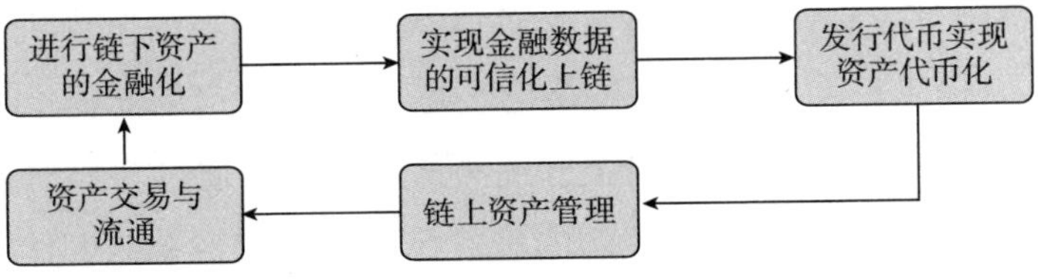

图 2 -2　RWA 代币化过程

融资和新能源领域的应用潜力。

3. 数字资产的监管探索

作为一种新兴的财富形态，以加密币为代表的数字资产也容易被不法金融活动“盯上”，其匿名性和去中心化特性使得其成为洗钱、逃税、恐怖融资等非法活动的潜在工具，甚至威胁国家金融安全，全球各国对其发展均采取谨慎的监管政策。例如，美国根据数字资产链接不同资产的性质，将其分为证券类数字资产和非证券类数字资产进行管理。拜登签署的《关于确保数字资产负责任发展的行政命令》，被认为是美国在数字资产领域构建未来监管框架的方向，总体上采取了包容开放的态度，鼓励私营部门数字资产创新，同时将数字资产纳入严格的监管范畴，以维护本国金融安全和美元国际地位。

欧盟对数字资产监管的基本思路也是区分金融工具型和非金融工具型进行管理，并于2023年4月20日欧洲议会会议上正式投票通过《加密资产市场监管法案》（MiCA），2024年6月30日正式生效，到2026年6月30日结束过渡期。该法案是欧盟数字金融战略一揽子计划的一部分，明确了法案的适用对象范围、加密资产的分类、监管主体及相应的信息报告制度、营业限制制度以及行为监管制度等，影响范围覆盖27个欧盟成员国以及欧洲经济区（EEA）的另外3个国家（挪威、冰岛、列支敦士登）。这是迄今为止最全面的数字资产监管框架，旨在保护购买加密货币或参与加密货币资产服务的消费者，建立监管协调以消除监管套利漏洞。一旦一家公司在一个国家获得MiCA下的许可，它就可以在横跨30个欧洲国家的整个EEA加密资产大市场提供许可服务。

英国金融行为监管局（FCA）是英国数字资产的主要监管机构，其早在2015年就提出“监管沙盒”的概念，也为数字资产创新提供了一个可控的小范围内在真实的消费者身上开展测试的环境。通过“监管沙盒”不断试错，FCA可快速积累数字资产的监管经验，并对现有监管体系不断调整。2024年9月，英国政府向国会提交了《数字资产（个人财产等）法案》，引入一种专门针对数字资产的新的财产类别，将加密货币、非同质化代币（NFTs）以及代币化的现实资产（RWAs）认可为个人财产的一部分。这意味着，该法案一旦通过，加密货币等数字资产将不再被视为传统财产的延伸，而是作为独立的财产类别存在，在法律上拥有与传统财产相似的地位。

我国大力推动以数据资产为基础的数字资产的发展，出台了一系列推进数据要素从资源化到资产化再到资本化的支持政策，探索多样化、可持续的数据要素价值释放路径，如财政部在2023年8月印发了《企业数据资源相关会计处理暂行规定》，推动“数据资产入表”。但对加密币等虚拟资产的监管保持高压打击态势，早在2017年便果断叫停了所有国内虚拟资产交易所的运营。2018年11月，中国人民银行发布的《中国金融稳定报告（2018）》中将以比特币、以太币为代表的加密资产单独列出，并指出加密资产是一种民间金融资产，其价值主要基于密码学和分布式记账技术，加密资产不由货币当局发行，不具有法偿性与强制性等货币属性，不具有与货币等同的法律地位。2021年9月，中国人民银行等部门又联合发布《关于进一步防范和处置虚拟货币交易炒作风险的通知》，通过跨部门协作，构建起更为严密的监管网络，严厉打击涉虚拟货币犯罪案件。

值得注意的是，作为“一国两制”的优势体现，香港特区一直采取多种措施积极培育充满活力的数字资产生态圈，致力于巩固国际金融中心地位。2023年5月18日，香港金融管理局启动了“数码港元”先导计划，是央行数字货币领域的重要里程碑，联合来自金融、科技和支付服务等不同领域的16家公司，聚焦综合支付、可编程支付、线下交易、代币化存款以及Web3交易和代币化资产的结算六大领域，研究潜在的中央银行数字货币（CBDC），即数码港元（e-HKD）的实际应用。2024年9月23日，香港金融管理局宣布将“数码港元先导计划”更名为“数码港元+”项目，进一步研究可能供个人和企业使用的新型数码货币，标志着重点由对“数码港元”的研究，扩展至对数码货币生态系统的更全面探索。此外，在中央政府的支持下，香港金融管理局与国际清算银行（香港）创新中心、泰国银行（泰国央行）、阿联酋中央银行、中国人民银行数字货币研究所等发起多边央行数字货币桥（mBridge）项目，也于2024年6月6日进入最小可行性产品（MVP）阶段，促进各国之间央行数字货币之间的互联互通。

数字货币重构国际金融格局

随着区块链等技术的发展，加密币、稳定币和央行数字货币代表了数字化与全球化背景下数字资产的演进趋势，正在成为重组全球要素资源、重构国际货币体系、改变全球竞争格局的关键力量。2019年10月24日，习近平总书记在中央政治局第十八次集体学习中指出："区块链技术应用已延伸到数字金融、物联网、智能制造、供应链管理、数字资产交易等多个领域。"其中，推进数字金融和数字资产交易的关键环节是法定货币的数字化。

1. 数字货币对传统金融体系的冲击

世界各国对数字资产发展均采取谨慎的监管政策，主要是因为以比特币、天秤币为代表的私人数字货币的快速崛起，对传统金融体系产生了深远且复杂的影响。2008年爆发的国际金融危机，以一种破坏性极强的方式宣告现有的金融体系具有较大的不稳定性，各国在危机后又大规模实施量化宽松政策，全球主要央行的声誉及整个金融体系的信用中介功能受到广泛质疑。在此背景下，2008年10月31日，中本聪发表了经典论文《比特币：一种点对点的电子现金系统》（*Bitcoin：A Peer - to - Peer Electronic Cash System*），提出了一种全新的数字货币研发技术路线——建立完全通过点对点技术实现的电子现金系统，勾勒出比特币的基本系统构造。2009年1月，比特币系统软件的开源代码被公布，比特币正式诞生，中本聪发送了10个比特币给密码学专家哈尔·芬尼，形成了比特币史上的第一笔交易。

与传统金融体系中需要信任中介机构的模式不同，比特币的交易记录被保存在区块链上，实现了去中心化、安全且透明的交易和结算。同时，比特币总量被严格控制在2100万枚，通过“挖矿”来获得，其稀缺性吸引了投资者和交易者的兴趣，又避免过度发行导致的通货膨胀问题。不难发现，比特币的工作机制直指传统金融体系的弊端，去中心化意味着没有单一的控制点或管理实体，这在传统金融体系中是不可想象的。没有“美联储”这种可以随意创造货币的存在，也没有以商业银行为代表的金融中介组织，交易几乎可以“点对点”地实时完成，且无须支付高额手续费。此外，比特币通过其底层的区块链技术提供了不可篡改的交易记录，提升了交易的透明度和可追溯性。比特币诞生的意义在于，从货币发行主体来看，发行货币的主体突破了央行的限制，因而成为私人发行的货币；更重要的是，从货币发行范式来看，在传统的基于“账户”的中心化的货币发行流通范式之外，创造了一种全新的基于区块链的分布式记账的货币发行和流通范式，是人类货币发展史上的巨大飞跃。

货币的本质是一种实现商品交换的一般等价物，其职能包括价值尺度、流通手段、支付手段、贮藏手段和世界货币五个方面。从历史来看，人类社会的货币形态一直处于不断演化变革之中，技术变迁推动了货币形态从商品货币、金属货币、纸币到电子货币的演化，并使货币内涵不再囿于“金银天然不是货币，但货币天然是金银”的货币金属论，延展到信用货币、高流动性金融资产等更广义的货币层次。货币的形态一直伴随技术创新而逐步演进。1982年，密码学家大卫·乔姆首次提出“数字货币”的概念，并研发了第一种数字货币——电子现金（e-Cash），但其仍基于传统货币理论，依托传统的“银行—个人—商家”三方模式，在技术上也存在许多难以克服的困难，因而这种基于“银行账户”范式的中心化的数字货币设计思路迟迟未能取得突破。

区块链作为不可篡改的、可验证的、去中心化的、可编程的分布式账本技术，为数字货币的分配、交易与公示提供了新的范式。为解决比特币的不可拓展性问题，2013 年 12 月维塔利克·布特林发布了以太坊（Entereum）区块链平台，并提供了智能合约及编程语言。智能合约是一种在区块链上自动执行的计算机程序，它定义了参与方之间的规则和协议。形象地讲，就是用一串计算机可读取的代码代替法官，当某个预先编好的条件被触发时，智能合约会自动执行相应的合同条款，无法反悔，绝不拖延。其实，智能合约在现实生活中已有普遍应用，如股票交易所只要设定好触发机制，价格涨跌到某个价位就会自动成交。当然，这只是智能合约应用的初级阶段，称为自动化合约更为贴切。市场在信息和结构等方面的不完善导致的交易成本增加即为金融摩擦，金融摩擦的存在意味着金融市场存在缺陷。分布式记账可以在“治本”上通过削弱信息不对称降低交易成本，智能合约则可以在“治标”上降低金融市场的交易成本，并减小金融摩擦。图 2－3 为数字货币的发展。

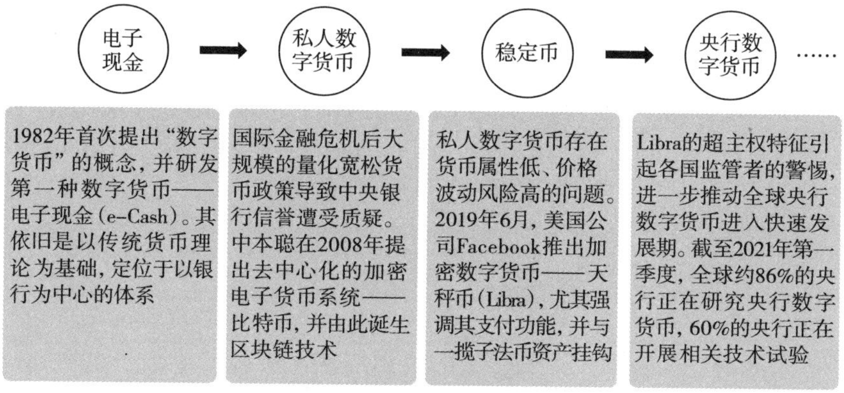

图 2－3　数字货币的发展

从比特币到 CBDC，数字货币成为数字资产的一种最重要的资产形态。以比特币为起点，各种形式的数字货币如雨后春笋般涌现出来。比特币、天秤币和数字人民币（e－CNY）是三种典型的数字货币。比特币、天秤币又称私人数字货币，又分加密币和稳定币，比特币是加密币的代表，天秤币是稳定币的代表。数字人民币是 CBDC 的代表，CBDC 又分为零售型和批发型，数字人民币属于零售型。三种数字货币都有各自独特的设计理念、运行方式、技术路线，分别代表了“完全去中心化”“部分去中心化”和“中心化”三个路径。比特币作为数字货币的先锋，展示了去中心化的力量，发展最为迅猛。截至 2024 年 3 月，全球范围内交易活跃的加密币总数达 9236 种，排名第一的比特币顶峰时市值超过 1 万亿美元。

天秤币由 Facebook 联合 Uber、PayPal 等各界巨头于 2019 年推出，自设计之初就承载勃勃的雄心，提出“要建立一套简单的、全球流通的货币和为数十亿人服务的金融基础设施”，通过挂钩一揽子法定货币（主要是美元）打造超主权的全球货币。虽然天秤币一再强调其无意于挑战各国现有的货币运行体系，但仍遭到包括美国在内的全球各国金融监管部门的强烈反对，经历了改名 Diem 被出售，始终无法落地，但极大地助推了各国研发 CBDC 的步伐。比如，加拿大的 Jasper 项目、新加坡的 Ubin 项目、欧洲央行和日本央行的 Stella 项目、泰国的 Inthanon 项目，以及我国香港的 LionRock 项目等。我国央行更是其中的先锋，2014 年就已着手研究，之后还建立了中国人民银行数字货币研究所，2022 年 1 月正式上线了数字人民币 App，截至 2024 年 7 月末累计开立个人钱包 1.8 亿个，试点地区累计交易金额 7.3 万亿元。

私人数字货币的迅速崛起开始挑战传统金融体系的根基。具体来看，一是数字货币的普及可能会改变全球支付系统的运作方式。目前，全球支付系统依赖央行和其他金融机构作为中介来处理交易，而数字货币在跨境支付方面，提供了一种速度更快、成本更低的替代方案。特别是利用区块链技术，数字货币实现了无需中介的直接支付，极大地降低了跨境支付的时间和成本。二是数字货币的普及可能会对全球货币政策产生影响。传统上，央行通过控制货币供应来影响经济。然而，随着数字货币的引入，央行可能会发现控制货币供应和实施货币政策更加复杂。这不仅是因为数字货币的去中心化特性，还因为它们可能会与传统货币形成竞争，从而影响货币政策的有效性，甚至对央行对通货膨胀的控制方式提出了挑战。国际清算银行（BIS）指出，数字货币的广泛使用可能导致国家货币政策效应的边际化。三是数字货币的普及可能会对全球金融市场产生影响。由于数字货币价格受多种因素影响，其价值波动幅度远大于传统金融资产，高波动性不仅给投资者带来了较高的市场风险，也给整个金融市场的稳定性带来了潜在威胁。当大量投资者涌入数字货币市场时，可能会导致资金从传统金融市场流出，影响股市、债市等市场的资金平衡。数字货币市场的剧烈波动还可能引发投资者恐慌，加剧市场波动，进一步影响金融市场的稳定性。四是数字货币的普及可能会给传统的金融监管框架带来挑战。现有监管体系难以有效应对数字货币带来的新问题和风险，如交易安全性的保障、防范洗钱和恐怖融资的需求以及消费者权益的保护等。当前，多数区块链技术在商业应用中只能兼顾可扩展性、去中心化与安全性中的其中两项，形成了“区块链不可能三角”难题。例如，2022 年加密币做市商 Wintermute 因使用了安全性低的生成工具 Profanity 创建以太坊地址，导致地址存在严重漏洞而被黑客攻击，损失 1.6 亿美元。

与此同时，数字货币的普及正逐渐侵蚀银行传统的中介地位，对银行的业务模式构成了直接挑战，特别是在支付、贷款和货币存储方面，银行面临着来自去中心化金融系统的竞争，迫使其必须适应新兴趋势，探索新的服务模式。一些前瞻性的银行已经开始探索如何将区块链技术和数字货币融入自己的产品和服务中。例如，通过提供数字货币交易服务、托管解决方案，甚至是发行自己的数字货币，吸引新的客户群体，开拓新的收入来源。

2. 新变局下的国际货币体系变革

私人数字货币的迅速崛起不仅是对传统金融体系的冲击，更代表着未来金融生态的重塑。以区块链为核心技术的数字货币通过智能合约在分布式网络中构建了一个无须中心化机构许可、自我演化与发展的金融系统，银行与金融机构将不再是唯一的金融中介。这些极具破坏性和替代性的新兴技术重新定义了金融业态，数字货币、区块链技术以及金融科技将紧密融合，给金融体系带来结构性影响，开启以数字资产为核心的金融新时代，催生出一种新的全球金融秩序。

当前，数字主权已成为各国综合国力的重要组成部分，国际金融竞争逐步进入数字资产领域，乃至更为核心的数字货币领域。正如美国前国务卿基辛格提出的，“谁掌握了货币铸造权，谁就掌握了世界”。数字化时代，谁掌握了全球性的数字货币，谁就能更大限度地拥有全球支付与货币体系的影响力。如果因价值内涵而发生的货币替代是“古典货币战争”，那么因数字技术革新而引起的货币替代可称为“新型货币战争”。

从某种意义上说，这场“新型货币战争”可追溯到第一个标志性事件，即 2008 年国际金融危机，与比特币的诞生有着深刻的经济和历史逻辑，既与各国垄断并超发货币易造成币值不稳定有关，也与政府在金融危机中对大型金融机构进行直接救助有关，可以理解为货币“非国家化”对法定货币的挑战。

第二个标志性事件是数字支付兴起对法定现金的挑战。得益于互联网消费的快速发展，如 PayPal、支付宝、微信支付等数字支付的使用率持续激增，不但继承了现金点对点支付、即时结算和方便快捷的优点，而且弥补了现金在数字化流通和多渠道支付方面的缺陷，已经成为人们生活中不可或缺的一部分。数字支付的便捷性极大地提升了金融的包容性，让更多人得以无缝接入全球金融体系，推动了支付效率的提高、金融的普惠以及社会福利的上升。

第三个标志性事件是天秤币的出现使得稳定币模式逐渐得到市场认可。尽管天秤币始终停留在方案阶段，且在更名为 Diem 后终止，相关资产也被出售给美国加州银门银行（Silvergate Bank），但其产生的影响力不容忽视，以主权货币、大宗商品等为底层资产支持的稳定币相继出现。它们可以与主权货币之间形成一定的汇率，其价格较加密币相对稳定，一旦得到大规模的使用，就有可能成为新的支付与货币工具，甚至可能对现行法定货币体系造成一定程度的冲击。因此，从表面上看，天秤币失败缘于其设计机制的不完善与实施效果的不确定，但深层次的原因是这类稳定币背后的制度颠覆性及随之而来的巨大利益冲突，其超主权货币特征对现实主权货币的侵蚀是其落地的最主要障碍，引发了包括美国在内的各国的强烈反对，因为有可能弱化美元在现行国际货币体系中的地位。

历史地看，国际货币体系未来走向关系到国际金融格局和秩序的重构。从金本位制（1870—1914 年）、金块和金汇兑本位制（1922—1936 年）到布雷顿森林体系（1945—1971 年），再到当前的牙买加体系（又称布雷顿森林体系Ⅱ），国际货币体系经历了从黄金本位到信用本位的变化，目前美元仍居于主导地位。美国拥有“嚣张的特权”，在享受国际铸币税、通货膨胀税、经济政策独立等收益的同时，把成本和风险转嫁给外围国家，其他国家又难以对其形成有效约束。同时，美国握有实施金融制裁的利器，并且已经运用该手段对朝鲜、伊朗和俄罗斯等国发起了金融制裁，严重影响了这些国家的国际贸易和支付结算。为此，委内瑞拉锚定石油、天然气、黄金和钻石等原材料，发行加密币“石油币”，主要目的便是规避美国和欧盟实施的制裁，通过稳定币值来筹集资本和吸引投资。

推进“去美元化”是国际社会的共识，此前讨论较多的现实方案是以国际货币基金组织（IMF）特别提款权（SDR）为基础建立超主权货币体系，但数字货币的兴起为国际货币体系改革提供了新的方向和竞争维度。CBDC 既具有主权信用背书，又具有低成本、便捷高效、规模经济和网络效应等优势，故通过与 CBDC 来合作构建超主权货币的方案受到越来越多的关注。受天秤币项目冲击、地缘政治因素的叠加，央行数字货币研发进入竞赛状态。BIS 于 2024 年 6 月发布的调查结果显示，在 86 家受访货币当局中，94% 正在研发央行数字货币。美国在国际货币的使用上具有先发优势，并拥有国际资金清算系统（SWIFT）等货币交换系统，曾对数字货币的态度相对踌躇，既担心它对美元特权形成挑战，又不能无视其迅速发展，但近年来的态度出现了极为明显的转变。

3. 中美数字货币博弈和预判应对

从人类货币发展史来看，CBDC 是货币演进的主要形式，也是必然趋势。IMF 将 CBDC 定义为“一种可以成为法定货币的具有广泛可访问性的法定数字货币形式”。BIS 进一步将 CBDC 定义为“一种不同于传统准备金或结算账户余额的央行货币的数字形式”。与这些国际金融机构相呼应，中国人民银行将中国的 CBDC，即数字人民币，定义为“中国人民银行发行的数字形式的法定货币，由指定运营机构参与运营，以广义账户体系为基础，支持银行账户松耦合功能，与实物人民币等价，具有价值特征和法偿性”。也就是说，数字人民币通过加密技术、可控匿名、可编程性等新的技术特征将传统现金与电子货币结合在一起。

相较于现有货币形态，CBDC 有三大显著优势：一是可极大地降低发行和交易成本，提高 M0 流通效率和央行货币地位；二是央行可通过 CBDC 实现 M0 全周期的数据记录和追踪，提高货币投放的精准度；三是基于现有成熟的移动技术和操作系统，CBDC 利用多种介质和渠道完成支付，可实现普适性和泛在性。尽管 CBDC 也存在一些潜在风险：可能会给既有货币政策工具和传导机制带来不确定性，抑或对商业银行存款形成挤兑，但这些风险都能通过相应措施进行控制，不会成为阻碍 CBDC 推出的决定性因素。

在数字支付领域中国已建立了竞争优势，在 CBDC 的研发和实践上也是“一马当先”，BIS、IMF 等发布的报告均认为数字人民币已成为全球最为领先的央行数字货币项目之一。在这场“新型货币战争”中，越早进行 CBDC 研发和实践的国家越可能找到最佳的技术路径和模型，率先构建数字金融基础设施建设用于交易，并制定全球行业标准，进而挑战美国在全球金融和货币体系中的主导地位。中美在数字资产领域博弈数字货币具有历史必然性。2021 年 4 月，美国参议院提出了一项所谓法案，要求拜登政府采取与中国的“战略竞争”政策，以保护和促进美国“重要利益和价值观”；同月，美国参议院外交委员会表决通过了《2021 年战略竞争法案》，法案中多次强调金融、外交、科技等方面与中国的竞争策略。当前，中美竞争持续深化，主战场从贸易领域转向科技领域并最终转向金融领域有其必然性。拜登政府在《关于确保数字资产负责任发展的行政命令》中强调，将“研究和发展潜在的美国CBDC设计和部署选项”置于“最紧迫”的位置，以便“美国在全球金融体系中的持续领导地位，将维持美国的金融实力并促进美国的经济利益”。

受制于美国数字货币创新由私营部门主导，且加密资产体制与美联储政策存在出入，美国并未抢占CBDC的发展先机。随着数字人民币跨境交易以及在清算实践中的突出表现，美国立法者呼吁政府加入关于数字资产的“太空竞赛”，并在2022年开展了为期12周的数字美元试点计划。

当前，虽然美国对中国没有采取切断SWIFT的联系、冻结外汇储备等极限制裁方式，但是把握数字货币应对制裁的非对称性优势，将为应对未来美国金融制裁未雨绸缪。在美方看来，中国CBDC具有实现跨境即时交易的特征，中国积极探索跨境交易的实践与成效（如国外试点、多边央行数字货币桥等），是对当下以美元为主导的国际货币体系、被SWIFT垄断的跨境结算系统的冲击与威胁，是中国通过推动人民币国际化以调整全球金融体系的工具。

建设金融强国要具备一系列关键核心金融要素，包括“强大的货币”“强大的中央银行”等。党的二十届三中全会作出了关于“稳妥推进数字人民币研发和应用”的决策部署，这既是对数字人民币过去工作的肯定，也为以改革创新精神进一步推进数字人民币发展提供了根本遵循。针对充满不确定性的中美金融博弈，中国在数字货币领域要“走好自己的路”，加强顶层设计，提高DCEP相关技术的原始创新能力，发挥国内应用场景丰富、支付基础设施完善的优势，不断完善数字人民币发行规则。牵住数字人民币这个实现“强大的货币”“强大的中央银行”建设的“牛鼻子”，迈向数字金融强国，共享数字中国建设成果。

第三章
金融机构的数字化转型

当前，数字技术、数据要素、数字资产、数字货币等元素以全新的模式、业态、理念融入经济社会各领域和全过程，金融机构的经营逻辑也随之发生改变：一方面，从信息不对称到数据不对称的转变。数字化时代，信息的获取途径、表达与传递方式发生质变，传统意义上的信息不对称问题得到有效解决，获取数据不对称地位是确立竞争优势的关键。另一方面，从“场所”到“行为”的蜕变。金融机构的概念已逐渐超越物理空间的限制，不再是一个必须前往的“场所”，而是演变为一种随时随地可进行的“行为”，金融服务功能无处不在。

本章将以金融机构数字化转型的必要性为切入点，深入探讨如何通过“战略、业务、管理”三位一体下的数字化变革实现“创造性破坏”。首先，聚焦问题导向、目标导向、需求导向、政策导向，阐述金融机构数字化转型的必要性。其次，基于组织变革理论，从数字化战略、业务数字化、管理数字化三个维度全面解析金融机构数字化转型路径。再次，基于金融与科技的融合创新历程，重点阐述金融业从电子化、网络化、信息化向数字化、生态化更高层级演变的脉络。最后，重点选取摩根大通、工商银行、招商银行、浙商银行的数字化转型案例，开展对比分析和经验总结。基于本章的讨论，旨在为金融机构数字化转型提供理论指导和实践案例，通过驱动战略规划、业务模式、管理体系全方位的数字化转型，推动金融机构加快实现“四个重要转变”，在服务社会经济高质量发展的过程中，实现自身高质量发展。

金融机构数字化转型的必要性

数字化变局下，各行各业都在加快数字化转型。金融业作为技术和知识密集型产业，具有天然的数字基因，金融机构加快数字化转型，既源于自身适应经济新发展阶段、加快经营模式迭代升级的内在需求，也来自外部生态环境急剧变化和国家政策的引导与驱动。

1. 金融脱媒是金融机构数字化转型的重要背景

作为经营货币资金和提供金融服务的特殊行业，无论是银行业，还是保险业、证券业、信托业、基金业，本质上都是一种中介，表现为支付中介、信用中介和撮合中介三种主要形式，其存在的客观前提是社会生产中资金供给者与资金需求者之间发生的广义信息不对称（肖远企，2018）。各类金融机构凭借信息收集、处理、加工优势和风险管理专业能力，在全社会范围内进行跨主体、跨周期、跨区域的金融资源配置，从而在资金需求方和资金供给方之间扮演中间人或媒介的角色。

数字经济时代，金融服务实体经济的逻辑开始转变，主要原因在于，数据将替代资本成为金融业核心资产，海量的数据和算法分析将逐渐解决信息不对称问题，而日益密集快捷的互联网大大降低了交易成本。一方面，信息充分性的提高导致传统金融机构积累的“信息垄断”优势面临消解；另一方面，金融科技的发展催生了支付、融资、投资、理财等金融业务的新型形态，对传统金融机构的风险计量和投资决策模式造成冲击。与数字支付、数字货币、互联网贷款、智能投顾、数字证券、数字保险、数字理财等数字金融业态相比，传统金融服务缺乏弹性和效率的问题日益突出。

因此，数字化变局下，金融机构作为信息中枢和融资中介的重要性将会下降，“金融去中介化”可能成为新的发展趋势，即在经济活动中不再通过金融中介进行资金融通，而是由资金供给者与资金需求者直接发生联系，越来越多的资金供给绕开传统金融机构组成的媒介体系，直接输送到需求方和融资者手中，形成资金的体外循环，金融脱媒现象越发显著。例如，移动支付和数字钱包的普及改变了客户的支付习惯，依靠便捷性、实时性、安全性及跨平台的支付优势，客户通过支付宝和微信等第三方支付平台可以轻松实现消费支付并拓展至办理资金转账、收单结算等业务，这意味着资金的转移和流动不再依赖于传统金融机构。又如，互联网金融、数字货币、智能投顾提供了更多的投融资产品选择和更低的信贷利率、更高的潜在回报，改变了客户的金融偏好，引发传统银行业务向金融科技公司转移。

不可否认的是，金融脱媒的出现是技术进步、市场需求变化和金融创新等多种因素共同作用的结果，其给传统金融机构带来了巨大的挑战。一方面，金融机构依靠信息优势“躺着挣钱”的时代已经一去不复返，存贷款业务与中间业务发展都会受到冲击，最明显的是建立在简单信息中介之上的支付、转账和结算的业务将继续萎缩。另一方面，金融科技企业和互联网巨头等跨界竞争者纷纷进入金融领域，改变了行业竞争格局，传统金融机构的同质化经营带来市场份额的整体性下滑。这无疑倒逼金融机构调整金融服务定位，解决在一些领域内存在重复竞争和过度金融而在另一些领域内存在金融服务空白或盲区的金融资源配置不平衡的问题，通过数字化转型形成差异化、特色化、专业化服务模式以适应新的市场环境和客户偏好。可以说，基于战略、业务、管理层面全方位的数字化转型是金融机构在金融脱媒的浪潮中提升服务质量、降低运营成本、拓展业务领域、保持竞争力的必经之路，通过驱动效率提升、价值再造、生态构建促进金融机构实现可持续发展。

2. 创新驱动是金融机构数字化转型的理论依据

纵观人类社会发展历程，创新作为一种固有的驱动力，驱使人类去探寻解决问题的方法并努力实现（詹·法格博格等，2009）。创新研究的起点可追溯至约瑟夫·熊彼特于1912年在其经典著作《经济发展理论》中提出“创新是建立一种新的生产函数”这一深刻论断。他敏锐地观察到，在市场中真正占据主导地位的并非价格竞争，而是新技术、新产品的竞争；它冲击的不是现存企业的盈利空间和产出能力，而是它们的基础和生命；重要的创新并非毫无规律地随机出现，而是倾向于在特定的时间段和企业内部集中爆发。

熊彼特认为，作为经济发展的核心内在因素，企业家创新活动带来的每次重大技术突破都会引发新的经济增长浪潮。然而，创新具有明显的非连续性和不均匀性特征。当一次大规模的创新浪潮退去后，经济往往不可避免地进入衰退和萧条阶段，如同进入了漫长的寒冬，直到下一次创新浪潮的到来，经济才会重新复苏并逐步回归繁荣期。1990年，迈克尔·波特于《国家竞争优势》中进一步提出“创新驱动发展”这一具有深远影响的概念，指出创新驱动发展是继要素驱动发展、投资驱动发展之后的经济发展阶段，在创新驱动阶段，经济增长更多地依赖技术创新、管理创新、商业模式创新等各类创新活动。这些创新活动相互交织、相互促进，共同构成推动经济可持续发展的强大动力引擎。

当前，数字技术和数据要素日益融入创新活动的全链条、全过程、各环节，犹如一场强大的变革风暴，数字化转型成为重组创新资源、重塑创新范式、改变全球创新竞争格局的关键力量。从微观层面来看，数字化转型已然是金融机构实现转型升级和创新发展的关键路径。一方面，金融机构的数字化转型需秉持创新驱动发展的理念，将创新视作转型发展的核心动力，大力推进机制创新、业务创新、技术创新相互促进、协同发展，形成紧密咬合的“齿轮”，共同推动金融机构经营管理模式和服务方式发生深刻而全面的变革。另一方面，金融机构的数字化转型是实施创新驱动发展战略的重要支撑。一是拓展技术创新应用场景并加速成果转化。比如，物联网、量子加密等新兴加密手段在金融领域的应用探索，加速了这些前沿技术的研发和产业化进程。二是业务需求引导技术创新方向。比如，金融机构对实时数据分析和复杂数据挖掘的需求，推动了大数据分析技术和数据库技术的创新。三是推动技术融合创新。比如，金融机构在构建智能金融服务平台时，需要将人工智能技术与区块链技术相结合，这为跨领域技术的协同发展提供了契机。

3. 客户需求变革是金融机构数字化转型的核心动因

盈利、同业竞争、客户需求都曾驱动金融机构的转型与变革，而当前转型与变革的动力更多源自客户需求的变化。伴随新一代信息技术创新步伐的加快，两股力量正推动消费者行为改变：一是资讯时代所带来的“心理冲击”，二是科技创新的“扩散效应”。客户行为模式的改变带动了其对金融、非金融及综合服务需求的不断深化，客户对便捷性、高效性、低成本、个性化越来越高的要求，构成推动金融机构数字化转型的强大动力。

变化一：“随时随地”享受金融服务。人们日常消费、投资行为从传统线下网点转移到手机、电脑等移动终端，客户期望用自己想要的方式、在方便的时间享受金融服务，避免烦琐的手续和无意义的等待，推动远程金融服务兴起并逐步向移动终端转移。比如，通过智能手机上的 App 实时了解账户信息、查询交易状态、开展服务咨询，客户获取金融服务的渠道从线下转移到线上。据中国银行业协会统计，2022 年银行业金融机构离柜交易达 4506.44 亿笔，同比增长 103.07%；离柜交易总额达 2375.89 万亿元；行业平均电子渠道分流率达到 96.99%。

变化二：“随心所欲”享受金融服务。广大客户不再满足于标准化的金融产品和服务，而是更看重定制化的服务体验，期望得到与自身需求更匹配、更全面的金融服务方案，客户金融需求在内容上进一步深化。例如，大众客户对个性化、场景化、碎片化金融服务的需求，缺少抵质押物和可靠财务信息的小微企业主体的融资需求，公司客户基于所在产业链供应链特点的差异化、定制化、一站式的综合金融服务需求，零售客户对全生命周期资产配置的需求，等等。

变化三："随手可得"享受金融服务。随着电子现金和移动支付的广泛应用，金融产品与交易无缝融入客户衣食住行的方方面面，通过与第三方支付平台、运营商等外部资源的跨界合作，金融机构，特别是银行业和保险业开始提供多元化的非金融服务，当前，客户只需登录手机银行等移动客户端，就能顺利完成购物、买机票、看电影、订酒店、看病、买卖房屋等一系列看似与银行传统业务无关的行为。金融与非金融服务的深度融合，为客户提供了更加全面和个性化的服务体验，强化了客户与金融机构间的黏性和忠诚度。在这个过程中，金融机构的角色从传统的服务提供者转变为生态构建者和创新推动者。

由此可见，金融机构变革的实质就是客户需求变迁驱动下的进化。当前，金融服务已从传统的、单一的，以有形网点、人工操作、柜面服务为主的服务模式向以电子化为载体的无形网点服务、自助服务以及多元化交易渠道转变，未来金融机构的形态和金融服务承载内容也势必迥异于当今（宋科等，2023）。在这个意义上，金融机构数字化转型的根本目的是强化用户思维，促进生态连接和敏捷协同，缩短客户在金融机构的旅程，依托跨界服务、专业化服务强化客户体验，通过数字化转型真正将"以客户为中心"的价值理念付诸实践，深刻把握客户逻辑，全面洞察客户需求，提升客户价值。

4. 国家战略导向是金融机构数字化转型的政策依据

2015 年，英国政府科学办公室发布研究报告——《FinTech 的未来：英国成为金融科技的全球领导者》，首次将金融科技的发展与国家竞争力挂钩。其后，全球各主要经济体陆续制定了金融科技发展战略，金融业的数字化转型正式进入发展"快车道"。比如，2015 年，FCA 率先推出监管沙盒，鼓励金融科技企业在受限制的环境里进行创新型金融产品和服务的实验；2017 年，美国国家经济委员会发布了《金融科技监管框架》白皮书，全面系统地阐述了金融科技政策的设计目标及监管策略。

2019 年，中国人民银行出台《金融科技（FinTech）发展规划（2019—2021 年）》，力推金融科技在深化金融供给侧结构性改革、增强金融服务实体经济能力等方面发挥重要作用。2021 年，“十四五”规划纲要明确了金融科技的战略意义，提出要稳妥发展金融科技，加快金融机构数字化转型。至此，金融机构数字化转型上升至国家战略高度，“无数据不金融、无技术不金融、无场景不金融”成为我国金融业发展的大势所趋。

2022 年，中国人民银行接续出台《金融科技发展规划（2022—2025 年）》，提出以加快推进金融机构数字化转型为主线，发展目标上要求金融业数字化从多点突破迈入深化发展新阶段，数字化转型的理论、方法、评价体系基本形成，金融机构数字化经营能力大幅跃升；重点任务上要求金融机构强化数字化转型企业级统筹协调机制，制定全方位数字化转型战略，构建敏捷化创新体系，完善数字化人才体系，加快重点领域数字化转型标准制定，探索最佳实践和最优路径。

为高质量推动金融机构数字化转型，明确转型目标和具体路径，银保监会也于 2022 年印发《关于银行业保险业数字化转型的指导意见》，以回归本源、统筹规划、创新驱动、互利共赢、严守底线为原则，按照“战略层、应用平台层、基础设施层”的经典数字化转型架构对银行业保险业的数字化转型愿景目标、应用场景、难点痛点进行了“自上而下”的梳理，分为“战略引领、业务转型、能力建设”三个层次，强调要以数字化战略为引领，要求银行保险机构明确数字化的愿景、使命；以实现产业价值为导向，明确产业金融、个人金融、金融市场等实际应用场景的数字化转型方向；对技术能力进行全面突破，明确提升数据能力、科技能力、风控能力的技术方案与实施路径，实现银行保险机构核心业务平台化、模块化、服务化，最终达成建成数字化经营管理体系的目标。

我国金融业数字化转型相关政策见表 3－1。

表 3－1　我国金融业数字化转型相关政策

时间	政策文件名称	发布机构/会议	主要内容
2019 年	《金融科技（FinTech）发展规划（2019—2021 年）》	中国人民银行	提出金融科技在深化金融供给侧结构性改革、增强金融服务实体经济能力等方面的重要作用，明确了金融科技发展的总体思路、主要目标和重点任务
2021 年	《“十四五”数字经济发展规划》	国务院	明确数字经济发展的总体思路、主要目标和重点任务，推动数字经济与实体经济融合
2022 年	《金融科技发展规划（2022—2025 年）》	中国人民银行	明确新时期金融科技发展的指导意见，提出金融数字化转型的总体思路、发展目标、重点任务和实施保障，强调坚持创新驱动发展，推动金融科技从“立柱架梁”全面迈入“积厚成势”新阶段
2022 年	《关于银行业保险业数字化转型的指导意见》	中国银保监会	提出银行业保险业数字化转型的总体要求、基本原则和工作目标，强调要科学制定实施数字化转型战略，统筹推进数字化转型工作，提升金融服务实体经济的能力和水平
2022 年	《高举中国特色社会主义伟大旗帜　为全面建设社会主义现代化国家而团结奋斗》	中国共产党第二十次全国代表大会	加快建设数字中国，加快发展数字经济，促进数字经济和实体经济深度融合
2023 年	《数字中国建设整体布局规划》	中共中央、国务院	提出加快建设数字中国，推动数字技术与经济社会各领域深度融合
2023 年	《“数据要素×”三年行动计划（2024—2026 年）》	国家数据局等 17 部门	提出要提升金融服务水平，支持金融机构不同领域的数据融合应用，推进数字金融发展
2023 年	中央金融工作会议通稿（全文）	中央金融工作会议	做好科技金融、绿色金融、普惠金融、养老金融、数字金融“五篇大文章”
2024 年	《关于银行业保险业做好金融“五篇大文章”的指导意见》	国家金融监督管理总局	提出做好科技金融、绿色金融、普惠金融、养老金融、数字金融“五篇大文章”的决策部署

续表

时间	政策文件名称	发布机构/会议	主要内容
2024 年	《中共中央关于进一步全面深化改革、推进中国式现代化的决定》	党的二十届三中全会	积极发展科技金融、绿色金融、普惠金融、养老金融、数字金融，加强对重大战略、重点领域、薄弱环节的优质金融服务

在一系列政策的推动下，我国金融业数字化转型从“立柱架梁”全面迈入“积厚成势”新阶段。2023 年，中国人民银行发布《金融数字化能力成熟度指引》，提出了金融数字化能力成熟度模型、成熟度计算方法，明确了不同维度金融数字化转型能力相应的分档要求，适用于金融机构衡量金融科技应用和数字化转型发展水平，检视自身数字化发展优势与短板，加快数字化转型，提升数字化经营能力和数字核心竞争力。2023 年底召开的中央金融工作会议上，“数字金融”被提升至国家战略层面，成为金融“五篇大文章”重要内容；党的二十届三中全会强调积极发展科技金融、绿色金融、普惠金融、养老金融、数字金融，加强对重大战略、重点领域、薄弱环节的优质金融服务。这不仅昭示着金融行业数字化转型的全面加速和深化，更标志着金融与科技融合的新纪元已经到来。

金融机构数字化转型的路径

数字化转型由“数字化”和“转型”两部分构成，其中数字化是动力，转型是最终目标。广义来看，数字化转型是社会各主体充分利用数字技术和数据资源，全方位地改造人类生产生活，在机械化、信息化、网络化的基础上实现数字化更迭，引发生产方式、产业布局、生活质量、价值形态乃至经济社会整体性的深度变革（李雯轩和李晓华，2022）。微观视角下，数字化转型是指企业以数据和技术为驱动，以产品服务创新及业务流程优化为手段，改变价值创造过程进而应对外界环境变化的行为，推动企业重构业务模式、提高经营绩效、完成组织变革（黄益平和黄卓，2018）。

著名战略管理学者米尔斯和斯诺指出，组织转型要解决三大问题：创业方向问题，即选择何种新的产品和服务；工程技术问题，即如何产生新的产品或者服务；组织管理问题，即新产品和服务如何执行落地并前瞻性引导未来的战略方向。这三方面问题的解决既呈现层层递进的关系，也产生相互作用形成循环，影响转型效果。因此，数字化转型并非数字技术和数据要素的简单叠加和后端应用，更重要的是通过驱动战略规划、业务模式、管理体系全方位重塑，有效提高价值创造能力。这一过程具有鲜明的“不破不立”“破而后立”的创新特征，既需要摆脱传统经营模式的路径依赖，也对组织架构变革和生产要素流动形式提出更高要求。

相应地，金融机构的数字化转型亦是一个全面且深入的过程，涉及发展战略、技术底座、业务流程、产品服务、营销渠道、组织结构、人才培养、文化认知等方方面面，旨在通过组织模式、业务模式、管理模式、商业模式的数字化重塑，创造长期的、综合的财务价值和生态价值（王勋等，2022）。整体来看，金融机构的数字化转型过程可以分解为数字化战略、业务数字化和管理数字化三个维度（谢绚丽和王诗卉，2022）。其中，数字化战略是数字化转型的基础，强调从整体战略层面明确愿景目标、实施路线及综合保障。业务数字化更关注数字技术、数据要素融合于金融服务的程度，通过将金融产品无感嵌入生活、生产场景，实现综合金融服务和客户个性化需求的快速精准匹配，减少信息不对称，降低交易成本，提高资源配置效率。管理数字化聚焦数字技术、数据要素融合于治理结构和组织管理的程度，通过打造扁平化、敏捷化的组织结构，形成以客户为中心的生产方式。业务数字化和管理数字化关系着数字化战略的落地，管理数字化可以进一步促进业务的数字化创新，并强化数字化战略思维，三者形成一个相互促进的整体。

1. 以数字化战略为引领，强化顶层设计

《孙子兵法》讲“上兵伐谋”，现代管理学讲“战略决定成败”，本质上看，二者都在强调战略对于达成目标的重要性，因而加强顶层设计和统筹规划是金融机构推进数字化转型的重要前提。数字化战略应建立在对市场趋势、客户需求、技术发展和竞争环境深入分析的基础上，以政治性和人民性为战略导向，以服务实体经济为出发点和落脚点，兼顾全局性和系统性。金融机构需要明确如何打造科技基础能力和数据治理能力，如何深化关键核心技术应用以提升服务效率和客户体验，如何利用数字化转型实现业务增长和价值创造。数字化战略落地的关键在于构建覆盖设计决策、实施运行、考核评测和改进完善的循环内部控制机制，通过将数字化战略目标转化为不同部门、业务条线可量化、可执行的重点任务和评价指标，以过程管控为牵引形成转型闭环，强化逐级传导与落实，平衡跨部门利益和权属，确保数字化战略和转型进程与自身经营发展需要、技术实力、风险控制能力高度动态匹配。综合来看，目标愿景、实施路线、要素保障是数字化战略的核心内容。

在目标愿景方面，原银保监会发布的《关于银行业保险业数字化转型的指导意见》中明确要求，“数字化金融产品和服务方式广泛普及，基于数据资产和数字化技术的金融创新有序实践，个性化、差异化、定制化产品和服务开发能力明显增强，金融服务质量和效率显著提高。数字化经营管理体系基本建成，数据治理更加健全，科技能力大幅提升，网络安全、数据安全和风险管理水平全面提升”。从国内外主流商业银行的实践来看，数字化战略目标更突出以客户为中心的导向，致力于通过数字化转型推动从以牌照为中心的专项服务向以客户为中心的综合服务转变。比如，建设银行秉持“以客户为中心、以企业级架构为核心、以企业级业务模型为驱动”的转型理念打造新一代核心系统；招商银行围绕客户和科技两大核心，建设“最佳客户体验”银行；汇丰银行全面推进“以客户为中心、以数字化为驱动”的客户旅程再造。

在实施路线方面，强调将数字元素注入金融服务全流程、将数字思维贯穿业务运营全链条，强化金融创新的科技武装、数据加持，重点围绕夯实金融科技底座、释放数据要素潜能、建设数字化运营服务体系、构建合作共赢的金融服务生态、提升数字化营销能力和数字化风控能力等方面部署主要任务，推动业务经营管理数字化转型。比如，工商银行着力客户全域协同服务、"金融 +" 场景生态拓展、数字化运营与风控、"用数赋智"数据赋能、自有技术支撑五大体系建设，创新适应数字化时代的业务模式和管理模式；中国银行打造大数据、云计算、人工智能三大技术平台，聚焦业务创新、科技融合、技术能力、科技体制转型四大领域布局重点战略任务。

在要素保障方面，涉及建立领导小组、改善组织架构、健全管理评估和考核体系、培育数字文化和数字理念、引进和培养数字化人才以及加大资源投入等内容。根据国际咨询机构麦肯锡公司对国际银行业的调研结果，全球领先银行已经将税前利润的 17% ~20% 用作研发经费布局颠覆性技术，以加速数字化转型。2023 年，六大国有行科技投入超 1200 亿元，工商银行、农业银行、中国银行、建设银行、交通银行及邮政储蓄银行分别同比增长 3.90%、7.06%、3.97%、7.45%、3.41%、5.88%；股份行中，招商银行、中信银行分别以 141 亿元、121 亿元保持领先。

2. 以业务数字化转型为核心，强化价值创造

业务数字化水平的提升是数字化转型的关键所在，通过"数据 + 技术"赋能业务创新，培育技术先进、研发敏捷、渠道融合、决策精准、运营高效的经营动能，全面提升金融机构的价值创造能力。金融机构业务数字化转型的重点在于：一是业务系统要数字化，打造基于新一代技术的数字化业务系统，更新原有烟囱林立般的系统，提升系统间的连通能力和自动化、智能化水平。二是业务自身要数字化，通过数据化将已有业务从物理世界映射到数字世界，提升业务运转、分析和控制能力。三是业务流程要数字化，将业务流程清晰呈现，剔除冗余流程，实现自动透明的流转，

提升业务运行的智能化水平。四是开展数字化业务创新，通过对市场需求和自身能力的精准分析，丰富和扩大自身业务种类及服务范围，提供市场所需的创新产品和服务。为实现业务数字化转型，金融机构需要在打造现代化技术基础设施的基础上，建立数据驱动的决策机制、客户体验的重塑机制、生态系统的构建机制，并加强数字化风控能力建设。

金融机构的技术基础设施是支撑其业务运营和服务交付的基石。在数字化转型的过程中，现代化的技术基础设施是实现高效、安全和创新金融服务的关键。一是构建灵活、可扩展的技术平台，以适应快速变化的市场环境和不断增长的业务需求，支持快速的产品创新和服务部署，同时保证系统的稳定性和可靠性。二是推动传统 IT 架构向云计算迁移。云计算提供了弹性的计算资源、存储能力和处理能力，通过将传统的 IT 架构迁移到云平台，可以实现资源的按需分配和快速扩展，降低基础设施的投资和运营成本。三是强化网络安全与数据保护措施，不仅要采取先进的网络安全技术和策略，如防火墙、入侵检测系统、数据加密等，来保护信息系统不受外部攻击和内部泄露的威胁，也要遵守相关的数据保护法规，确保客户数据的隐私和安全。此外还应建立完善的网络安全管理体系，包括安全策略制定、风险评估、应急响应和员工培训等，以提高整体的安全防护能力。

业务数字化转型的核心是将数据作为核心生产要素，与数字科技共同推动数据价值化的过程。从实践来看，数字化转型正在通过释放数据的叠加放大倍增效应，升级改造经济的生产函数和发展模式。如果说数字技术扩展了金融机构和客户之间的触达渠道，那么数据赋能便推动了业务模式从“经验决策”转向“数据决策”。一是建立数据治理框架，包括数据标准、数据质量控制、数据安全和隐私保护、数据生命周期管理等，确保数据质量和合规性。二是利用大数据分析优化风险管理和需求洞察，通过分析历史交易数据、市场数据和客户行为数据，更准确地预测市场趋势和潜在风险，了解客户的需求和偏好以实现精准营销与服务个性化。三是实施实时数据分析，提升决策速度与准确性，及时调整业务策略、优化运营流程、提高服务质量。

业务数字化转型的最终目标是重塑客户体验，以提升客户黏性和客户价值。这就要求，首先，通过用户研究深入了解客户需求，具体通过市场调研、客户访谈、行为分析等方法，深入了解客户的需求、偏好和痛点，发现现有服务中的不足之处以及客户对新服务的潜在需求，进而设计更加符合客户需求的金融产品和服务。其次，设计以用户为中心的金融服务流程，通过简化操作步骤、提供个性化选项、增强交互界面的友好性等方式，确保每个环节都能为客户提供便捷、直观和愉悦的体验。最后，利用移动应用、在线平台、社交媒体等数字化渠道提升客户互动与服务体验。例如，通过移动应用提供 7 ×24 小时的客户服务，利用在线平台进行产品展示和交易，通过社交媒体进行品牌宣传和客户沟通，利用聊天机器人提供自动化的客服。

业务数字化转型的落地依靠数字技术和数据要素赋能产品创新，提升金融服务个性化与定制化。比如，开发移动支付、在线投资平台、数字货币和区块链服务等适应数字化时代的金融产品，根据客户的消费习惯和信用记录提供个性化的贷款产品，根据客户的投资偏好提供定制化的投资组合建议，等等。此外，也要探索与科技公司共同创新的合作模式。比如，与金融科技公司合作开发支付平台，与数据分析公司合作提供精准风险评估，与网络安全公司合作提高数据安全保护能力。

在业务数字化转型的过程中，金融机构逐渐从单一的服务提供者转变为开放生态系统的构建者。开放的金融服务生态系统是指金融机构通过合作和共享资源，与第三方开发者、科技公司、供应商等共同构建的一个服务网络。通过构建生态系统，金融机构能够与各种合作伙伴共同创造价值（如与零售商合作提供便捷的支付解决方案，与制造商合作提供供应链金融服务，与科技公司合作开发新的金融科技产品），进而提供更加丰富和便捷的服务，实现生态系统整体价值最大化。此外，金融机构也需要加快建设与数字化转型相匹配的风险控制体系。建立企业级的风险管理平台，实现规则策略、模型算法的集中统一管理，对模型开发、验证、部署、评价、退出进行全流程管理。利用大数据、人工智能等技术优化各类风险管理系统，将数字化风控工具嵌入业务流程，提升风险监测预警智能化水平。

3. 以管理数字化转型为支撑，强化治理效能

在管理活动中，数字技术会改变组织内部的工作流程，并带来治理机制、组织形态等方面的根本变化，通过提升管理精细化程度和智能化水平，赋能业务数字化转型（戚聿东和蔡呈伟，2020）。管理数字化转型涉及组织架构、管理系统、企业文化、考核激励体系以及人才队伍建设等多个维度。对于金融机构而言，管理数字化转型的重点环节体现在以下七个方面：

一是推动组织结构的扁平化与敏捷化。加强跨领域、跨部门、跨职能横向协作和扁平化管理，组建不同业务条线、业务与技术条线相融合的共创团队，打破部门壁垒，促进信息共享和资源整合，增强快速响应市场和产品服务开发的能力。

二是管理工具实现数字化转型。打造人力资源、财务管理、综合管理的数字化平台，提升后台部门对前台业务的整体支撑能力。

三是强化数字思维、培育创新文化。将以数连接、由数驱动、用数重塑的数字理念深度融入企业价值观，建立技术从“支撑使能”向“价值赋能”变革的数字化认知，增强对数字化趋势的洞察力与适应力。同时，倡导支持创新、鼓励探索、宽容失败的文化氛围，推动金融机构加强核心技术的自主研发和应用攻关。

四是完善利益共享、责任共担考核机制和创新激励机制。对在数字化转型中作出突出贡献的个人和部门给予奖励和认可。

五是引进和培养金融、科技、数据复合型人才。重点关注数据治理、架构设计、模型算法、大数据、人工智能、网络安全等专业领域，积极引入数字化运营人才，加强数字化技能培训和数字领导力培养，提升员工数

字素养。

六是开展数字化外部合作。一方面，建立与科技公司的合作，共同开发金融科技产品和技术解决方案，促进成果转化与推广应用；另一方面，建立与政府部门的合作，加强数据共享、技术共研、场景共建，打造开放创新的数字化转型生态。

七是加强金融科技风险管控。一方面，健全智能算法管理规则制度，建立模型安全评估和合规审计体系，及时披露算法决策机理、运行逻辑和潜在风险，通过临界测试、仿真模拟、参数调优等方式着力防范算法黑盒、羊群效应、算法歧视等问题，强化云计算标准符合性与安全性管理。另一方面，强化数据共享合作方业务资质把关，划定金融机构与数字渠道合作方的安全基线和责任边界，通过主动信息披露、用户适当性管理等措施，防范通过流量入口开展虚假宣传、过度营销、强制搭售等行为。

金融业数字化转型的历程

一部人类金融发展史，实则也是一部与时俱进的技术变革史。基于共同的数字基因，金融与科技的融合创新始终是金融发展进程中的重要内容和典型特征。从最初的电子化处理到如今的生态化布局，金融业的数字化转型是金融发展面临的又一次“创造性破坏”。金融业逐步摆脱传统操作模式的束缚，利用不同发展阶段下的新兴技术创新服务方式、降低服务成本、提高服务效率。这一历程不仅见证了金融业务操作方式的根本性变化，也深刻影响着金融机构与客户的交互方式以及金融市场的竞争格局；不仅反映了技术进步的轨迹，也映射着社会经济发展的脉络。可以说，随着信息经济向互联网经济，再向数字经济的转型，金融业的每一次重大转变都是对新兴技术的深刻响应和前瞻性的战略部署，不仅为金融机构自身带来了革命性的影响，也为金融生态中的其他主体（企业、消费者、政府等）提供了更加优质、高效、便捷的金融服务，从推动单个服务主体的价值最大化转向推动整个金融生态价值最大化。

1. 电子化阶段：从算盘到键盘的变革

电子化阶段大概是 20 世纪 50—90 年代。随着将计算机技术和网络技术引入金融领域，金融机构聚焦以敲打“键盘”的电子化操作替代拨弄“算盘”的手工操作，历经后台业务电子化、前台业务电子化，金融业实现了“从手工到电子、从单机到联网”的历史性突破。

（1）后台业务电子化：IT 逐步替代手工，实现办公和业务的电子化、自动化

随着社会的进步，高速发展的社会经济产生巨大的资金流动、支付结算、股票交易等需求，金融业业务处理效率亟须提高。然而，当时高度依赖人工作业的金融体系根本无法支持如此庞大的资金流动。在此背景下，IT 的应用在很大程度上满足了当时金融业的需求，引领全球金融业进入后台业务电子化阶段。该阶段代表性应用主要是银行的核心交易系统、账务系统、清算系统等。

发达国家金融后台业务电子化始于 20 世纪 50 年代。1954 年，大都会安装了 UNIVAC 计算机，这是人寿保险业中第一个大规模的计算机系统，拉开了全球保险业电子化的序幕。1955 年，美国斯坦福研究所公开演示了电子记录机会计系统 ERMA，开启了计算机代替手工支票处理的先河，使商业银行处理支票的效率和准确率大幅提升。同年，美洲银行引进 IBM702 型计算机，将其应用于账务处理、报表编制，从而拉开了全球银行业电子化的序幕，随后美国的商业银行开始大规模推进电算化。

中国金融后台业务电子化相对发达国家起步较晚，20 世纪 70 年代，中国银行引进第一套 RICOH－8 主机系统，实现了对公业务、储蓄业务、联行对账业务、编制会计报表等日常业务的自动化处理，拉开了我国金融业电子化发展的序幕。1991 年，中国人民银行卫星通信系统电子联行正式运行，标志着我国银行信息系统进入全面网络化阶段。1993 年，中国人民

银行开始推广中央银行会计核算电子化；同年，国务院发布《关于金融体制改革的决定》，明确指出要“加快金融电子化建设”。

在这一时期，IT 对金融后台业务处理效率的提升是史无前例的，从银行业的支付结算系统、会计系统到资金转账系统，随处可见 IT 带给金融业的变革。受限于当时的科技水平，IT 技术并不直接参与金融的业务环节，IT 系统在金融体系内部属于后台支撑线条。

（2）前台业务电子化：优化业务流程，提升业务处理效率

20 世纪 70 年代，银行柜台客户流量增大，柜台员工疲于应付客户诸如查询账户余额、办理小额存取款业务等大量同质化需求。如何提升银行服务效率？自助银行随之诞生，并推动全球金融业进入前台业务电子化阶段。该阶段代表性应用主要为 ATM、POS 机、信用卡等。

1967 年 6 月，世界第一台 ATM 应用在伦敦北部的巴克莱银行。美国第一台 ATM 于 1969 年 9 月在化学银行长岛分行投入使用。我国第一台 ATM 于 1987 年在中国银行珠海分行投入使用。随着 ATM 逐渐普及，金融业前台业务电子化的发展突飞猛进。在支付领域，金融业也开始了以 POS 机为代表的电子化尝试。20 世纪 80 年代，POS 机电子资金转账、电子钱包智能卡、建立在电子数据交换基础上的企业之间的交易自动化等新的金融产品相继出现。1981 年，北京市率先引进日本 OMRON 公司的 POS 机，随后 POS 机逐步推广至全国各大城市的商场。信用卡诞生于美国，1958 年，美国银行发行第一张 Bank Americard，支持循环信用功能，标志着现代信用卡的诞生；同年，第一张美国运通卡问世，由美国运通公司直接向消费者发行；20 世纪 80 年代，信用卡在美国基本普及。

相较于银行业，全球证券业的业务电子化起步较晚。在 20 世纪 70 年代以前，大多数证券交易所的交易完全依赖人工，通过交易大厅面对面报价或电话报价进行。1971 年，纳斯达克证券交易所率先设立电子报价系统，替代了人工交易模式。1977 年，纽约证券交易所推出的自动债券系统（ABS）成为第一个全电子化市场。1980 年，全球出现首个完全电子化的交易所，即芝加哥国家证券交易所。中国证券市场信息技术和信息化应用起点较高，沪深交易所自 1990 年成立之初便采用电子化自动撮合竞价系统，替代人工完成证券登记、交易、结算等业务，实现了关键业务的电子化和自动化。1993 年，全国电子证券交易（NET）系统开通，实现了异地报盘、卫星双向通信传输、电脑自动撮合等业务功能。金融前台业务电子化对节约人力资源、降低经营成本、提高经营效率和效益起到了良好的推动作用。

2. 网络化阶段：从线下到线上的变革

网络化阶段大概是 20 世纪 90 年代至 21 世纪初。进入 20 世纪 90 年代，信息技术通过网络将大量计算机“连接”起来，推动了全球互联网繁荣。中国也于 1994 年正式接入全球互联网，融入全球数字化转型浪潮。借助互联网技术的飞速发展，金融机构开始积极拓展互联网服务渠道，将标准化的金融业务搬到互联网上办理。该阶段的代表性应用主要为网上银行、网上证券开户等。

发达国家金融业的网上服务尝试较早。1989 年，美国富国银行开始提供网上银行服务。随后无实体营业网点的纯粹网上银行、网上证券等金融机构相继出现，1995 年成立的 SFNB 是全球第一家真正意义上的网络银行，脱离了传统具有物理介质的实体银行模式，完全依赖互联网进行运营。1996 年，E * Trade 重组为纯网络经纪公司，直接向投资者提供在线证券交易服务。

中国金融业的网上服务虽起步较晚，但发展迅速。1996 年，招商银行率先在国内推出自己的网上银行“一网通”，并逐步向公司和个人提供信息查询、银企对账、代发工资、网上购物等金融服务。1997 年，招商银行开通了交易型网站，拉开了我国网上银行发展的帷幕。2000 年，证监会发布《网上证券委托暂行管理办法》，鼓励和规范互联网证券期货业务发展，20 多家证券公司当年获准开展网上证券委托业务；同年，全国主要保险公司全部开通互联网主页，实现客户投保、咨询、报案和理赔查询等服务在线化，提升和扩大了保险服务能力和客户辐射面。2002 年，中国银联成立，借助发达的互联网实现了从线下到线上、从境内到境外的快捷、安全的支付服务。

在这个阶段，互联网与金融业的首次亲密接触将金融业的信息化程度提高到一个前所未有的水平，通信技术、信息技术等已广泛渗透到金融经营管理的各个机构、各项业务、各个环节，不仅引发了业务办理渠道“从线下到线上”的变革，也为 21 世纪金融科技的突飞猛进奠定了技术基础。

3. 信息化阶段：数据、渠道和管理的变革

信息化阶段大概是 21 世纪初至 2010 年。进入 21 世纪，金融业在电子化建设的基础上，充分运用信息通信技术、数据库技术等新手段，重点围绕数据集中化、渠道网络化、管理信息化等领域，大力推进金融业的信息化发展（李东荣，2018）。

一是数据集中化。在金融电子化阶段和信息化阶段初期，各金融机构以便利业务操作和客户交易为主要目标，在信息系统建设方面的普遍做法是分别开发、独立运行、分散管理，导致系统联通性和业务集中性存在一定欠缺。在这种背景下，以银行为代表的金融机构开始数据大集中的进程，探索推动系统集中部署、客户集中管理、网点集中联网、账务集中处理。花旗银行和摩根大通等大型银行通过建立集中化的数据中心，实现了全球范围内的数据共享和集中管理，极大地提升了业务处理能力和风险管理水平。2002 年，工商银行完成了全国数据大集中“9991 工程”，将全国各分行、中心、地区行、营业网点核心业务的处理存储整合到北京和上海两大数据中心。

二是渠道网络化。早期传统金融机构在线下做业务，互联网兴起初期，银行、保险、证券等金融机构利用信息技术将业务搬到了网上，本质上只是线下业务的简单复制。进入 21 世纪后，金融业借助互联网特别是移动互联网技术催生出互联网金融业务，提高了金融资源的配置效率，释放了大量“信息技术红利”。该阶段的代表性应用主要为 P2P、众筹平台、

网络贷款等。2005 年，全球第一家 P2P 借贷平台 Zopa 在英国诞生。2006 年，Prosper 上线运营，是美国第一家网贷平台；而后在美国相继出现 Lending Club、OnDeck 等 P2P 借贷平台以及 Kickstarter 众筹平台等互联网金融公司。2007 年，国外网络借贷平台模式引入中国，拍拍贷成立。至此，科技真正渗入我国金融最核心的业务中，并且根据互联网的特点，衍生出一系列风险评估新方式。

三是管理信息化。以数据大集中为契机，金融业改变了机构内各部门、各层级间条块分割的局面，使经营管理方式由传统粗放式向科学化、集约化、精细化转变。自 2000 年以来，金融管理部门和金融机构开始积极探索内部管理信息化建设。一方面，金融管理部门相继开发上线了针对不同行业领域的监管信息系统、信息登记系统和检查分析系统，构建了涵盖银行业务、资本市场、保险业务的信息化监管体系，有效地提高了金融监管效能。另一方面，金融机构纷纷开启业务系统的升级换代，通过建立全面的客户关系管理（CRM）系统，提高银行与客户的互动和服务质量，提升管理效率。

4. 数字化阶段：从数字到生态的变革

数字化阶段大概是 2011 年至今。随着人工智能、大数据、云计算、区块链等新一代信息技术的出现，金融和技术呈现进一步深度融合的趋势。在提升金融效率、优化业务流程和降低经营成本等方面，新技术显现出巨大的商业价值和应用空间。不过，金融数字化转型既是金融电子化、金融信息化的延续，又与前者存在巨大差异。信息化是对金融业务需求的响应，是对传统业务效率的改善和提升，在这个过程中，技术的作用是辅助性的。数字化转型则不同，其是金融与数字化的生产和生活交互的产物，是新的数字技术从根本上改造传统金融业存在和运作方式的革命性变化，以手机银行、互联网金融、智能服务等为代表的金融新应用、新业态、新模式正蓬勃兴起。

自 2011 年起，随着智能手机的普及和移动互联网技术的进步，各大银行纷纷推出支持苹果和安卓系统的手机银行客户端。手机银行是通过移动网络为客户提供各种金融服务的电子银行业务产品。手机银行操作便捷、私密性强，可以实现“任何时间、任何地点、任何方式”的全天候金融服务，客户可凭随身携带的个人手机及时、安全地进行各项交易。随着手机银行客户端持续的迭代升级，吃穿住行、财务管理、社交购物等需求都能在移动终端上得到满足。

2011 年 5 月，中国人民银行向 27 家第三方支付公司正式发放支付牌照，为互联网金融的进一步发展奠定坚实基础。2013 年 6 月，余额宝横空出世并迅速崛起，标志着货币基金的互联网化，打响了中国互联网行业与金融业走向深度融合的第一枪。2014 年，蚂蚁金服集团正式成立，同年“互联网金融”首次被写入政府工作报告，随后证券、基金、保险、信托公司纷纷展开大规模互联网化的战略布局。然而互联网金融行业具有低门槛、高风险的特征，市场参与者良莠不齐，风险事件频发。为规范市场秩序，2015 年 7 月，中国人民银行等十部委正式发布《关于促进互联网金融健康发展的指导意见》，按照“适度监管、分类监管、协同监管、创新监管”的原则，建立和完善互联网金融的监管框架，过去互联网野蛮生长的状态逐步走向终结，取而代之的是有序的互联网金融生态。

随着人工智能的蓬勃发展，进入嵌入式智能服务阶段，依托大数据、人工智能、云计算、区块链、增强现实（AR）、语音识别设备、5G 通信等新兴科技，可以实现实时智能、无处不在的金融服务，金融业务更加线上化、数字化、自动化、个性化和智能化，金融机构逐渐演变为一种行为，而不是客户要去的地方。这也意味着当客户有资金需求时，可以随时随地获得金融服务，金融业务的效用和体验完全脱离物理网点和以物理网点为基础的渠道延伸，也不再依附某个具体的金融产品，通过搭建智能化金融科技平台，提供无摩擦的交互体验，实现无感知的综合金融服务。

数字化时代，全球金融生态系统互联性日益增强并受数据驱动，人工智能和云计算等颠覆性技术亦在加速其变革，封闭式、割据式的经营思路将难以适应发展要求，要从单打独斗向联合运营转变。当前，金融业分工日趋专业化、精细化，金融产业链和价值链被拉伸，金融机构越来越难靠单打独斗提供包括场景、数据、资产、资金等在内的消费金融全链条环节的生产解决方案，应注重结合自身特点，找准市场定位，发挥各自优势，共同建设兼具包容性和竞争性的金融生态圈。这意味着金融业不再仅关注自身的数字化转型，还致力于通过数字化转型整合内外部资源，构建一个更加开放包容的金融生态系统，实现更广泛的跨界融合与合作共赢，以生态繁荣带来主体繁荣。

商业银行数字化转型的探索

在数字经济蓬勃发展和互联网金融冲击下，金融媒介竞争多元化，商业银行若不主动变革将难以适应不断变化的市场和客户需求。正因如此，数字化转型是确保商业银行实现基业长青的求生之道、变革之策、进化之路。纵观过往，那些能够迅速适应客户发展需求、通过数字化场景创新拓展新的业务领域、利用数字化手段提升运营效率和客户体验的商业银行，将有机会在数字化时代“弯道超车”。

1. 摩根大通：华尔街的“亚马逊”

摩根大通的数字化转型战略在行业中具有前瞻性和引领性。领导者杰米·戴蒙高度重视科技基础能力，他深知科技投入是银行最重要的资本支出，提出了“在亚马逊成为银行之前，我们先成为亚马逊”等，即“在领军科技公司进军银行业时，银行要抢先成为一流的科技公司”。自 2006 年上任后，杰米·戴蒙宣布自建科技平台以取代技术外包，近年来更是大力推进“移动第一、数字万物”的数字化战略。围绕战略定位，摩根大通银行在数字化转型中呈现出“强队伍、敢投入、优服务”的特征。

（1）打造组织架构和人才储备的行业标杆

在科技组织架构上，摩根大通采用矩阵式、伞形结构管理方式，设置首席信息官和首席数据分析官职位，打破传统银行前台和后台、业务和技术的分界，促进团队协同，充分推进敏捷协作、业技融合。这种战略布局和组织架构为摩根大通的数字化转型奠定了坚实的基础。

摩根大通还在吸引、培养、挽留各种优质技术人才方面采取了一系列重大措施。2017 年，摩根大通出资 3 亿余美元并购在线支付业务供应商 WePay，吸引更多硅谷人才，并购后工程师团队人员增幅超 33%。此外，摩根大通还为员工提供两年期的技术培训课程，并设置职业导师。截至 2023 年底，摩根大通在全球范围内拥有超过 5.7 万名技术专家，占公司员工总数的 20%，是全球规模最大的科技驱动的公司之一，其技术人员的体量甚至可以比肩科技巨头亚马逊，已超过 Facebook 和 Twitter 的总和。

摩根大通在科技高管引进上更是“大手笔”。2018 年，摩根大通从谷歌挖来了负责人工智能技术的高管，担任人工智能与机器学习部门的主管，帮助摩根大通进一步布局人工智能领域，提升公司在防范金融欺诈、贷款审批等方面的能力，提高了内部运作效率。同年，聘请卡内基梅隆大学的机器学习系主任帮助革新传统金融服务，带来学术领域的专业知识和创新思维。

（2）持续维持巨额的数字化研发投入

摩根大通持续进行巨额的技术投资。2017 年科技投入为 95 亿美元，占净利润近 40%；2018 年投入总额提高到 108 亿美元，占净利润近 44%。2019 年在科技方面的投入约为 115 亿美元，并将“基础建设”与“业务创新”投入比从 6∶4 调整到 5∶5。2020 年和 2021 年技术投入均约为 120 亿美元，2022 年达到 143 亿美元，2023 年科技预算高达 153 亿美元，约占总支出的 18%。

从技术投资方向上看，摩根大通的资金重点投入数字银行、在线投顾、数字人技术、网络安全等领域的技术应用和产品开发，其中较大部分资金定向投资于云计算、人工智能等新兴金融科技领域。这些资金不仅用于维护全球 31 个数据中心、近 6.7 万台物理服务器、近 2.8 万个数据库，还打造了数字银行、电子钱包、流程自动化机器人、智能投顾等产品。

摩根大通对新技术的投入力度更是凸显其决心。例如，在云计算方面，摩根大通高度重视云计算原生的银行核心系统建设，将基础设施总支出的38%用于云计算，既开发私有云，又使用公有云服务并拥抱多云战略。在区块链方面，摩根大通2015年开始专门研发，推出区块链平台Quorum、银行间信息网络系统IIN和数字货币JPM Coin。在人工智能方面，已成为银行业领军者，2022年在全球银行业的人工智能排名（Evident AI Index）中位居第一。在量子计算方面，是全球首批投资并建立内部科学家团队的金融机构之一，专门为投资组合优化等生成新的量子算法，提高金融交易安全性。

（3）推行“多跨融合、方便快捷”的数字化应用体验

摩根大通启动了“入驻计划”，与有潜力的外部初创公司建立合作关系，帮助初创企业的同时吸收产品创意，并与美国金融服务创新中心共同创立金融解决方案实验室，目标是发现、测试和培育有价值的创新项目。自2009年以来，摩根大通投资了上百家金融科技企业，涉及支付、投资、P2P、资产管理等领域。

摩根大通的移动银行产品丰富多样。开户服务上，移动银行可实现电子化开户，未来将登录Chase mobile，加入You Invest接口进行免费股票交易和ETF基金交易。支付业务上，推出全数字化跨境支付解决方案，成为首家提供全数字化和自动化货物贸易跨境支付解决方案的在华外资银行。这一方案解决了货物贸易跨境支付中单证处理及流转环节的诸多问题，提高了企业开展跨境贸易的效率，并且该方案在多个国家和地区的市场得到应用。资金管理上，提供多种数字工具，方便企业在移动端进行付款和资金管理等操作，通过直通处理系统，无须人工干预，大大提高了业务处理的速度和准确性。

2. 工商银行：重基础、变模式、强治理三轮驱动

作为大型国有银行，工商银行的数字化转型实践对国内其他银行具有

重要的示范和引领作用。在“数字工行”品牌建设的驱动下，工商银行围绕“数字生态、数字资产、数字技术、数字基建、数字基因”五维布局开展转型工作，具有全面且清晰的转型方向和目标，为各项数字化举措的推进提供了战略指引。工商银行的数字化转型之路呈现“重基础、变模式、强治理”的特点。

（1）着力强化数字技术底座

一是云计算领域优势明显。工商银行深耕云计算领域10余年，金融云平台集基础设施云、应用平台云和金融生态云“三位一体”，实现了超大规模资源池化管理和秒级弹性伸缩，具备自动化、可视化、智能化的运维体系及多层次安全、高可用保障，有效支撑全行高并发、大容量业务的开展，曾获得中国人民银行“科技发展奖”一等奖，还蝉联《亚洲银行家》最佳云计算奖项。

二是人工智能与大数据应用深入。在智能客服、风险防控等领域积极运用人工智能技术，利用大数据技术进行深度分析和挖掘，为业务决策提供支持。例如，智能客服能够快速准确地回答客户的问题；企业级金融反诈平台利用智能决策引擎实现对风险事件的实时决策干预，提升风险防控水平。

三是积极探索新技术。在区块链技术方面，有诸多创新实践，为金融业务的安全、高效开展提供了新的解决方案；在5G技术应用方面，推出新一代智慧银行，为客户提供更快捷、更安全、更智能的金融服务体验。

（2）大力推动业务模式变革

一是全渠道服务体系完善，线上平台强大。工商银行手机银行功能不断优化，客户量庞大。截至2023年末，手机银行客户超5亿户，月服务客户突破2亿户，位居同业第一，蝉联银行业App数字化综合服务能力TOP50榜首。

二是开放银行平台升级。为客户提供“行业 + 场景”“标准 + 定制”的综合化解决方案，连接能力强、产品供给广、数字服务优。

三是线下渠道数字化改造深入。对网点柜面服务进行数字化升级，建立线上线下一体化协同服务体系，创新音视频交互式业务服务模式，支持远程现场服务无缝对接，提升网点服务能力。

四是拓展端外投放平台。搭建智能精准的端外投放平台，与新媒体平台对接，实现自动化、智能化、精准化客户触达，进一步提升客户获得金融服务的便捷性。

（3）加快推动数字治理实践

一是场景生态建设成效显著。围绕生活场景，打造了如“工银 e 生活”App 等特色生态服务，满足客户日常生活需求；积极参与政务合作，深度融入政务互联网，共建金融与政务紧密融合的“数字共同体”；聚焦重点行业领域，开展对客服务模式与业务合作模式的数字化创新，构建“金融 +”场景服务生态。

二是数据治理与管理能力突出。重视数据治理，建立了较为完善的数据采集、存储、分析和应用体系，能够精准洞察客户需求、行为偏好和风险状况，实现了从“经验决策”向“数据决策”的转变，为业务运营和风险管理提供有力支持。

三是抢占行业标准与认证。在国家级认证机构北京国家金融科技认证中心发布的首批金融机构金融数字化能力成熟度评估结果中，工商银行获评“卓越级”认证，成为金融业首家且唯一获得最高等级（卓越级）认证的企业，充分彰显了其在数字化转型领域的行业标杆地位。

3. 招商银行：网络化、数据化、智能化融合发展

招商银行把科技变革作为未来 3 ~ 5 年银行发展战略的重中之重，紧紧围绕客户需求，深度融合科技与业务，快速迭代、持续交付产品和服务，创造最佳客户体验，取得效率与成本、风险更高层次的平衡。围绕上述发展目标，招商银行提出了“网络化、数据化、智能化”思路。

（1）战略动态升级与模式调整相结合

招商银行早在 2014 年就率先采取“移动优先”战略，将数字化转型

提升到战略高度，每年投入大量资金用于相关建设，为后续发展奠定了基础。2017 年定位为金融科技银行，推行“一体两翼”战略，不断推进零售、公司、同业业务的深度融合和数字化转型，打造最佳客户体验银行。2021 年开始打造 3.0 模式，包括大财富管理的业务模式、数字化的运营模式、轻文化的组织模式，推动高质量发展。

随着数字化战略不断升级，招商银行持续推动经营模式演进。从业务模式上看，招商银行从传统的银行经营模式逐步向“轻型银行”转变，探索轻资本、弱周期的发展模式，摆脱对重资本、顺周期模式的依赖，以有限的资产负债表撬动更大体量的业务，为社会创造更多价值。从组织模式上看，为了适应数字化转型的需求，不断进行组织架构的调整和优化。比如，2021 年上半年零售组织架构调整，财富管理业务和手机 App 平台集成入“财富平台部”。从文化模式上看，塑造了“开放、融合、平视、包容”的轻型企业文化，建立了扁平化的组织结构，下放人力资源管理部分权限，提高了组织的灵活性和创新能力。

（2）系统平台搭建与智能应用相结合

一是搭建强大的技术平台。通过主机上云以及不断的技术升级，打造了高效、稳定、安全的金融云平台，为业务的开展提供了强大的技术支撑。建立了数据中台、技术中台、应用中台，提升了数据处理、技术研发和应用开发的效率与能力，能够快速响应市场和客户的需求。

二是提供智能化服务应用。在智能客服方面，招商银行利用人工智能技术，能够快速准确地回答客户的问题，提供个性化的服务建议，提高客户服务的效率和质量。在风险防控方面，借助专家经验和数据建模，构建预警指标体系，实现对风险的实时监测和预警，提升了风险管理的时效性和准确性。例如，自研“智慧风控平台”，打造覆盖贷款三查、单一客户与组合层面风险监测和预警的数字化风控统一门户。在客户偏好管理方面，通过机器学习技术对零售客户财富偏好行为进行分析，实现客户分层分类经营，提升资产配置成功率。

（3）多元场景、便捷服务与精准营销相结合

一是构建多元化的业务场景。通过与各类商户合作，在 App 中布局多元化场景，为客户提供丰富的生活服务场景，提升客户黏性和活跃度。推出“薪福通”一站式企业服务数字开放平台，破解企业人、财、事数字化管理痛点；研发“e 餐通”智慧食堂应用，解决企业食堂管理难题；推广“财资云”财资管理平台，为企业支付结算提供综合数字化解决方案。

二是提供便捷的金融服务。打造开放银行平台，向合作方开放自建小程序的接口，引入高德打车、顺丰速递、饿了么等众多第三方服务，为客户提供更加便捷、多元化的金融服务。提供全渠道的服务体系，客户可以通过手机银行、网上银行、网点柜台等多种渠道办理业务，并且实现了线上线下服务的无缝对接和协同。

三是开展精准的营销与运营。重视数据治理，建立完善的数据采集、存储、分析和应用体系，能够对海量的客户数据、交易数据等进行深度挖掘和分析，为业务决策提供准确、及时的数据支持。基于数据分析结果，实现批量获客、精准营销和高效服务。例如，通过对客户行为和需求的分析，为客户精准推荐金融产品和服务，提高营销效果和客户满意度。

4. 浙商银行：打造“数智浙银”品牌

浙商银行的数字化转型坚持“一条主线、四大重塑、一个品牌”的定位，以数字化改革为创新发展主线，系统推进服务模式、管理体系、风控体系、服务生态“四大重塑”，深化“创新、敏捷、开放”的“数智浙银”品牌建设，深入实施系统基础攻坚，迭代推进数智系统建设，打造数字化标杆银行。

（1）构建“185N”体系构架

夯实一个“浙银数智大脑”底座支撑，聚焦“数智管理、数智投行、数智跨境、数智零售、数智运营、数智监督、数智企服、数智资管”八大系统，围绕公司、零售、政府、同业、员工五大客群，以客户为中心聚力

构建形成不断迭代升级、循环赋能的“微海”（MICROSEA）生态，深化创新引领，强化数智赋能与加持，持续落地 N 项重大应用，打造彰显本行辨识度、具有全国影响力的“最佳实践”。详见图 3-1。

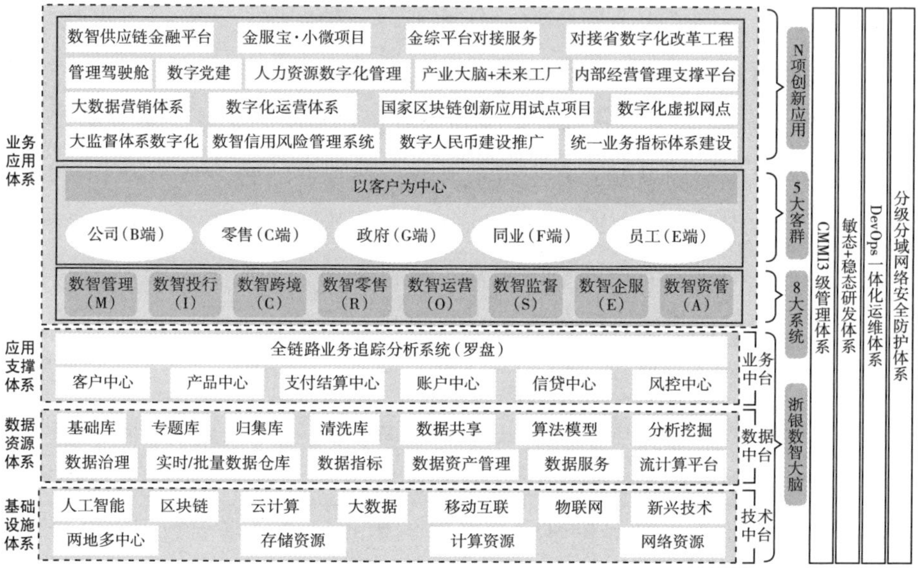

图 3-1 “185N”体系构架

（2）优化数字化治理架构

在治理结构方面，成立科技治理委员会，确保金融科技发展与银行整体战略一致，涵盖风险管理、合规审查等多维度，保障金融科技活动的全面性与系统性。全员培养数字化思维，以数据洞察业务趋势，以客户为中心设计产品和服务，提升客户满意度。发布新版《浙银公约》培育数字化文化，打造开放、创新、协作的工作环境，激发员工创造力和积极性。同时，严格遵守科技伦理原则，保护客户隐私，确保数据安全，通过完善制度体系和加强员工教育，确保科技活动的责任性和道德性。

（3）打造数字基础设施

实施“换芯强基”工程对核心系统全面升级，采用分布式架构和云计算技术，构建高效弹性的计算环境。加强网络基础设施安全防护，采用先进安全技术和设备，确保数据传输和存储安全。结合新一代核心系统建设进程，健全完善两地多中心机房系统布局，不断扩大同城灾备中心场景应用服务接入，释放同城机房算力，实现算力资源的“削峰填谷”，持续夯实分布式技术架构基础，打造弹性、敏捷的云化供给能力。构建高效云计算平台，提升服务灵活性和可拓展性，实现资源优化配置。建立网络安全态势感知与预警平台，加强网络安全建设，提高员工安全意识，为应用系统研发和技术创新保驾护航。

（4）以数据驱动业务创新

一是持续健全完善数据治理体系，以数据中台建设为抓手，统筹推进数据标准、元数据、数据质量等数据资产管理工作，构建统一数据视图，实现数据安全合规前提下的数据采集、治理、开发、共享等全生命周期管理，夯实数据综合应用基础。二是持续推进数据建模和统一管理，加强辅助决策、金融风控、客户画像、精准营销等面向用户、面向场景的算法、标签、模型应用，构建企业级数据服务模式，提升数据多向赋能和综合应用能力，实现经营数字化、数字价值化。三是健全完善智能风控体系，迭代优化风险的动态识别、智能预警、自动处置等机制和能力，实现全业务、全流程、全场景覆盖，形成多层次、全方位、智能化的风险管控监督闭环，推动风险管理从“人防”向“技防、智控”转变。

（5）深化业绩融合应用

以业务和技术的紧密结合构建新业态，开展人工智能技术创新应用。在客户服务方面，部署智能客服系统，理解客户查询并提供准确反馈，处理大量客户互动。在风险管理方面，利用风险预警系统分析交易数据和行为模式，预测和识别潜在风险。做深大数据技术在精准营销和风险控制中的应用，收集分析客户数据，实现精准营销，提供定制化金融产品和服务。在风险控制方面，通过大数据分析量化各类风险，调整风险管理策略。

同时，推动技术创新与业务场景深度融合，建立跨部门协作团队，鼓励创新思维和快速迭代文化，支持新技术快速实施和优化。此外，加强新技术场景应用转化，深化与科研机构、高等院校等外部技术力量的合作研究，加强与政府、央国企、行业头部企业、大型科技公司等合作伙伴的信息共享，积极开展对 AIGC、元宇宙、数字人等前沿技术的研究，强化新技术与业务场景结合的探索，提高应用转化能力，持续提升数字化品牌形象和影响力。

(6) 开展金融数字生态建设工程

面向客户和场景整合金融服务与合作伙伴资源，广泛链接政务、产业和社会化数字平台，将服务嵌入政府、央国企、行业头部企业、大型科技公司等优质生态伙伴中，深度挖掘多样化金融服务场景，构建开放共享、互利共赢的数智金融服务生态。

一是持续打造对外特色优势产品。依托供应链金融、池化融资、普惠金融等特色优势业务，加强数字化、开放化改造，深入细分场景，加强定制化设计，利用银行平台优势，联动营销运营，向客户提供特色综合金融服务方案。

二是主动融入浙江数字经济发展大局。聚焦重点领域、重点产业链和重大项目，持续加强与省级数字化重点平台的对接与合作，强化技术输出与资源整合，积极融入政府金融服务生态，全面深化数字经济相关产业产品及模式创新，打造政银企多跨协同的产业生态。

三是深化拓展数智金融服务生态圈。持续深化与央国企、行业头部企业、大型科技公司等优质生态伙伴的合作链接，多渠道布局，将金融服务延伸到社交、财务、生活、出行、电商等生产、生活场景中，同时凭借丰富的应用场景和客户资源，实现高效引流和批量获客，加速建立面向客户、场景驱动的全方位开放生态。加强与外部机构的场景合作，对外输出“数字化 + 场景化 + 生态化”解决方案，统筹谋划数智金融生态蓝图，持续进行金融科技创新和合作渠道建设，扩大客户流量和业务规模，拓展优化数字化引领下的场景金融服务生态。

中　篇
金融新范式

第四章 链式生态金融的提出

随着数字技术革新，GPTs 引发生产力跨越式发展，进而使生产资料、经济范式等发生颠覆式变革，深刻地改变了企业、金融、经济乃至整个社会的运作方式。比如竞争问题，工业经济中的竞争是形成产能之后产品、服务的竞争，也是价格的竞争，但数字经济中的竞争是基于场景、基于生态系统的竞争。竞争的规则和方式改变了，场景的构建、生态系统的构建，决定了企业的竞争力，供应链向生态链的变革逐渐被催生。因为未来的竞争不再只是个体企业之间的竞赛，更多的是生态系统之间的对抗。与此同时，DeFi 正在以其去中心化特性引领一场金融领域的革新。其核心理念在于“去中心化”，不仅在以开放性和全球性优势改变金融服务的提供方式，也在重塑我们对金融系统运作的理解。

我们提出“链式生态金融”正是数字化变局下对中国特色金融新范式的全新探索。它以金融本善为出发点，以服务实体经济的“善”为落脚点，以依托数字技术的“数”为着力点，从金融的社会价值视角，以金融功能性的发挥促进资源要素的高效流通，形成生态体系中共生单元彼此的“共善、同善”，构建多方共赢的生态系统。这既是金融自身数字化转型的机制创新，也是金融服务以产业数字化、数字产业化为核心的数字经济发展的模式创新，开辟了金融践行服务实体经济根本宗旨的崭新路径。本章开宗明义地提出“深化链式生态金融实践”，首先从概念定义、理论基础、内涵特征、思维框架四个方面阐述了“什么是链式生态金融”，其次从经济新发展阶段呼唤金融加快实现“四个重要转变”阐述了“链式生态金融的使命担当”，最后从优化资源配置、助力新质生产力培育和弥合数字鸿沟三个方面阐述了“链式生态金融的价值意义”。

什么是链式生态金融

数字化变局下经济社会发展方式的演变逻辑与重构路径，迫切需要一种新的金融范式引导金融机构更好地应对数字化时代的挑战，从关注产品和市场转向关注客户和产业生态，实现以客户为中心的价值创造和整个产业生态价值的最大化，进而推动相关政策的设计和制定，推进金融业整体发展方向、思维方式、服务模式、经营手段的全面重塑。

1. 链式生态金融的定义与理论基础

（1）链式生态金融的定义

所谓链式生态金融，是指以客户为中心，以数字化为主线，以场景和算力为依托，以融合为导向，链接多元主体，盘活各类资源，提供“精准、高效、无感”的金融服务体验，推动生态模式构建和产业生态价值最大化，最终实现客户及生态各方共生共赢，为社会创造价值循环的金融新范式。

“以客户为中心”的服务理念深度变革，实现客户综合协同改革。一方面，以客户为中心是对客户需求的深度挖掘和精准响应，着力点是构建综合协同服务体系。通过与生态内其他要素协同，以“善”为核心，以“数”为手段，在数据驱动下全方位收集客户不同场景信息，通过深度挖掘与建模分析洞察客户的真实金融需求，定制针对性金融服务方案，满足客户多样化的价值诉求。只有在为客户创造价值的过程中，金融自身价值才能得以实现。另一方面，以客户为中心要提供全生命周期的金融服务，着力点是构建陪伴式服务机制。客户信任是银行最重要的竞争力之一，获得客户信任的关键是陪伴，在陪伴中感知客户、服务客户、满足客户，与客户共成长。要通过建立组织架构、考核机制等方式，聚焦专业性陪伴、互动式陪伴、个性化陪伴，建立全时空、全生命周期旅程的陪伴式金融服务体系。

“以数字化为主线”的服务驱动全面升维，提升服务效能。数字技术推动的数据与资源共享是生态链系统的基础支撑。在数字化时代，大数据、云计算为生态场景化的金融精准服务提供了算力保障，能够有效打破金融服务中信息的藩篱，降低金融服务中的交易成本；物联网拓展了金融服务的边界，提升了服务效能；同时，人工智能为强化风险管控、改进用户体验提供了技术支持。以数字化驱动的技术平台、业务平台、合作平台为链式生态构建提供了数字底座和资源整合能力，随着越来越多的主体接入数字化的链式生态金融平台，平台的价值将呈指数级增长，更多的参与者意味着更丰富的数据和更多的交易机会，依托数字化手段形成良性循环，进一步提升服务效能，使整个链式生态金融朝着更高效、智能、一体化的方向发展。

“以场景和算力为依托”的决策模式变革，提升服务的广度和精度。数字化时代的金融服务形态已发生根本变化，随着B端产业场景、C端消费场景、G端政务场景等各类场景的金融服务需求日益丰富，场景已成为金融机构降低获客成本、提高获客效率、增强客户黏性、挖掘客户需求、提升服务精度的关键依托，从一定程度上可以说，无场景，不金融。基于复杂适应系统理论[①]，链式生态金融作为一个丰富且动态变化的系统，包含众多具有适应性的主体。场景的丰富性为这个生态系统提供了多样化的

[①] 复杂适应系统（Complex Adaptive System，CAS）理论认为，系统演化的动力本质上来源于系统内部，微观主体的相互作用生成宏观的复杂性现象，其研究思路着眼于系统内在要素的相互作用，所以它采取“自下而上”的研究路线；其研究深度不限于对客观事物的描述，而是更着重于揭示客观事物构成的原因及其演化的历程。

信息输入，使金融在其中能够更全面地理解和适应这个动态系统。算力是金融行业处理复杂、多样场景信息的关键。以深度学习算法为例，它可以从大量的历史交易数据、企业运营数据等多维度数据中挖掘潜在模式和规律。这使得金融决策不再依赖简单的经验和静态模型，而是基于对复杂数据的深度洞察。同时，通过贝叶斯决策理论，依托算力对场景数据的分析，金融可以不断更新对客户动态变化的需求的概率判断，从而在面对生态中新的服务场景时，提高决策的广度和精度。

“以融合为导向”的生态模式变革，实现共生共赢与社会价值循环。相对于传统供应链，生态链中各主体之间的竞合关系更为错综复杂，随着金融与经济的深度融合和协同发展，在场景生态循环体系中，金融作为一种生产要素，在稳链、强链共同目标下，通过参与价值创造与其他生产要素共生共存。同时，在生态循环中，数字技术强化了各参与方的链接，在融合的生态模式下，各主体原有的边界被打破，提升了交互的频次和深度，这种交互不仅包括经济利益的往来，还包括社会价值的传递和循环，在链接深化的过程中生态逐渐由以经济利益为导向的博弈竞争，向以社会价值共建为导向的共享融合转变。此外，通过发挥金融的资源配置功能、协同功能，增强生态体系各要素之间的耦合度，整合各方资源，实现要素的自由流动与优化组合，促进资源在生态系统内的高效流动和优化配置，基于优势互补，不同主体相互依存、相互促进。在链式生态金融体系下，金融与实体从共存到共荣，再到共生，让生态长远利益和整体价值得以实现。

（2）链式生态金融的理论基础

链式生态金融的概念是基于产业发展、金融创新、客户需求等多维生态的融合而提出的，其是在服务主体、服务形式、服务关系上更协同的金融新范式。

坚持金融功能第一性是链式生态金融的理论起点。当前金融正面临重大变局：一是金融定位站位变局。要把功能性放在更重要的位置，全面回归初心本源，全面提升金融机构站位，全面重塑金融价值体系。二是数字化变局。新一代数字革命正深刻改变着我们的生产和生活，数字化已成为重组要素资源、重塑经济结构、改变竞争格局的关键力量。三是经济社会进入高质量发展阶段，社会资源面临盘活的变局。金融是经营风险的行业，计算是其核心力量，也注定在数字文明时代迎来全新的发展形态。这几大变局对金融提出了新的时代课题，基于社会价值的视角，坚持功能性第一位是主动应对变局、以金融自身高质量发展促进经济社会高质量发展的必然选择。党的二十届三中全会要求“深化金融体制改革”，中央金融委员会在进一步落实深化金融体制改革中提出了“四大原则”，其中之一就是坚持问题导向和目标导向。问题导向主要针对过去过度强调盈利性金融服务而出现的各种问题，目标导向就是金融要以服务强国建设、民族复兴伟业为目标。围绕这两个导向，金融需要反思功能性与盈利性的平衡关系，分析制约经济社会高质量发展的因素并寻找新的突破口，那就是坚持功能性第一位，以满足实现社会主要矛盾化解、实现整体高质量发展过程中的内在需求，协调处理各主体间的利益关系，达成集体间效率最大化以及成员间的公平。世界上第一家无卡移动银行 Movenbank 创始人布莱特·基在 *Bank* 4.0 中也提到，面对日新月异的科技发展带来的机遇和挑战，金融要回归本质解决问题，用“第一性原理”重新思考体系架构。只有回归金融服务实体的功能第一性，从金融的本质出发，依托场景来解决经济社会发展的真实需求和痛点，才能体现金融的自身价值和社会价值。这也是链式生态金融提出的初衷，即金融以“善”为本，以“数”为擎，回归金融社会价值本源，构建数字化背景下更高效、精准服务实体的金融新范式。

从生态学理论衍生出链式生态金融的基础架构。生态学是一门研究生物与其环境之间相互作用的学科。它涵盖了从个体生物到整个生物圈的各个层次，探索生物如何适应环境、相互影响以及形成复杂的生态系统。作为研究自然模式的学科，生态学的核心研究内容包括物种共存、群落构建、多样性与生态系统功能等多个方面。对于生态群落研究，克莱门茨提出了“有机体论”，认为群落是一个超级有机体，其发展如同一个有机体的生长发育，最终达到稳定的顶极群落（Climax Community）。他强调物种之间的相互依赖和协同进化，认为群落具有明确的边界和可预测的演替路径。有“现代生态学之父”之称的尤金·奥德姆在其著作《生态学基础》（*Fundamentals of Ecology*）中强调，能量流动和物质循环是生态系统的核心过程，并将生态系统视为一个功能整体。他提出了生态系统服务的概念，强调生态系统对人类福祉的重要性。自 2004 年 12 月时任中国人民银行行长周小川提出金融生态范畴以来，运用生态学方法研究、考察金融成为我国金融理论与实践工作的一种新趋势。“金融生态”指的是多方参与者（金融机构、科技公司、企业、政府等）共同构建的协同合作体系。我们提出的链式生态金融同样衍生于生态学，与金融生态概念不同的是，链式生态金融中的主体不仅包括金融机构，还包括商业生态、产业生态、客户生态等多维生态，侧重以链式关系为拓展的关系网络，通过这个网络将金融服务融入商业生态、产业生态、客户生态中，形成一种以产业链为基础的系统性生态网络。在这个网络中，这些主体或者生态之间并非单向的，而是动态的、相互作用的。在链式生态金融中，每一个参与主体不仅是金融服务的消费者，更是生产者，通过共享数据、流程和信息，实现资源的存量盘活和高效配置。

基于系统论构建链式生态金融的运行逻辑。1937 年，贝塔朗菲在其专著《一般系统理论：基础、发展和应用》中提出了一般系统论原理。根据贝塔朗菲的观点，系统论是研究系统普遍特性、结构和行为的科学理论，认为系统是由相互联系、相互作用的若干组成部分构成的一个整体，这个整体具有特定的功能和目的。系统论突破了传统学科孤立研究的局限，提供了一个跨学科的研究视角，成为理解复杂性和处理复杂系统问题的有力工具。基于系统论，链式生态金融是以一定结构形式联结构成的有机整体，其核心思想是整体观，认为整体性、关联性、动态平衡性等是所有系统的共同特征。从整体性的角度来看，链式生态金融是一个由多个相互关联的要素组成的复杂系统。这个系统包括金融机构、产业、政府、个人等多个主体，以及资金、信息、技术等多种资源。各个要素之间相互作用、相互影响，共同构成了一个有机的整体。关联性是链式生态金融系统持续发展的关键。这个系统内部主体间、系统与外部环境间不断进行物质、能量和信息的交换与流转。动态平衡性是链式生态金融系统的本质特征。这个生态系统处于不断地变化和发展之中，各个要素之间的关系和作用也在随着主体的发展而不断地调整与优化。例如，市场需求的变化、技术创新的推动、政策法规的调整等因素都会促使链式生态金融系统进行适应性变革。

从博弈到和谐共生是链式生态金融的价值机理。博弈论是研究具有相互冲突和合作关系的理性决策者之间战略互动的数学理论。约翰·冯·诺伊曼和奥斯卡·摩根斯特恩的著作《博弈论与经济行为》奠定了博弈论的数学基础，其中提出了期望效用理论，并引入了合作博弈与零和博弈的概念，他们的工作标志着现代博弈论的诞生。约翰·纳什提出了纳什均衡（Nash Equilibrium）的概念，这是博弈论最核心的概念，描述了博弈中所有参与者都采取最佳策略的状态，为合作博弈理论作出了重要贡献。纳什均衡彻底改变了博弈论的研究，为分析各种博弈场景提供了重要工具。博弈包括合作博弈和非合作博弈，前者指参与者可能会形成联盟，通过协调策略来提高共同的收益；后者指参与者独立决策，不考虑合作的可能性。在博弈论的视角下，实现价值最大化是参与者的核心目标之一。在传统社会网络中，各主体之间的决策和行为可以看作一种博弈过程，由于各主体的价值和激励冲突，会存在为追求各自价值最大化而损害整体价值的博弈行为，如导致非合作博弈下的“囚徒困境”。在链式生态金融中，金融、企业、个人等主体既是独立的个体，也是相互联系、互相影响、价值趋同的整体。在这个系统中，金融不再以脱离实体赚钱为目标导向，而是充分考虑实体经济的需求，将其社会价值刻入发展模式中。在这种情况下，从独立个体的非合作博弈到生态系统中的合作博弈，最终在动态调整过程中走向整体和谐共生。

金融功能观是链式生态金融迈向开放式金融的重要支撑。随着数字化转型发展和金融混业程度的日益加深，金融业所处的市场环境、竞争对手、产品和服务模式都在发生深刻的变化。在此基础上，金融机构的组织架构和运行机制与以往截然不同，不同类型金融机构之间的边界日趋模糊，金融服务形式也逐渐进入嵌入式、无感知形态。在现代金融快速发展的背景下，单纯以金融机构为视角难以把握金融的核心问题和发展脉络。1993 年，美国麻省理工学院教授罗伯特·默顿和兹维·博迪提出金融功能观。他们认为，从长期来看，金融的功能比金融体系更稳定，金融机构的功能比其组织结构更重要。并且随着经济发展的需要，金融功能不断拓展和提升演进的过程始终以资源配置功能为核心，任何金融机构和金融系统都将围绕此目标不断进行结构与形式上的演进。基于金融功能观，去中心化成为一种必然趋势。在传统金融模式中，中心化的金融机构往往占据主导地位，对金融资源的分配和风险的把控具有高度集中的权力。然而，随着经济的发展和市场环境的变化，这种中心化模式在一定程度上限制了金融核心功能的高效发挥。2009 年 1 月正式诞生的比特币通过分布式记账、非对称性加密算法和时间戳等技术手段实现了点对点的价值传输，比特币的诞生成为开放式金融的起点。“Decentralized Finance”（DeFi）一词最早出现于 2018 年 8 月区块链初创企业 Dharma Lab 首席运营官 Brendan Forster 撰写的 *Announcing DeFi, A Community for Decentralized Finance Platforms* 中，“DeFi”多译为“分布式金融”“去中心化金融”或“开放式金融”，可根据其实质定义为“一个由无须中心化机构许可的、基于智能合约和在分布式网络中构建的应用所组成的金融生态系统”。开放式金融打破了传统金融的边界，通过整合各类金融资源和市场参与者，实现了更广泛的资源共享和协同。链式生态金融以金融功能为导向，探索分布式账本、智能合约等金融科技手段，实现信息的共享和透明，使得各个参与节点能够直接进行交互和交易，是传统金融迈向开放式金融的模式探索。

2. 链式生态金融的内涵特征

（1）嵌入场景，强化链接

一是链式生态金融具有场景金融特性。场景是链式生态金融的重要依托，每一个产业链都是一个独立场景，不同产业链在融合中形成更大的链式生态场景。在链式生态场景中，通过应用大数据、物联网、人工智能等数字化手段，全面洞察各产业场景内部、产业场景之间的链主企业与上下游企业客户需求，金融产品和服务可以无感嵌入客户业务经营和产业生态相关环节中，助力链主企业顺畅连接上下游企业，从而提升客户黏性和生态稳定性。

二是链式生态金融的独特性在于“链”。“链”是链式生态金融高于场景金融的重要区别因素。在链式生态金融中，“链”的主要作用是通过技术、金融等手段实现同一产业场景内部、不同产业场景之间各方的高效连接，形成横向链、纵向链、斜向链的紧密、交叉、立体链条，从而展示出“生态”特征。这里的“链”不仅指供应链、产业链抑或区块链技术，也包括各类参与者和流程之间的连接与协作，是单点对接向网络链接的转变。作为一种高链接性的经营模式，链式生态金融不同于简单的链接，而是一种基于实际场景的有机互动。随着链接规模的扩大，链式生态会呈现长尾现象。

（2）聚焦生态，合作共赢

一是链式生态金融以“生态”为载体。这里的“生态”指的是多方参与者（如金融机构、科技公司、企业、政府等）共同构建的协同合作体系。这一生态系统并非单向的、单一的，而是动态的、相互作用的有机整体。在生态内，每一个参与主体既是金融服务和相关信息的“消费者”，也是“生产者”，通过共享数据、流程和信息实现合作。

二是链式生态金融以“共赢”为目的。生态是共赢的基础。只有在一个以共赢为目的、相互依存的生态之中，产业主体、金融主体、其他市场主体才能摒弃“囚徒困境”“零和博弈”等博弈心理，共同遵守以客户为中心、以融合为导向的规则，也才会减少或杜绝金融机构“雨天收伞”、链主企业拖欠账期等损害生态整体利益的行为，以通力合作共同创造生态价值，实现生态总体利益最大化。

（3）盘活资源，高效配置

一是链式生态金融具有要素的丰富性，为盘活资源提供了条件。在链式生态金融中，产业要素、金融要素、其他市场要素大量集聚并依托数字技术充分融合，从而能够发现更多的要素资源组合和优化配置机会，如银行服务与非银金融服务的组合、金融供给与产业需求的组合、产业与产业之间的要素组合等，这为解决要素单一、信息不对称导致的金融对产业服务不充分的问题提供了条件，从而便于盘活沉淀在客户内部的资产和负债资源、供应链上下游的资源、各金融机构的金融产品和牌照资源，以及律师事务所、会计师事务所等非金融专业服务资源，从而使整个产业生态的资源配置达到最优。

二是链式生态金融具有金融的融通性，为资源有效配置奠定了基础。“金融”是链式生态金融模式的核心功能，金融机构可以依托算力来发挥自身差异化特色优势，通过融资、杠杆、投行、资金归集等多种服务整合产业生态内的各种要素资源，为“四链融合”以及产业链供应链内的商流、物流、信息流、资金流“四流合一”提供服务，推动链主企业之间、链主企业与产业链上下游企业一体化协同发展，帮助各方实现资源的高效利用和风险的有效管理，降低生态内不同产业主体之间的交易成本，提升链式生态金融的平台功能属性，以生态的繁荣促进成员的繁荣。

3. 链式生态金融的思维框架

链式生态金融是一个融合性的新概念，将链式、生态、金融的本质特征或规律性内容综合起来思考，必然具有新的内涵和外延，并将随着数字技术的创新与应用不断丰富，形成“理论—实践—理论”的螺旋式升级。链式生态金融兼具数字化、场景化和融合性等特点，体现了链式、生态以及金融的规律性内容。

链式是立足点，这里的“链”不仅是指供应链、产业链抑或区块链技术，还包括各类参与者和流程之间的连接与协作，是单点对接向网络链接的转变。通过数字技术的应用实现各方之间的高效连接，不仅包括信息流的快速传递，还包括资源、资金和服务的有效对接。因此，链式生态金融的核心在于构建一个网络化的结构，使原本孤立的节点能够在网络中相互联系，形成一个互动、协同的整体。

生态是着力点，是数字技术与产业创新、金融服务融合而产生的网状生态，也是以“链”为连接的金融生态、客户生态、产业生态相互融合形成的有机系统。在这个生态体系中，各个主体相互依存、相互促进，共同构建一个充满活力、创新和可持续发展的共生体系。

金融是落脚点，是链式生态金融的核心功能，也是为实体经济提供资金支持和金融服务的工具。通过链式和生态的有机结合，金融机构可以更有效地为企业、个人和社会提供个性化、定制化的金融服务，帮助各方实现资源的高效利用和风险的合理管理。通过共享数据、流程和信息，实现资源的存量盘活和高效配置，以生态繁荣促进主体繁荣。

价值是目标，在于实现可持续的金融发展与社会价值的提升。在链式生态金融中，金融作为要素在生态中流动，生态的整体繁荣就是金融繁荣的依托，生态的价值最大化就是金融自身的价值实现。在这个框架下将金融的社会价值深刻地嵌入金融自身的发展目标和发展模式中，从而构建一个更加稳定、高效和创新的金融体系，将金融服务深度融入实体经济中，实现金融资源与产业需求的精准对接，推动经济的可持续发展，助力社会的繁荣与和谐。

链式生态金融的使命担当

加快构建新发展格局是推动经济高质量发展的必然要求。习近平总书记指出："经济发展是一个螺旋式上升的过程，上升不是线性的，量积累到一定阶段，必须转向质的提升，我国经济发展也要遵循这一规律。"综合来看，我国经济高质量发展正在进入盘活存量、整合资源、打造生态的新阶段，为落实金融"四个重要转变"的要求，链式生态金融应运而生，其使命担当体现在四个方面。

1. 金融站位驱动服务形式转变

对于银行业来说，高歌猛进的时代已经过去。无论是从外部环境还是从自身发展需要来看，金融业都不能再像过去那样——对于好的企业，抢着服务、过度服务，形成很多无效、低效供给；对于很多处于成长期、急需融资的企业，未提供充足的主流金融服务，"雨天收伞"。为践行金融的政治性、人民性，从服务形态来看，应充分发挥金融的功能性，金融机构要从"打猎式经营"向"种田式陪伴"转变。金融机构要把服务实体经济作为根本宗旨，为企业提供专业化、精细化、特色化服务，陪伴客户成长。

（1）立足国家战略的使命与站位提升，坚持功能第一性

在世界百年未有之大变局时代下，大国博弈成为新常态，金融机构需要提高站位，强化使命担当，服务国家竞争力提升。当下，围绕科技制高点的竞争空前激烈，逆全球化思潮抬头，国与国之间的"竞争性"更加强烈地挤占"合作性"空间。金融作为国家核心竞争力的重要组成部分，是支撑国家治理和参与国际竞争的重要手段。我国现行的金融体制主要源于西方国家，在这套框架下，资本演进的逻辑就是向着利益最大化出发，这也是已完成资本原始积累的西方国家一贯秉持的资源利益分配导向。在新

常态下如果仍然机械地套用西方金融的体制、逻辑和规则，将使我国的金融体系长期处于“跟随者”地位而难以成为“引领者”，也将很难打造强大的金融机构、强大的金融队伍和强大的金融竞争能力。

金融是国民经济的血脉。随着中国式现代化的推进，金融定位出现了新的变局。中央金融工作会议、省部级主要领导干部推动金融高质量发展专题研讨班以及习近平总书记关于金融工作的重要论述，系统地提出了金融的政治性和人民性、金融高质量发展、金融强国和“八个坚持”的中国特色金融发展之路，对金融提出了全新的定位和站位要求。金融要胸怀“国之大者”，深入践行政治性、人民性，坚持功能性第一位，肩负起助力实体经济高质量发展的金融担当。增加高质量金融供给，服务于事关经济发展大局的重点产业链供应链，提升综合国力；服务于对国际金融风险外溢的抵御，防范系统性金融风险及其引发的社会风险；服务于国计民生重点领域，提升社会治理水平，加快建设金融强国，更好地应对国际形势变局，维护国家安全和社会稳定；与实体经济深度融合、共生共荣，成为推动产业升级和经济高质量发展的重要力量。

（2）顺应市场竞争格局重塑的服务模式创新，提供陪伴式金融服务

一段时间以来，由于过度强调盈利性、弱化功能性，金融服务实体经济的质效不高。在金融服务实践中，对好的企业开展“打猎”式的追逐服务、过度服务，而量大面广的小微企业所获得的服务不足，甚至没有服务；尤其是当企业出现风险苗头时，金融机构往往是“雨天收伞”甚至“釜底抽薪”，而非以金融活水帮助企业渡过难关。这与金融“国之大者”、金融服务经济社会高质量发展的要求存在差距。在金融新定位站位的重要内涵和基本要求下，金融的服务形式也要发生深刻变革。

一是要坚持金融工作的政治性、人民性。从服务形态来看，要坚持功能第一性，推动金融服务形式从过去的“打猎式经营”向“种田式陪伴”转变，在融资融智、风险管理、上市并购等各个环节为企业提供全生命周

期的综合金融服务，贯通金融服务的“最初一公里”到“最后一公里”。

二是要坚持金融服务实体经济的根本宗旨。金融机构要将功能性放在首位，树立以客户为中心的经营理念，想企业之所想、急企业之所急，对企业不仅要锦上添花，更要雪中送炭，通过沉下去、深进去，走进真正需要金融服务的企业，依托多方参与者共建共生的协同合作体系，为不同市场主体提供陪伴式、端到端的综合金融服务。

三是要真正体现以人民为中心的发展理念。金融要突出基础性、保障性功能，回归到助力共同富裕、增进民生福祉的定位，建立健全满足各个层次，特别是中老年龄、中低收入、中低受教育人群的财富产品和服务体系，完善面向小微企业的高效融资体系，搭建线上线下的金融服务体系，还要增强人民的金融风险防范意识和能力，实现基础性、保障性金融服务无处不在、无时不有。

2. 高质量发展驱动服务对象转变

党的二十大首次提出“高质量发展”，并将实现高质量发展作为中国式现代化的本质要求和全面建设社会主义现代化国家的首要任务。中央在坚持高质量发展的过程中，提出要加快建设现代化经济体系，着力提高全要素生产率，着力提升产业链供应链韧性和安全水平，着力推动城乡融合和区域协调发展，推动经济实现质的有效提升和量的合理增长。在高质量发展的要求下，金融要进一步创新服务模式，打破传统金融服务的边界，运用金融科技手段提升资源配置效率，促使各类资源在市场中自由且高效地流动，促进经济结构优化升级，以金融高质量发展服务经济社会高质量发展。

（1）高质量发展目标下金融服务目标转变

随着中国特色社会主义进入新时代，我国经济也由高速增长阶段转向高质量发展阶段，这是直面社会主要矛盾的必然选择，是中国式现代化的本质要求。在过去经济高速增长阶段，与之相匹配的金融也处于高速增长阶段，经历了“黄金十年”。在此期间，金融在重点支持社会基础设施建设、支持大中型企业做大做强等方面发挥了重要作用，但在“高速”中过于追求“效率”导致金融自身存在风险隐患积累、金融乱象以及金融对民营小微企业服务不足等问题。

当前，高质量发展成为全面建设社会主义现代化国家的首要任务，也是构建高水平社会主义市场经济体制的主题，必然需要金融高质量发展与之相匹配，依托金融的功能更好地发挥市场在资源配置中的决定性作用，更好地引导先进生产要素向代表经济社会未来发展方向的新质生产力领域流动。金融服务经济社会高质量发展的主要路径是在金融供给侧结构性改革中，依托数字化，做好科技金融、绿色金融、普惠金融、养老金融、数字金融“五篇大文章”，当好服务实体经济的主力军，服务好经济社会高质量发展函数的关键变量。

（2）以服务新质生产力推动高质量发展

2024 年 1 月，习近平总书记在中共中央政治局第十一次集体学习时进一步提出，发展新质生产力是推动高质量发展的内在要求和重要着力点。这对金融提出了新的要求，意味着新质生产力发展驱动金融服务对象要发生转变。

一是金融机构要从服务企业融资向服务产业生态转变。新质生产力摆脱了传统增长方式，由产业深度转型升级催生，以全要素生产率大幅提升为核心标志，而基于牌照约束的单一融资服务已难以满足产业深度转型升级过程中的综合金融服务需求，也难以体现全要素生产率提升的要求。因此要从企业融资服务转向产业生态服务，通过生态内的生产要素合理流动和配置，实现各个要素综合生产率的全面提升。链式生态金融主要基于数字化和技术创新，实现产业链供应链各方的高效连接，促进各类参与者和流程之间的连接与协作，推动创新链、产业链、资金链、人才链的深度融合。

二是金融机构要从自身产品创新向服务产业创新转变。新质生产力的显著特点是创新，重点是以科技创新推动产业创新。因此，金融机构要转变“以产品为中心”的传统理念，从需求导向出发，转向推动产业创新，通过综合协同直接融资与间接融资、数字金融与传统金融、银行与证券等多种金融资源做好科技金融、绿色金融、数字金融大文章，以金融的力量帮助改造提升传统产业、培育壮大新兴产业、布局建设未来产业，帮助短板产业补链、优势产业延链、传统产业升链、新兴产业建链，进而组链成群，打造适应新质生产力的产业生态。

3. 技术创新驱动服务手段转变

为把握数字化时代新机遇，从服务技术来看，金融机构要从依赖不动产、抵押担保式的“当铺”金融向借助数据、算法的场景金融转变。当前，世界新一轮科技革命和产业变革方兴未艾，全球正在进入万物互联的数字化时代，场景生态成为企业生产、居民生活的重要组成部分。以数据为关键要素、以数字技术为核心动力的新时代生产方式正在蓬勃发展，为推动高质量发展带来了战略机遇。

（1）技术创新下传统金融服务手段的局限性

相较于日新月异的技术变革，依赖不动产、抵押担保式的“当铺”金融模式存在的局限性日渐凸显。一方面，“当铺”金融模式在风险评估上存在单一性与滞后性。这种金融模式主要依据抵押物的价值来确定贷款额度和风险水平，评估方式较为单一。对于许多创新型企业和轻资产运营的企业来说，它们往往缺乏可供抵押的不动产等传统抵押物，但具有高成长性和潜在的高收益性。“当铺”金融模式难以准确评估这类企业的价值和风险，限制了金融资源对新兴经济领域的支持。同时，这种基于抵押物的评估方式对市场变化的反应滞后。在市场环境快速变化、行业竞争加剧或技术创新加速的情况下，企业的经营状况和资产价值可能迅速发生变化，但“当铺”金融模式由于依赖静态的抵押物评估，难以及时调整对企业风险的判断，无法适应新的经济形势下企业的融资需求。另一方面，“当铺”金融模式存在资源配置的低效性。从资源配置的角度来看，“当铺”金融模式容易导致资源错配和低效利用。在传统模式下，大量金融资源集中流向拥有不动产等抵押物的大型企业或传统行业，而那些急需资金支持进行创新研发、市场拓展的中小企业和新兴产业难以获得足够的资金。这使得经济结构调整和产业升级缺乏必要的金融支持，阻碍了经济的创新发展。此外，抵押物的管理和处置需要耗费大量的人力、物力与时间成本。在企业出现违约情况时，金融机构处置抵押物的过程复杂且效率低下，可能导致资产价值进一步受损，影响金融资源的循环利用效率。

（2）依托数据生产要素，从传统金融到场景金融的服务手段转变

金融以技术创新为支撑。技术既是金融自身演变发展的重要驱动力，也是推动金融服务手段和方式迭代升级的重要驱动力。世界新一轮科技革命和产业变革带来了数据的爆炸式增长。在金融领域，数据成为关键的生产要素，引发了信息获取与处理方式的深刻变革，也推动了传统“当铺”金融模式逐步向借助数据、算法的场景金融转变。在场景金融中，丰富多样的数据来源为风险评估提供了多维度的信息。通过互联网、物联网、移动设备等渠道，金融机构可以获取企业的交易数据、经营数据、用户行为数据、市场数据等海量信息。这些数据实时反映了企业的运营状况、市场竞争力和发展潜力，较传统的抵押物信息更加全面、动态。算法的优化进一步推动了金融决策流程的优化提升。从服务手段来看，金融机构需要实现三个转变：

一是金融机构风险管理手段的转变。也就是从依赖不动产、抵质押担保的传统金融向借助数据、算法的数字金融转变。传统金融的风控理念主要聚焦经营的稳定性和担保的易变现性，倾向于服务经营状况和收入利润相对稳定的成熟企业，注重第二还款来源。但在数字化背景下，数据成为重要资产，算法成为重要的风控手段。因此，商业银行必须摆脱传统信贷逻辑下关注企业经营现状与稳定性、担保和抵押等风险缓释手段的路径依赖，转变风险评估理念，构建有别于传统信贷的特色化、差异化风控体系。

二是金融机构获客手段的转变。也就是要从传统的阵地营销、渠道营销等线上、线下获客向场景金融营销等生态获客转变。传统的获客手段主要依赖银行网点的“来客”营销，以及园区、社区、企业的“外拓”营销，营销成本的高企也是对小微企业普惠金融服务质效不高的重要原因。在数字化时代，场景生态成为企业生产、居民生活的重要组成部分，通过技术创新，将一个个独立的生产和生活场景链接为多维生态，在生态中既可以实现批量营销、精准营销，也可以在AI赋能下实现“千人千面”的个性化营销。

三是金融机构经营手段的转变。也就是从传统经营、单一经营向智慧经营、生态经营转变。技术创新为智慧经营、生态经营提供了关键支撑。在金融科技加持下，可以跨越牌照约束导致的单一产品服务，从而在对客户需求精准分析的基础上，为生态内的产业链企业甚至更复杂的不同产业链企业在生命周期不同阶段分别提供精准服务，并根据客户需求开展智慧产品创新，从而提高金融资源的精准匹配度，提供“精准、高效、无感”的金融服务体验，推动生态模式构建和生态价值最大化的金融新范式产生。

4. 客户需求驱动服务方式转变

（1）客户需求个性化、多样化转变推动金融服务方式变革

随着时代发展和社会进步，市场主体的金融服务需求也处在动态变化之中。特别是受移动互联网、大数据以及人工智能等新技术的驱动，市场主体金融服务需求的个性化特色和多元化特征越发显著。例如，对于C端个人客户来说，城镇人口、老龄人口等群体的壮大，激发了创业金融、养老金融等新的金融服务需求；对于B端企业客户来说，随着绿色环保标准的提升，对绿色金融服务的需求增加；对于G端政府客户来说，在智慧政务、数字政府建设、防范化解地方风险、推动特色产业发展等方面金融服务需求也逐渐增加，而且因为各地资源禀赋的不同，具

体需求各异。

过去一段时期，正是因为金融服务的同质化问题较为严重，对客户需求的差异化重视不足，影响了金融服务的质量。这也是中央提出金融供给侧结构性改革和深化金融体制改革的重要原因。尤其是当前，我国处在扩大内需的重要节点，其中就包括金融服务需求。客户是金融机构赖以生存和发展的基础，客户需求更是金融回归本源的动因。正因如此，对客户需求及其变化的洞察与满足，既是金融机构自身赢得市场竞争的前提，也是金融服务经济社会高质量发展的必然要求。

(2) 聚焦场景与生态，满足客户的综合需求

为满足客户日益多样化的需求，金融机构的服务方式需要实现两大转变：

一是从“以牌照为中心”的专项服务向“以客户为中心”的综合服务转变。在我国现有监管体制下，金融业实行分业经营，其优点是能够有效隔离风险传染，其不足是各家金融机构只能“以牌照为中心”“以产品为中心”提供专项服务。然而，客户需求是动态的、多样性的，尤其是随着产业转型升级不断深化，单一专项服务越来越难以满足客户的综合服务需求，也越来越难以满足客户对自身价值的不断追求。因此，需要建立“以客户为中心”“以用户为中心”提供综合金融服务的理念和方式。在具体做法上，既要将客户经理队伍打造为具备多领域专业知识、能够为客户提供一站式解决方案的“综合型选手”，也要对不同牌照的金融机构资源进行综合协同。

二是从单个触点的互动服务向“端到端”的客户全旅程体验服务转变。现有金融服务方式往往是以融资为主的单触点服务，一次授信业务完成后，银企互动相对较少。因为市场瞬息万变，所以客户需求也是动态变化的，尤其是我国正在架构新的现代化产业体系，传统产业的转型和新兴产业的形成都需要金融机构提供“端到端”的全旅程体验式服务，以感知客户、服务客户和满足客户。

链式生态金融的价值意义

随着我国经济从高速增长阶段转入高质量发展阶段，新旧动能转换持续加速，存量和增量交织不断演化。过去依赖大规模要素投入的粗放型增长模式已难以为继，社会资源盘活需求凸显。从经济结构优化方面，传统产业资源错配、利用效率低，需重新整合，向高附加值产业引导；从资源稀缺与可持续发展层面，全球资源紧张，需盘活被闲置或未充分利用的资源潜力，减少对新资源的依赖，促进经济可持续发展；从市场竞争与创新驱动维度，创新受资源瓶颈限制，需盘活资源以打破壁垒，促进资源向创新主体流动；从社会发展与民生保障视角，需盘活资源引导社会资金流入资源不均、利用不足的领域，提升基础设施和公共服务水平，促进社会公平和谐。面对高质量发展下资源盘活的需求，链式生态金融作为数字技术和生态共建合力驱动的金融范式创新，借助数字化手段，发挥金融的资源配置功能，能够有效撬动社会资源更高效、更平稳、更全面地配置，进一步推动经济社会高质量发展。

1. 盘活资源、高效配置，推进多方协同的发展

（1）基于数字化的资源集聚与价值生成

一方面，借助链式生态金融中的数字化技术核心，在多个主体间加速实现横向协同与纵向贯通，有效激活资产价值，实现从“沉睡”到“觉醒”的质变。在数字化背景下，数据作为新型生产要素的地位越发重要，在金融、工业、能源、医疗、交通、电信等数据密集型行业中尤为突出。在链式生态金融的框架下，数据资产的运营与变现能够推动数据资产权益在特定行业领域及经营主体间以入股、质押等创新形式流转，从而促进公共数据和产业数据以资产价值的面貌与方式实现多元化流通，激发数字产业新业态，为数字经济发展与数据要素市场建设提供更强动力。

另一方面，依据链式生态金融的网络，基于网络外部性与乘数效应推动资源“量”的聚集和增值。在链式生态金融模式下，各主体间的网络联系展现出动态多维特性。依据直接网络外部性的原理，生态体系内部的资源汇聚遵循梅特卡夫定律，生态网络价值随着节点数量的增加呈平方级增长。因此，随着链式生态金融参与主体的持续增加，直接网络外部性的影响力越发凸显，进而促使资源种类与数量的双重扩充。同时，间接网络外部性在促进生态内部产品与服务互补方面发挥了重要作用。在链式生态金融体系中，在资源集聚“量变”加持下，金融创新为企业资源整合提供了新工具，企业技术创新与业务拓展也反向激发了金融服务的新市场。这种基于双向互动与协同创新的机制，确保资源在循环往复的过程中实现价值的不断提升与深化。

此外，链式生态金融中多方主体共同参与，打破信息壁垒，降低信息不对称带来的交易成本，提高决策效率。例如，通过将产业链上各企业紧密相连，对从原料供应、生产制造、产品销售到售后服务等全流程信息实施数字化整合，以信息共享机制极大地提高透明度，促进资源的有效利用。

（2）基于生态网络系统的资源整合与优化配置

一是资源的精准匹配和定位。链式生态金融借助数字化技术，能够实现生态中各个参与者的链接重构，突破数据孤岛这一传统金融数字化转型中的桎梏，并依托大数据与人工智能促进决策优化，依托区块链技术形成信任生态，从而让生产要素更快速、更高效地流动，提高资源配置效率，提升系统整体功能，进而在宏观层面推动整个经济系统朝着更有序、更高效的方向发展。

二是平台经济模式下的资源整合。在链式生态金融关系中，以平台为核心枢纽，凭借网络外部性整合各类分散资源，构建起规模庞大的资源池。不同类型资源、不同主体之间通过信息交流、合作往来等互动机制可以产生协同效应。随着时间的推移，这种协同效应在市场机制和内在联系的驱动下，依据市场信号和相互间的契约关系，逐渐形成自发调整资源配置和合作方式的自组织性。通过协同效应和自组织性，资源在这个共同体中得以整合，实现效益的最大化。

三是共享经济模式下资源利用率提升。共享经济的核心是实现资源所有权与使用权分离，资源所有者可以将闲置资源的使用权让渡给其他有需求的主体，在不改变资源所有权的前提下提高资源利用率。链式生态金融以利益共享机制为内在动力源泉，在链式生态关系中，这种所有权与使用权的分离模式能够促进资源在不同企业、不同环节之间的流动，实现资源的动态优化配置。

（3）基于多方协同的可持续发展

一是多方参与，从合作博弈到和谐共生。在不考虑外部性作用下，社会中的个体都从最大化自身期望效用的角度进行决策，在静态信息博弈下实现短期局部最优，达到个体期望效用最大化的纳什均衡点。但在“生态”整体视角下，尤其在数字化背景下，社会的生产函数、风险都存在全新转变。上述博弈过程忽视了社会发展的全局性和个体风险的负外部性。因此，静态的纳什均衡无法最大化所有博弈者期望效用总和，难以达到全局帕累托最优。而链式生态金融从全局的、动态的视角审视数字化背景下金融的社会价值实现，构建一个多方博弈的动态平衡，对实现“集体理性”，实现技术革新的外溢效应和民生共进、与大众共享具有重要价值。

二是依托数字化手段的整体风险观，有效防范化解发展变局下的风险。在复杂经济环境中，发展充满了不确定性与变数，而链式生态金融依托数字化手段构建整体风险观，展现出强大的风险防范与化解能力。一方面，依托数字技术重构企业信用，解除金融业在服务产业中面临的信用和成本桎梏，形成多源数据融合下的风险洞察。传统的风险管理模式往往依赖有限的历史数据和静态分析方法，而数字化技术可以整合多源数据，包括客户的交易数据、行为数据、社交数据等，从而构建更加全面和准确的客户画像，实现风险的精细化管理。同时，通过实时监测和分析，及时发现潜在风险因素，提升风险预测的准确性和前瞻性。另一方面，基于共生理论，在链式生态金融中各方不再是单纯的竞争关系，而是相互依存、共同发展的协同关系。这种协同发展关系可以从金融延伸到实体经济，亦是从整体风险观把控风险的依据，促使各方共同应对风险，形成跨主体协同的风险应对机制，增强整个金融生态系统的稳定性和抗风险能力。

2. 培育新质生产力，推动破旧立新的发展

按照马克思主义经济学，数字化转型的本质是生产力和生产关系的重构。发展新质生产力，必须形成与之相适应的新型生产关系。在"数"的概念下，数据、数字等是关键生产要素，是生产力的一部分，尤其是对于新质生产力而言，生产要素的创新性配置是其三大催生因素之一。而以"数"为支撑的链式生态金融，构建和反映了经济活动中金融机构、企业、社会等主体之间的新生产关系。从这个意义上讲，在数字化背景下形成了一种以数据要素为主的新生产力和以链式生态金融为主的新生产关系。此外，数字化能够通过数据信息的形成和共享，让这种新生产力与新生产关系更好地结合起来，从而减少和降低经济活动中的信息摩擦与制度性交易成本，提高全要素生产率。

从国内经济结构来看，过去粗放式发展模式积累了大量结构性问题，包括产业结构、动力结构、收入分配结构、城乡与区域结构等方方面面，亟须转变发展方式。如何在世界经济增长即将实现革命性转换之际突出重围、凤凰涅槃？坚持"破旧立新"、实现新旧动能转换无疑是突破口。"破"的旧模式主要体现在两大领域：第一，高负债，主要集中在房地产、地方基建等高债务密度的行业和领域。第二，高耗能，主要集中在消耗大量资源、带来环境污染的碳排放行业。只有做好"破"的文章，坚决淘汰落后动能，才能腾出"笼子"，让优质资源向高端产业和创新项目集中，为培育新动能释放空间，才能做好"新"的文章。

以新发展理念为统领，坚持"破旧立新"、实现新旧动能转换，除了在生产力层面要充分考虑新质生产力与传统生产力的结构，在生产关系层

面还要充分考虑虚拟数字经济和实体产业经济的结构、传统产业和未来产业的结构等。链式生态金融立足生态发展的整体，以全局的、长远的、立体的视角，基于数字化创新手段，形成金融资源与科技创新的深度结合，不仅促进新兴行业的发展、激发经济增量，也聚焦传统产业升维新质的路径，盘活经济存量，其既是一种新型生产关系，也反过来促进了新质生产力的形成和发展。

一是加快培育新质生产力，为构建现代化产业体系注入强大动力。在全球经济竞争日益激烈、科技发展日新月异的大背景下，要把培育和发展新质生产力与构建现代化产业体系更好地结合起来。发展新质生产力与构建现代化产业体系是“一体两翼”，二者相辅相成、互为促进，现代化产业体系是培育和发展新质生产力的重要载体与平台，新质生产力是现代化产业体系建设的重要动力源泉，培育和发展新质生产力必须构建与其相适应、相匹配的现代化产业体系。加快培育和发展新质生产力，对我国开辟发展新领域新赛道、建设现代化产业体系、抢占全球新一轮产业发展制高点至关重要。在这个过程中，以技术的革命性突破、生产要素创新性配置等为关键驱动，是强大的经济驱动力和变革力量。链式生态金融正是以生产要素创新性配置为核心，依托数字化手段，通过融合政府、金融、产业、企业、社会等多维生产要素，通过优化组合、创新配置激活新质生产力，并实现产业跨维突破，形成综合链式生态，从而构建新质生产力发展生态，为推动现代化产业体系建设“蓄势赋能”。

二是助力传统产业提质升维，提升经济发展韧性。传统产业往往是资源集约型产业，在要素成本上升、资源约束趋紧的背景下，许多传统产业的比较优势正在逐步消失，但传统产业不代表落后生产力，并不能将之与落后产能画等号，其在国民经济和社会发展中仍具有重要作用。发展新质生产力也不意味着忽视、放弃传统产业，而是要用新技术改造提升传统产业，提高全要素生产率，催生新质生产力，重塑竞争优势。在这一过程中，金融作为现代经济的核心，服务传统产业升维新质是金融服务高质量发展的应有之义，也是新时代金融的站位和定位要求。链式生态金融以生态共建为目标，通过融链、补链等方式带动传统产业向新质生产力升维。其一，在链式生态中充分发挥传统产业原有要素的价值，实现传统产业内部原有的劳动者、劳动资料、劳动对象及其优化组合的跃升。其二，在链式生态中通过数字化手段充分挖掘传统产业新要素的价值，激活传统产业经营活动中所产生的数据等新型生产要素价值，在传统产业内部培育新兴业态。其三，在链式生态中基于生态网络整合多维要素价值，推进传统产业与新兴产业之间的协同融合，让各类先进优质生产要素流向传统产业，创新发展模式。

3. 弥合数字鸿沟，推动普惠均衡的发展

链式生态金融在解决数字鸿沟带来的社会发展不平衡问题上具有重要意义。通过实施帕累托最优改进，可以有效提升弱势群体、弱势区域的经济参与度，缩小不同社会群体、不同地区之间的差距。

从产业发展的角度来看，链式生态金融的丰富性有助于削弱数字鸿沟对产业发展的影响。在数字化进程中，受理念、技术、市场、政策等多种因素的影响，不同地区之间、不同产业之间以及同一产业中不同企业之间的数字化发展程度不均衡，从而产生数字化进程不同带来的“鸿沟”。从生产要素流动和生产资料配置来看，这会导致产业内部耦合、产业之间“平面”联合和融合的难度加大，从而制约现代产业体系的构建。链式生态金融通过建立产业内部、产业之间不同层级和不同维度的“立体”生态群落，使得不同地区、不同产业和不同企业的资源要素都能够在这个生态中找到对应维度的关联要素，从而实现新的要素组合。同时，在新质生产力要素的引领、带动和帮助下，能够促进落后地区、落后产业和落后企业提升数字化水平，从而弥合数字鸿沟，不仅帮助落后地区、落后产业获取更多资源与机会，还提升整个链式生态的健康可持续性，促进经济高质量发展。

从社会发展的角度来看，通过服务的普惠性、均衡性缩小数字鸿沟带

来的发展差距。经济发展与社会发展密不可分。在数字化进程中，大型企业和小微企业的数字化转型存在明显差距，而且这种差距呈现越来越大的趋势。不同体量的金融机构数字化转型所处的阶段和取得的成效也不一样，并且金融对不同社会主体的服务存在明显差异，对社会薄弱环节、弱势群体的触达不全面、服务不充分，金融服务的基础性、保障性、均衡性不够。链式生态金融坚持“以客户为中心”的理念，通过生态金融的方式，将这些主体融入生态金融网络之中，一方面通过算力和模型实现精准触达，另一方面通过行为数据、交易数据实现精准风控，从而在一定程度上消除抵质押物差异带来的金融服务差异，进而消除数字鸿沟带来的差异，实现弱势主体与强势主体在生态中的共生，从而提高金融服务的质效，推动社会的均衡发展、全面发展，实现共同富裕，进而提升社会整体的稳定性与和谐度。

第五章
链式生态金融的技术驱动

麦肯锡在《Fintech 2030：全球金融科技生态扫描》中指出，人工智能、区块链、物联网等关键技术将持续影响金融科技总体发展趋势，驱动业务模式重构，并左右金融业竞争格局。链式生态金融作为一种技术创新驱动的金融模式，逐渐成为金融业竞争的重要领地。本章将探讨数字技术如何成为链式生态金融发展的核心驱动力，并分析其在实际应用中的重要作用，以及如何推动金融服务的创新和升级。首先，深入剖析云计算、大数据、物联网、区块链和人工智能等技术如何推动金融行业的变革，并具体展示这些技术在链式生态金融中的应用价值和实践案例。重点阐述技术不仅作为工具，更是推动链式生态金融发展的核心动力，为金融机构带来全方位的能力升级。其次，聚焦平台化服务，探讨其作为链式生态金融重要载体的角色和功能，具体从技术平台、业务平台与合作平台三个维度全面解析平台化如何重新定义银行业务和服务，以及如何为用户提供高效、灵活的综合金融服务。最后，详细阐述链式生态金融中技术运用的价值目标，包括方案定制化、风控智能化、渠道一体化、服务全面化和主体协同化五大技术价值实现。通过对具有这些特征的技术应用的目的和价值进行讨论，本章揭示了链式生态金融如何在提高金融服务效率、降低成本、优化客户体验等方面发挥其独特优势，并探讨了这些技术应用如何共同塑造了一个更加高效、稳定和共赢的金融生态圈。

数字技术是链式生态金融的核心驱动力

在数字化时代，金融行业正在经历数字技术带来的深刻变革。链式生态金融作为一种新兴的金融模式，同样受益于云计算、大数据、物联网、区块链和人工智能等数字技术的发展。本节将深入探讨这些数字技术如何成为链式生态金融的核心驱动力，并通过实际应用场景展示其如何促进金融服务的创新和升级。

1. 云计算强化金融算力保障

云计算是一种通过互联网方式按需提供算力、存储、应用软件以及模型等计算资源的模式。这种服务模式具有高弹性、便捷性和按需付费等特点，已经成为金融行业不可或缺的技术基础设施。云计算能够有效降低金融企业的 IT 基础设施成本，同时提供强大的计算能力，能够满足高频交易、实时风控以及即席查询等高算力需求。

首先，按需付费是云计算的一个核心特征。用户只需为他们实际使用的计算资源付费，就像水电费一样，避免了大量的固定投资。其次，云计算具有很高的扩展性和弹性，通过将大量的计算资源整合到一个共享池，用户可以根据自己的需求动态地配置和使用这些资源，如增加或减少服务器数量、调整存储空间大小等。最后，云计算具有很强的便捷性，可以实现快速部署和交付。用户可以根据需要快速获取所需的计算资源，无需漫长的等待和复杂的配置过程，同时用户可以使用各种设备（如电脑、手机、平板电脑）随时随地访问云服务。

云计算按照部署模式可以分为私有云、公共云和混合云。私有云是一种专为单个组织设计的云基础设施，为组织提供高度的自定义性和控制力，确保了数据和应用程序的安全性与隐私性。公共云是一种向大众公开提供的云基础设施，由提供云服务的组织拥有和管理。公共云以其高成本效益、易于扩展和无须维护物理基础设施的特点，受到众多企业的青睐。阿里云、华为云、Amazon Web Services（AWS）和 Microsoft Azure 是市场上较具代表性的公共云服务提供商。而混合云结合了私有云和公共云的优势，它由两个或多个不同的云基础设施组成，通过标准化或专有技术，不仅保持了云环境独立的实体，而且能够协同工作，实现数据和应用程序的可移植性，为组织提供了更加灵活和高效的解决方案。

云计算按照服务模式分为基础设施即服务（IaaS）、平台即服务（PaaS）和软件即服务（SaaS）。IaaS 为用户提供了对计算资源的访问服务，包括服务器、网络、存储和数据中心空间等，用户可以控制操作系统、存储和部署的应用程序。这种模式使得用户能够根据需要快速扩展资源，而无须投资物理硬件。例如，阿里云的云服务器 ECS、Amazon EC2 和 Microsoft Azure Virtual Machines 就是 IaaS 的典型代表。PaaS 提供了一个用于开发、运行和管理应用程序的平台，用户无须管理底层的基础设施，但可以控制应用程序及其托管环境的配置。PaaS 简化开发流程，让开发者能够专注于应用程序的编码和设计，而不是基础设施的维护。阿里云的 Serverless 应用引擎、Google App Engine 和 AWS Elastic Beanstalk 是 PaaS 的商业化产品实例。SaaS 提供了一种通过网络访问的软件应用程序模式，用户无须管理任何基础设施，包括网络、服务器、操作系统、存储甚至单个应用程序配置。SaaS 模式使得用户可以通过简单的客户端界面使用软件。钉钉、Salesforce、Google Workspace 和 Microsoft 365 等是 SaaS 服务提供商的典型代表。不同类型的云服务模式极大地改变了企业使用和管理软件的方式，帮助企业实现降本增效。

在链式生态金融的复杂网络中，众多参与方的频繁交易产生了庞大的数据量，这对算力提出了极高的要求。云计算技术为链式生态金融体系提供了强有力的算力保障。通过云计算，算力资源得以按需扩展，这意味着金融机构可以根据业务需求的变化，灵活地调整计算资源，确保即使在交易高峰期，也能够高效地处理海量数据，保持服务的流畅性和稳定性。此外，云计算平台的搭建为链式生态金融中的各参与方提供了一个统一的技术基础设施，这极大地促进了信息共享和协同合作。各参与方可以在云端共享数据和服务，打破信息孤岛，提高整个生态系统的运作效率。基于统一云平台的协同合作不仅加深了各方之间的联系，也为创新金融产品的开发和服务的优化提供了可能。同时，云计算技术的应用还显著提升了链式生态金融的安全性。云服务提供商通常拥有完善的安全措施和领先的技术团队，能够提供专业的数据加密、访问控制和灾难恢复等服务，从而增强了数据和系统的安全性。安全性的提升对保护金融交易中的敏感信息、维护客户和金融机构的权益至关重要，也为链式生态金融的健康发展奠定了坚实的基础。

案 例

建设银行的“建行云”

建设银行的“建行云”在金融科技领域取得了显著的应用成效。在技术层面，“建行云”是整体规模和服务能力领先的云计算平台，算力规模达到463.34 PFlops，同比增长17.09%，其中新型算力占比超过20%。“建行云”计算系统不仅获得了亚洲区“最佳云计算项目”奖，还通过了国家云计算服务安全评估，是国有大行中唯一通过此评估的平台。“建行云”还整合了IaaS、PaaS和SaaS，搭建了符合行业监管和金融级标准要求的金融技术底座。通过这些措施，“建行云”不仅服务于建设银行集团，还赋能中小银行的数字化转型，为中小银行数字化转型提供一站式行业云化整体解决方案。在业务赋能层面，“建行云”成功支持了多个金融科技项目。例如，对公客户综合融资管理系统成功上线，覆盖全集团、全客户、全业务，实现了授信额度及非授信投融资限额管理。此外，“建行生活”平台交易量峰值达28.77万笔/秒，而“建行惠懂你”App 4.0升级后，提供了更智能、贴心、多元的服务体验。此外，“建行云”在智慧政务和农村金融服务方面也发挥了重要作用。例如，“裕农通”App为农民提供智慧村务、电子商务、便民事务和基础金融服务，注册用户近1400万户，累计发放贷款近1000亿元。网点通过智慧政务平台可办理8000余项政务服务事项，助力提升政府治理能力。

2. 大数据提升金融服务精准性

与传统数据业态相比，大数据具有3V特征，即体量大（Volume）、类型多（Variety）、速度快（Velocity）。大数据来源于多种渠道，包括社交媒体、交易记录、传感器数据等，其核心在于能够从大规模、复杂的数据集中提取出有价值的信息，以更好地支持决策制定、业务流程优化和战略规划。大数据技术为金融行业带来了大量高价值的数据资源和先进的分析手段。

金融机构通过深入分析客户的行为模式和消费偏好，能够构建出精准的客户画像。这不仅有助于金融机构进行市场细分，还能够更好地理解客户需求，从而设计出更加个性化的金融产品和服务。基于数据的客户洞察为金融市场的精细化运作奠定了坚实的基础。在风险管理领域，金融机构利用大数据分析技术，可以更加准确地预测信用风险和市场风险，优化风险控制模型。风控能力的提升使得金融机构能够在复杂多变的市场环境中，实现更加稳健的经营，有效规避潜在的风险。大数据的运用还为金融产品创新注入了新的活力。大数据可以用于发现潜在的商机和市场需求，金融机构可以根据数据洞察的结果，开发出满足客户多样化需求的新产品和服务。这不仅增强了金融机构的市场竞争力，也为客户带来了更加丰富和便捷的金融体验。

链式生态金融强调精准匹配和个性化服务，大数据能够充分发挥其价值。在链式生态金融中，通过对供应链上下游企业的数据分析，金融机构可以准确评估企业的信用风险。例如，银行利用大数据分析技术，实时监控供应链中各企业的生产和销售数据，动态调整信用额度，降低信贷风险。同时，通过对生态系统内的交易和行为进行实时监控，金融机构能够及时发现异常情况，有效防范欺诈行为和风险事件的发生。这种能力的提升，不仅保护了客户的资产安全，也为整个链式生态金融的稳定运行提供了坚实的技术支持。在农产品供应链金融中，大数据技术被用来分析天气、市场价格和物流信息。银行可以利用这些数据，帮助农户和金融机构更好地进行风险管理和决策，提高农业金融服务的效率和效益。

案 例

中国银行“艾达”大数据风控平台

“艾达”大数据风控平台整合了结构化数据和非结构化数据，利用大数据和人工智能技术重塑业务流程与风险管理模式。通过大数据建模进行风控管理，打通了数据孤岛，提升了行内存量数据的价值。

“艾达”系统依托风险数据集市及相关系统，支持单一及组合层面的风险监控和预警、风险计量和报告、风险模型训练等应用功能。同时，该系统利用大数据和人工智能语义分析技术，整合行内信息与外部互联网数据，通过企业画像和关联关系挖掘，为风险管理提供支持。平台结合联邦学习等隐私计算技术，利用银行和互联网机构两方面数据（其中银行侧的数据包括历史还款信息、征信数据等，互联网机构侧的数据包括用户数据和黑灰产名单库数据等），进行更加准确的风险评估、客户画像分析等操作。

在实施效果方面，“艾达”系统显著提升了企业运营效率，节约了时间和成本。它能够实时监控交易数据，识别恶意用户和欺诈行为，并及时预警和处置，有效降低授信风险，挽回资金损失。此外，“艾达”系统在风控等部门相关业务场景中效果卓著，有效解决了虚假注册、“薅羊毛”、营销套利等问题。

3. 物联网拓展金融服务边界

物联网（IoT）是指通过各种信息传感设备，将物品与互联网连接，实现智能化识别、定位、跟踪和管理，其特点包括广泛的连接性、实时的数据采集和远程控制。物联网技术通过将各种物理设备连接到互联网，实现了实时的数据采集和传输，极大地拓展了金融服务的边界。物联网所带来的物理连接和实时监控，使得金融机构能够获得更多维度的数据，从而提供创新的金融服务。

在金融领域的创新实践中，物联网技术的应用日益深入。金融机构可以利用物联网技术实时监控抵押品和资产，有效降低信用风险。例如，银行通过安装在车辆上的传感器，可以实时了解抵押车辆的地理位置和使用状况，从而更好地管理贷款风险。保险业也在利用物联网数据进行动态定价，根据车辆的行驶速度、路线等实时数据，为用户提供个性化的保险方案，实现保险的动态定价。此外，智能支付和交易也变得更加便捷，用户通过可穿戴设备、智能终端等进行快速支付，大大提升了金融服务的便利性。

物联网技术在拓展链式生态金融服务边界方面发挥着重要作用。物联网设备通过实时监控货物和物流，提高供应链的透明度，使金融机构能够更准确地了解供应链运行状况，降低信息不对称带来的风险。同时，金融机构可以根据物联网数据实时掌握企业的生产和销售情况，进行动态信用评估，为企业提供更加精准的金融服务。基于物联网数据的丰富性和实时性，金融机构还能开发出新型金融产品，如租赁、融资租赁等，满足市场和客户的需求，进一步拓宽金融服务领域。

案 例

平安银行星云物联网操作系统

2022 年，平安银行与中国信息通信研究院协作启动打造星云物联网操作系统（星云 IoT OS）。该系统依托星云物联网平台跨厂商、跨设备的数据连接能力，旨在打造一个跨行业、跨应用的产业互联操作平台，将数字化经营能力反哺企业。企业可以将数字化经营能力反哺自身，从而提升生产经营效率和产业互联服务水平；同时，为中小微企业提供了一站式的设备管理、生产经营与产业互联服务，解决了中小微企业融资难、融资贵的问题。

星云物联网操作系统通过多种技术手段有效解决了银企信息不对称的问题。首先，平安银行的“星云物联网平台”将物联网与其他数字技术深度融合，构建了全流程反欺诈和风控模型，这些技术的应用使银行能够实时掌握物品的形态、位置等信息，实现信息资源的共享。通过大数据建模分析，提升了中小微企业价值评估的精准度，保证了供应链融资的安全性。其次，“星云物联网平台”利用海量多维数据，创新融资模式，以“数字信用”补充抵质押信用，为处于产业链末端的中小微企业提供线上化、模型化、自动化金融服务。最后，平安银行通过“星云物联网平台”感知、收集经企业授权的大量实时数据，并将数据反哺给企业使用。这种数据共享机制有助于金融机构更好地评估企业的生产经营能力和还款能力，从而优化审批流程和贷后监控。

在产业应用方面，平安银行的“星云物联网平台”将物联网科技与区块链、人工智能、边缘计算等新兴数字科技相融合，形成了一个智能平台。在该平台的支持下，平安银行在智慧制造业、智慧车联、智慧农业、智慧物流、智慧能源等领域落地了全新的金融产品和服务模式，接入设备超过60万台。同时，“星云物联网计划”还通过对大宗商品、工业设备、交通工具等实物资产进行网络化、数字化、智能化的管理，助力企业数字化转型。

4. 区块链重构信用传导机制

区块链是一种分布式账本技术，具有去中心化、不可篡改和可追溯等特点，其通过密码学和共识机制，确保数据的安全和可信，从根本上解决了信任问题。因此，区块链对金融行业信用机制的构建具有革命性的价值。在链式生态金融中，区块链通过构建一个可信的、共享的数据库，记录所有参与方的交易信息和信用数据，从而降低信息不对称带来的风险，提升交易效率。

在金融领域，区块链技术的应用场景日益丰富。在跨境支付与结算方面，区块链技术能够减少中间环节，提高交易速度和透明度，从而为跨境交易提供更加便捷和可靠的解决方案。智能合约的应用则实现了合同条款的自动执行，大幅减少了人工干预和错误的可能性，提高了金融合同的执行效率。此外，利用区块链技术实现数字身份认证，保障了用户身份的安全和隐私，为金融交易提供了更加坚固的安全保障。

区块链技术在重构链式生态金融的信用传导机制方面发挥着关键作用。首先，它通过分布式账本建立了信任基础，所有参与方共享统一的数据源，这增强了各方之间的信任度。其次，区块链技术的应用减少了中介机构的参与，从而降低了交易和信用评估的成本，这对金融机构来说是一个巨大的优势。最后，智能合约的自动执行提升了交易效率，资金和信息在链上的流转速度大大加快，这不仅优化了金融服务的体验，也为金融市场的运作注入了新的活力。通过这些方式，区块链技术逐步重构金融领域的信用传导机制，为金融行业带来了深刻的变革。

在链式生态金融中，供应链金融平台利用区块链技术，将供应链中各企业的交易记录、合同和物流信息上链，形成一个不可篡改的信用体系。金融机构可以基于链上的数据，快速进行信用评估和决策，降低了信息不对称和信用风险。在贸易金融场景下，银行使用区块链智能合约，通过预先设定的代码，实现合同条款的自动执行，包括触发付款、交货和所有权转移等操作，减少了人工干预和错误率，提高了交易效率。

案 例

江苏银行苏银链 3.0 服务平台

江苏银行基于 Hyperledger Fabric 自主研发了苏银链 3.0 服务平台。该平台利用发布—订阅模式的消息传输通道，实现了数据的保密性和业务隔离。同时，江苏银行还开发了为对外系统提供接口的服务，实现了与合作单位系统的交互。

首先，苏银链 3.0 服务平台运用物联网技术获取企业关键生产要素数据，通过区块链技术进行数据安全可信传输，建立企业数据模型；其次，平台显著提升了风险预警能力，基于平台的物联网动产质押项目实现了数据的实时监控和分析，提高了银行的风险管理能力；最后，平台扩大了普惠金融覆盖范围，区块链技术的应用打破了银行在质押贷款业务模式、贷中贷后管理、风险控制等方面的局限，使得银行敢于在动产质押领域投放贷款。

在运营成效方面，通过苏银链 3.0 服务平台，企业能够全线上完成借款、提款、还款、质押、解押等流程，实现了 7×24 小时随借随还，全流程最快仅需 2 分钟。江苏银行将第三方物联网动产监管信息数据共享到银行区块链，提升了物联网动产质押风控水平。平台确立了“物联网 + 区块链”相结合的动产质押创新模式技术解决方案，成功解决了中小微企业融资难、融资贵、融资烦、风控难的问题，提高了风险预警能力，并将贸易、货物与资金等信息串接，形成了企业真实经营视图。江苏银行计划在苏银链 3.0 服务平台的基础上，进一步探索物联网技术在其他场景的应用，如与大型仓储企业合作，将“金融 + 科技”业务模式延展到更多特色产业链，探索物联网动产质押系统模式在新场景的应用。

5. 人工智能革新金融服务范式

人工智能通过机器学习、深度学习、大模型等技术，模拟和延伸了人类的智能活动。尤其是随着大模型技术的飞跃式发展，人工智能从判别式 AI 阶段迈入生成式 AI 阶段。生成式 AI 大模型，包括 GPT－4o、Gemini 1.5 以及文心大模型 4.0，是基于深度学习技术的大规模神经网络模型。在数据、算力、算法驱动下，大模型展现出革命性的能力跃迁，即涌现能力，这使其具备了良好的指令理解、内容生成、泛化和迁移、逻辑链等性能，并且能够完成文本撰写、代码生成、对话互动等多种任务。根据麦肯锡的测算，GenAI 未来对全球银行业产生的价值达 2000 亿～3400 亿美元，占行业年收入的 2.8%～4.7%。基于强大的理解、生成、逻辑和记忆能力，大模型既能在重复性较高、简单基础的任务中用来“替代人”，又可以作为助手有效提升个人的工作产能，实现“赋能人”。

具体来讲，人工智能可以实现自动化决策、智能客服、风险预测等功能，帮助金融机构提升效率、降低成本、优化服务，并创造新的商业模式。在金融领域的实践中，人工智能的应用已经渗透到多个层面。智能投顾服务利用人工智能技术，根据客户的风险偏好和财务目标，提供个性化的投资建议，使得财富管理服务更加精准和高效。在反欺诈检测方面，人工智能通过模式识别技术，能够实时发现异常交易和欺诈行为，极大地提升了金融安全水平。同时，人工智能对客户服务体系具有重塑意义，智能客服助手和聊天机器人的运用能够显著提高客户服务效率，降低人力成本。

人工智能对变革链式生态金融服务范式具有重要作用。在信贷审批和风险控制等关键环节，引入 AI 算法实现决策的自动化和智能化，不仅可以提高处理速度，还增强了决策的准确性。此外，人工智能技术通过个性化推荐和智能客服，能够显著提升客户体验，并改善客户与金融机构之间的互动质量。更重要的是，人工智能在数据价值挖掘方面的能力使得金融机构能够深度分析生态系统多维度、多模态的数据，从而发现新的商机和优化运营策略。人工智能技术为金融服务范式的革新提供了强大的动力，推动了金融行业的持续发展和创新。

案 例

招商银行“AI 小招”智能财富助理

招商银行一直以来积极探索人工智能技术在财富管理领域的实践应用，并逐步构建起强大的竞争优势。招商银行早在 2016 年就推出了基于人工智能的智能投顾产品“摩羯智投”，该产品利用机器学习算法，结合公募基金进行全球资产配置，为客户提供智能基金组合配置服务。2021 年，招商银行推出了名为“AI 小招”的智能财富助理，这是基于大数据技术、知识沉淀与机器训练的系统。它能够为客户提供收益查询、涨跌分析、市场热点解读、产品推荐和资产配置建议等综合财富管理服务。AI 小招具备多轮会话交互能力，可以提供7×24小时的财富陪伴服务，帮助客户实现个性化和精准的理财服务。

随着大模型技术的快速发展，生成式 AI 成为各个行业智能化变革的重要技术生产力。招商银行与智谱 AI 合作，将 GLM－130B 大模型应用于财富管理领域，赋能 AI 小招产品，取得了显著成效，具体应用场景包括智能财富顾问和数字产品管理等。此外，招商银行还自研了百亿参数的大模型，用于专业场景中的财富管理。内外部大模型的应用共同在零售、批发及中后台等多个业务领域实现了智能化升级。

总体来看，数字技术的融合与创新，正在全方位驱动链式生态金融的发展。云计算提供强大的算力支持，大数据提升服务的精准性，物联网拓展服务的边界，区块链重构信用传导机制，人工智能革新服务范式。这些技术相互协同，构建了一个高效、智能和可信的金融生态系统。未来，随着数字技术的不断突破，链式生态金融将迎来更广阔的发展空间，推动金融行业的深度变革。

平台化是链式生态金融的重要载体

平台化服务是创新应用数字技术，联通各类应用系统，重新定义银行业务和服务，通过标准化、模块化、组件化和场景化的方式构建数字化、智能化、互联化的平台，创新业务流程和商业模式，为用户提供开放、高效、灵活、共享、极致的综合金融服务。平台化服务不是一项产品或业务，而是一种新型经营理念和创新模式，是“科技＋金融＋行业＋客户”

的综合服务平台，集技术应用、银行业务、客户需求于一体，具有无限的扩展性和应用空间，为整个生态链提供超预期的新型金融服务。平台化包括技术平台、业务平台和合作平台三个方面，以下从这三个方面对链式生态金融的载体平台进行全面、深入的讨论。

1. 技术平台构建金融数字底座

技术平台是指基于信息技术手段和工具，为金融业务提供基础支持的系统架构和服务环境。技术平台是平台化服务的基础设施，它为整个服务体系提供了必要的技术支持。内部数字底座包括强大的服务器、存储系统和网络资源，它们是平台运行的物理基础。外部服务能力涉及 APIs、SDKs 等技术工具，这些工具为第三方开发者提供了与平台进行交互的途径。

技术平台以平台方式提供底层技术支撑，赋能上层业务应用。强大的技术平台具备四大关键特性：分布式架构、云原生技术、数据安全与隐私保护以及开放接口。采用分布式架构可以提高系统的可扩展性、容错性和安全性。例如，使用微服务架构可以将复杂的金融系统拆分成多个独立的服务，每个服务都可以独立部署和扩展，从而提高系统的灵活性和稳定性。蚂蚁集团的 OceanBase 数据库就是分布式架构的一个成功案例，它支撑了支付宝的海量交易。云原生技术，如容器化、DevOps、Serverless 等，可以提高系统的自动化水平和资源利用率，加快应用迭代速度。例如，平安银行利用云原生技术构建了新一代核心系统，实现了系统的快速迭代和弹性扩展。在数据安全与隐私保护方面，金融行业对数据安全和隐私保护要求极高，技术平台必须具备完善的安全机制，如数据加密、访问控制、安全审计等。在开放接口方面，开放 API、SDK 接口体系可以方便不同系统之间的互联互通，促进数据共享和业务协同。例如，银行开放 API 接口允许第三方开发者在其平台上开发金融应用，从而丰富了金融生态。

技术平台的价值主要体现在降低成本、提高效率和促进创新三个方面。首先，技术平台的共享和复用能力显著降低了金融机构在 IT 投入和运营方面的成本。通过集中管理和优化资源，金融机构避免了重复投资，实现了成本的有效控制，这对于保持良好的财务状况和市场竞争力至关重要。其次，自动化和智能化技术的应用大幅提高了业务处理的速度和准确性。在传统金融操作中，许多流程需要大量的人工干预，不仅效率低下，而且容易出错。引入技术平台能够实现流程自动化，不仅缩短了处理时间，还减少了人为错误，从而提升整体业务效率。最后，开放的技术平台为金融业务的创新提供了广阔的空间。基于技术平台，金融机构能够更加灵活地探索和尝试新的业务模式，支持新产品和服务的快速开发及部署。这不仅能加快金融产品的迭代速度，也能为客户带来更加丰富和便捷的金融服务体验，进一步巩固金融机构在市场上的领导地位。因此，技术平台不仅是提升运营效率的工具，更是推动金融行业发展的强大动力。

2. 业务平台优化金融流程机制

业务平台是基于技术平台，为金融业务运营提供支持的系统和应用，也是链式生态金融的核心载体。业务平台关注的是流程机制和产品与服务体系的构建。具体而言，业务平台负责金融产品和服务的设计、管理与运营，并通过数字化和自动化手段，优化金融流程，提升运营效率和客户体验。

业务平台将复杂的金融业务流程模块化、标准化，实现业务的快速迭代和创新，涵盖从前端的客户交互到后端的业务处理，以及风险管理和合规控制等方面。具体而言，业务平台助力链式生态金融实现数字化客户服务、自动化业务流程以及智能化风险与合规管理。首先，业务平台通过移动应用、互联网银行等多种渠道，实现数字化客户服务的目标，让客户能够随时随地轻松进行账户查询、转账支付、理财投资等金融操作，极大地提升了金融服务的便捷性。其次，业务平台通过工作流管理和自动化技术，实现业务流程的自动化。例如，在贷款审批环节，系统可以自动完成信用评估、风险定价和合同生成等复杂流程，大幅缩短了业务周期，提高了工作效率。最后，业务平台通过整合智能化风险控制和合规检查功能，能够实时监控业务活动，确保所有操作都符合监管要求。平台化的风险管理不仅有助于降低法律和运营风险，也为金融机构提供了一个更加稳健和合规的运营环境。

业务平台的优势包括优化客户体验、提升运营效率和支持业务创新。首先，业务平台能够极大地提升金融服务的便捷性和可得性，同时提供个性化服务能够满足不同用户的需求，从而增强客户黏性。其次，业务平台通过自动化和智能化的处理流程使得金融机构能够更加高效地运营，从而在竞争激烈的市场中保持领先地位。最后，平台化的业务组件为金融机构提供了快速上线和调整新业务的可能，使得金融机构能够迅速响应市场变化，推出符合市场需求的新产品和服务。基于这些优势，业务平台不仅提升了用户的满意度，也为金融机构的持续发展提供了强有力的支持。

3. 合作平台整合多方金融资源

合作平台是指连接多方参与者，实现资源共享和协同创新的生态系统。合作平台是平台化服务的扩展，强调整合连接各方，实现合作共赢。通过构建合作平台，银行可以与金融科技公司、行业合作伙伴、供应商以及其他金融机构建立合作关系。这种合作模式使得银行能够利用外部资源和能力，为客户提供更加丰富和多元化的金融服务。

在链式生态金融的框架下，合作平台扮演着桥梁和纽带的角色，其通过开放化架构和标准化接口，促进各方之间的深入协同与紧密合作，充分调动集体智慧和资源优势。具体而言，首先，合作平台通过整合多家金融机构的产品和服务，为企业和个人提供一站式的金融解决方案，这种资源共享的模式极大地满足了客户的多样化需求，提升了客户的体验感和满意度。其次，合作平台为所有参与者打造了协同创新的环境。利用合作平台，金融机构可以与技术公司携手合作，共同开发新的金融科技应用。这样的合作模式不仅推动了金融行业的科技进步，也为整个生态系统的持续发展注入了新的活力。最后，合作平台还具备建立风险共享机制的能力，可以有效地分散单个机构的风险暴露，从而增强整个生态系统的稳健性和抗风险能力。这种风险共担的策略为链式生态金融的长期稳定发展提供了坚实的保障。

合作平台在金融生态系统中的价值可以概括为促进协同效应、扩展市场空间和增强市场竞争力。首先，合作平台通过整合金融机构、企业、政府等多方资源，促进各方形成协同效应，实现资源的优化配置和效率的最大化。其次，合作平台为参与者开辟了新的市场空间和业务领域。通过平台的桥梁作用，金融机构与技术服务提供商能够共同探索和开拓之前未曾触及或难以进入的市场，从而拓宽业务范围，增加收入来源。最后，平台的集体力量能够显著提升和增强参与者在市场中的竞争地位与影响力。在合作平台上，参与者可以共享市场信息，联合开发产品，共同应对市场挑战，平台不仅能够提升品牌形象，也能够增强整体的市场竞争力。

总体而言，平台化服务是链式生态金融的重要载体，它通过数字技术重新定义银行业务，构建数字化、智能化、互联化的综合服务平台。平台化服务不仅是一种经营理念和创新模式，还包括技术平台、业务平台和合作平台三个方面。技术平台为金融服务提供基础设施，业务平台创新业务流程，合作平台整合多方资源。这些平台共同推动了金融服务的开放、高效、灵活和共享，为整个链式生态金融提供了强有力的支持。

链式生态金融中的技术运用

数字技术赋予了链式生态金融独有的优势和特征。方案定制化、风控智能化、渠道一体化、服务全面化和主体协同化共同定义了链式生态金融的核心价值与竞争力。本节从技术应用的目的和价值出发，对链式生态金融的五大特征进行讨论。

1. 方案定制化

在金融服务的传统模式中，普遍存在一种“一刀切”的做法，这往往无法充分适应各个行业和企业的独特需求。链式生态金融的核心优势在于其方案定制化的能力，即利用大数据、人工智能等技术手段，针对不同的业务场景和主体特性，打造出量身定制的金融解决方案。方案定制化的技术实现包括数据驱动的服务模式、模块化的设计理念以及智能化的推荐系统。

数据驱动确保金融服务方案的个性化和差异化。金融机构利用大数据技术对海量数据进行深度挖掘，能够洞察不同行业和企业的经营现状、资金流状况以及风险特征，从而设计出符合它们特定需求的融资和风险管理策略。基于数据的服务模式确保了金融服务的精准性和有效性。

模块化的设计理念提升定制化方案的产出效率。金融机构通过将产品和服务拆分成多个独立的模块，并能够根据客户的具体需求进行灵活的组合和调整，以迅速适应市场的动态变化，提供更加贴合客户需求的金融解决方案。

智能化的推荐系统实现定制化方案的精准匹配。利用客户个人画像和历史交易数据，智能系统能够精准地推荐最适合客户的金融产品和服务。智能化的推荐机制不仅提升了金融服务的个性化和智能化水平，也极大地优化了客户体验。

2. 风控智能化

风险控制始终是金融领域的核心议题。链式生态金融通过数字技术对金融风险进行更为精准和高效的识别、评估、监控，从而实现风控智能化。风控智能化的关键环节包括实时监控、智能预警系统和自动处置机制。

实时监控是智能化风控的重要组成部分。借助算法模型、物联网、区块链等前沿技术，链式生态金融能够对资金流向、货物状态等关键信息进行实时、不间断的监控，从而在第一时间发现并识别可能的风险隐患。

智能预警系统进一步增强风险管理的能力。依托大数据和人工智能技术，链式生态金融能够构建高效的风险预警模型，对潜在的风险进行预测和及时预警，为风险防范提供时间窗口。

自动处置机制提升风险应对的效率和效力。基于自动化的风险处置策略，一旦风险指标超过预设的阈值，系统将自动触发预警机制，并根据预设指令采取相应的措施，如暂停放款、冻结账户等，从而在风险演变成损失之前将其有效遏制。这种自动化的风险处理能力，极大地提升了金融系统的稳定性和抗风险能力。

3. 渠道一体化

渠道一体化是链式生态金融中实现金融服务无缝覆盖的关键特征。通过打造一体化服务渠道，金融机构能够打破传统的线上、线下界限，通过整合多种服务渠道，为客户提供一致且连贯的服务体验。一体化渠道建设的关键在于 API 开放接口、移动化产品应用和场景化服务体系。

API 对接技术是实现渠道一体化的基础。开放的 API 接口体系能够将金融服务深度嵌入企业的 ERP、CRM 等管理系统中，实现数据的即时交换和业务流程的无缝对接，从而提升整体的运营效率。

移动化产品应用是渠道一体化的依托。当前金融服务越来越呈现移动化趋势，为了满足用户随时随地的金融服务需求，链式生态金融需借助便捷的移动端应用为客户提供综合化的服务渠道。移动应用不仅让用户能够轻松管理自己的金融事务，也进一步延伸了金融服务的触角，使其更加贴近用户的日常生活。

场景化服务体系是渠道一体化建设的重要着力点。将金融服务融入具体的业务场景中，如在电商交易平台上提供即时的消费金融服务，或在物流服务平台上提供便捷的货运金融服务，不仅增强了金融服务的实用性和便捷性，也极大地提升了用户体验，使得金融服务真正成为客户服务渠道中不可或缺的一部分。

4. 服务全面化

金融产品和服务的多元化和全面化是满足企业各种需求的关键。在链式生态金融中，金融服务不是简单地叠加，而是与产业链每一个节点的生态融合。服务全面化包括两个方面的内涵，即多元化金融产品和生态增值服务。

多元化金融产品是链式生态金融产品体系的基本特征。链式生态金融不局限于提供融资服务，还涵盖支付结算、保险、理财等多样化的金融产品。企业可以在一个平台上获得全方位的金融服务，实现资金管理、风险对冲、资产配置等多元化操作。例如，通过建立一站式服务平台，企业能够在获得贷款的同时，便捷地购买相关保险产品或进行短期理财，以最大化资金使用效率。

生态增值服务是链式生态金融服务体系的重要特色。金融机构还借助技术手段，提供供应链管理、市场分析等增值服务。生态增值服务不仅丰富了金融机构的服务内容，也为企业提供了更深入的运营支持和市场洞察，进一步提升了金融服务的价值。通过全面化、综合化的服务，金融机构不仅满足了企业的基本金融需求，还在帮助企业优化运营、提升竞争力方面发挥了重要作用。

5. 主体协同化

在链式生态金融的框架下，构建共赢的金融生态圈依赖于产业链上各方的紧密合作，包括金融机构、企业、政府部门等多元主体的共同参与和协同努力。生态主体的协同化需要信息共享、利益分配和风险共担三大保障机制。

信息共享机制是信息要素在生态主体之间流转的基础保障。建立生态体系的信息共享机制能够促进数据在各个参与主体间的顺畅流通，有效降低信息不对称带来的潜在风险，提升整个金融生态的透明度和信任度。例如，多个供应链参与者在区块链平台上共享交易、库存、物流等信息。由于区块链的不可篡改性和透明性，各方对数据的信任度更高。这种共享机制减少了信息不对称，提升了供应链的整体效率。

利益分配机制是各方参与者维护自身权益的基本遵循。建立公平合理的利益分配机制，可以确保产业链上的每一方都能在金融活动中获得应有的回报，从而激励更多的主体参与到金融生态的建设中。

风险共担机制是产业链上各方参与者共同应对风险的重要前提。建立风险共担机制可以充分调动集体努力来防范和化解风险，确保金融生态的稳定性和持续性。通过信息、利益和风险等方面的协同化策略与机制，参与主体可以共同构建一个既公平又高效的金融生态，同时让所有参与者实现共赢。

总体而言，链式生态金融中的技术运用极大地促进了金融服务的创新和升级。方案定制化满足了企业多样化的需求，风控智能化提升了风险管理的水平，渠道一体化提供了便捷的服务体验，服务全面化拓展了金融服务的深度和广度，主体协同化构建了共赢的生态系统。技术不仅是工具，更是推动链式生态金融发展的核心动力。金融机构和供应链企业需要持续关注技术的进步，积极探索新的应用场景，不断优化业务模式。未来，随着技术的进一步发展，链式生态金融将迎来更大的机遇和挑战，为经济的发展和产业的升级提供强有力的支持。

第六章
链式生态金融的客户理念

链式生态金融是以客户为中心，推动生态模式构建和产业生态价值最大化，最终实现客户及生态各方共生共赢、为社会创造价值循环的金融新范式。从以牌照为中心的专项服务向以客户为中心的综合服务方式转变，是链式生态金融的重要驱动因素之一。在中国特色金融发展的新时代，树立客户价值至上的理念尤为重要。彼得·德鲁克在《管理的实践》一书中指出，企业存在的唯一目的就是服务客户；客户是企业的基石，是企业存活的命脉，只有以客户为中心的组织才能基业长青。作为“国之大者”，金融机构必须深刻把握客户逻辑，全面洞察客户需求，对经营管理体制进行系统性重塑，厚植形成以客户为中心的协同文化、利他文化，积极探索链式生态金融的综合服务模式。

本章主要从四个方面阐述“以客户为中心是链式生态金融的核心要义”。首先，以客户为中心是链式生态金融把握金融定位变局和数字化机遇的客观选择；其次，以银行业为例梳理了银行客户关系模式的演进路径，并从多个角度剖析链式生态金融客户服务体系的本质特征；再次，分析了不同监管环境下国内外主要银行以客户为中心的先进做法；最后，分析了撬动组织架构、考核和资源配置、队伍培养、数字系统等全方位的变革，探索以客户为中心服务体系的实现路径。

坚持以客户为中心是链式生态金融的应有之义

面对金融定位和数字化两大变局，坚持以客户为中心是推动链式生态金融高质量发展的客观选择和有效路径，是把握数字化时代机遇、提升金融服务实体质效的积极探索，是破除银行经营管理困境、推动银行高质量发展的关键一着。

1. 坚持以客户为中心体现链式生态金融的政治性、人民性

当前我国金融体系日趋完善，但呈现的问题日渐突出，中央金融工作会议着重指出“金融领域各种矛盾和问题相互交织、相互影响”“金融服务实体经济的质效不高”等问题，背后的症结主要是金融定位出现了偏差，弱化了金融的功能性。中央金融工作会议及之后召开的系列会议对金融事业发展提出了新要求，党的二十届三中全会也就深化金融体制改革作出了重要部署，其要义就是要全面回归服务实体经济的金融本源，强化金融的政治性和人民性，坚定不移走中国特色金融发展之路。

链式生态金融坚持价值驱动，其以客户为中心的重要内涵体现了以人民为中心的基本价值取向，从社会价值视角构建了链式生态金融的服务逻辑。坚持以客户为中心，可以更好地将惠民生的事办实，将暖民心的事办细，强化了金融功能属性，把人民对美好生活的向往作为一切金融工作的出发点，在服务实体经济、解决“不平衡不充分发展”问题等方面实现金融自身的价值。

2. 坚持以客户为中心是链式生态金融把握数字化转型的必然选择

2006 年，英国数学家克莱夫 · 亨比预言：“数据是新的石油。”2024 年 9 月，PayPal 全球副总裁在外滩峰会上将数据比喻为“新经济的氧气”。数字经济时代，以数据为关键生产要素、以数字技术为核心动力的新生产

方式正在蓬勃发展，进一步改变了金融发展逻辑、重塑了金融服务模式。尤其是数字技术的平台业态打破了供需双方之间的信息壁垒和传统中心化的信息壁垒，信息不对称问题大幅消除，平台内的每个主体既是数据、信息和知识的消费者，也是生产者，填补了单体机构信息盲区，为推动以客户为中心的链式生态金融带来了战略机遇。

在数字化背景下，一方面，金融机构深刻把握客户逻辑、全面洞察客户需求已具备充分条件。利用大数据、人工智能技术，金融机构能够以较低成本实时获得海量的客户身份数据、行为数据等，同时进行有效整合和交叉验证，实现数据资产化，如此有助于突破传统金融抵押担保的“当铺思维”，拓展客户服务边界。此外，移动金融发展还彻底打破了时间和空间上的桎梏，拉近了金融机构与客户之间的距离，为金融机构密切客户关系、开展综合服务奠定了基础。另一方面，客户主动权、话语权、选择权的提升也迫切要求金融机构提高以客户为中心的综合服务能力。由于信息不对称现象缓解，客户不再处于被动地位，可根据自身意愿和偏好主动获取信息、自由选择产品或服务，如何提升客户价值成为摆在金融机构面前的一项现实挑战。金融机构需尽快提升对不同客群需求痛点、经营习惯、发展趋势的快速敏捷反应能力，更加精准、高效地为客户提供综合服务。

3. 坚持以客户为中心才能支撑链式生态金融打破银行经营管理困境

从银行业自身发展来看，高歌猛进的时代已经过去，银行业面临净息差收窄、资本紧张等多重压力。我国 2024 年第二季度净息差已降至 1.54%，较 2019 年同期下降 64 个基点，且连续多个季度出现低于 1.8%“警戒线”的现象。尤其是股份制银行，原有的产品创新优势、体制机制优势逐渐减弱，市场份额受国有大行和城商行、农商行两头挤压，客户基础相对薄弱，整体经营难度增大。

银行要通过链式生态金融打破经营管理困境，必须坚持以客户为中心，实现从“打猎式经营”向“种田式陪伴”转变，以此重塑竞争优势、激发竞争活力。银行不能再像过去那样，对于好的企业，抢着服务、过度服务，形成很多无效、低效供给；对于处于成长期、急需融资的企业，未提供充足的主流金融服务。银行不仅要锦上添花，也要雪中送炭，要走进真正需要服务的企业，沉下去、深进去，陪伴客户成长。另外，推进金融服务与非金融服务的融合也是银行赢得客户、获取市场的关键，以客户为中心，加强融资、融智、融服务的融合，有助于银行走出一条差异化、特色化的高质量发展之路。

银行业以客户为中心的服务体系本质特征

密切客户关系、夯实客户基础关系金融机构的长期可持续发展。本节以银行为例梳理了银行客户关系模式的演进路径，并从多个角度剖析链式生态金融客户服务体系的本质特征。

1. 银行客户关系模式的演进

客户关系管理的概念最早由美国权威咨询机构高德纳公司于 1997 年提出。它将客户关系管理定义为企业的一项商业策略，即按照客户细分有效组织企业资源，培养以客户为中心的经营行为和实施以客户为中心的业务流程，并以此为手段提高企业的客户满意度、获利能力和营业收入。客户是银行最宝贵的资源，新形势下银行与客户之间的关系持续演变，可概括为“以渠道为中心—以产品为中心—以客户为中心—以生态为中心”。

早期，银行主要将物理网点作为服务客户的主要渠道。银行通过设立广泛的分支机构、ATM 和其他自助服务设施扩大服务范围，提高市场占有率。这一阶段以银行为主导，重点关注如何通过渠道拓展、渠道优化来接触更多的客户，形成了“以渠道为中心”的模式。在该模式中，银行对客户需求的理解和满足程度有限，客户体验也受时间和空间的限制。

随着市场竞争的加剧，许多银行意识到仅依靠渠道拓展是不够的，还需要通过提供优质的产品和服务来赢得客户的信任。因此，银行开始将经营焦点转向产品，重点关注产品的开发、设计和销售，推出了诸如储蓄卡、信用卡、贷款、理财等多种金融产品，以满足客户的不同需求，发展为“以产品为中心”的模式。在这个阶段，银行的竞争力主要体现在产品的创新和多样性上，重点关注如何通过产品创新来提高市场竞争力，以及如何通过优化产品组合来提高客户满意度和忠诚度。“以产品为中心”的模式仍是以银行为主导，营销策略主要围绕产品展开，不同业务条线各自推进，通过产品特性来吸引客户。然而这一模式也存在一些局限性，如只满足了客户的单一需求、同质化严重、缺乏对客户需求的深入理解和个性化服务等。

在数字化时代，随着客户需求的多样化，银行开始将经营焦点转向客户，更加注重提升客户体验和满意度。银行通过深入了解客户需求，提供个性化的金融产品和服务，建立长期的客户关系。这一阶段，银行关注的是如何通过深入了解客户需求来提供定制化的解决方案，以及如何通过优化服务流程和提高服务质量来增强客户忠诚度。银行开始建立客户关系管理系统，收集和分析客户信息，实现精准营销和个性化服务，同时注重通过线上线下渠道的融合来提供无缝的客户体验，转变为“以客户为中心”的模式。“以客户为中心”的模式以客户为主导，以客户价值为驱动，以客户体验为核心，条线联动形成整体合力，将服务贯穿客户全生命周期，满足客户综合需求。

随着全球化和信息化的快速发展，企业间的联系日益紧密，形成了一个个复杂而精细的产业生态系统。银行开始意识到要真正满足客户需求，就必须跳出单一客户的视角，从整个生态的角度出发，发展“以生态为中心”的客户关系模式。这一阶段，银行关注的是如何通过构建和优化生态系统来拓展业务范围、提高市场影响力，以及如何通过协同合作来降低成本、提高效率。从需求角度来看，银行的服务对象从单一企业向生态转变，供应链金融发展就是一个鲜明的例子。从供给角度来看，银行还在加强与政府、行业协会、科研机构等外部机构的合作，构建协同联动的服务生态圈。

银行客户关系的演变路径反映了银行业务模式和经营理念的深刻变化。从以渠道为中心到以产品为中心，到以客户为中心，再到以生态为中心，银行不断适应市场环境和客户需求的变化，提高竞争力和市场份额，这一演变过程也对银行的技术创新、人才培养等方面提出了更高的要求。

2. 以客户为中心服务体系的内涵特征

现阶段，银行业主要是从以产品为中心向以客户为中心过渡，同时积极探索以生态为中心的服务模式。链式生态金融的客户服务体系实际上就是以客户为中心并朝着以生态为中心发展的服务体系，具体来看，包含以下四个内涵特征。

一是以客户需求为导向。金融机构要充分感知客户，了解客户期望，深入分析客户的现实和潜在需求，将满足客户的需求作为金融机构业务发展的基点。这样的洞察力不仅能够帮助机构识别潜在机会，还能够在客户尚未表达需求时提供解决方案，建立起与客户之间的信任与亲密关系。20世纪90年代，在客户需求导向下，传统4Ps（Product“产品”、Price“价格”、Place“渠道”、Promotion“促销”）市场营销理论受到了挑战，实现向4Cs（Customer“顾客”、Cost“成本”、Convenience“便捷”、Communication“沟通”）理论的转变，强调要从客户需求出发制定产品服务策略。

二是以客户体验为核心。“极致的客户体验”是互联网世界的信条。通过创造“极致的客户体验”，金融机构能够提高客户的留存率，提升品牌口碑，实现双方共赢。金融机构需持续跟踪和优化服务体验，确保客户的需求得到充分满足，无论是提供灵活的金融产品，还是优化服务流程，都应以客户的反馈为指导。尤其针对服务流程，麦肯锡首倡的“客户旅程”概念强调了客户体验连续性的重要性，良好的客户旅程比良好的触点更能让客户满意，客户体验不应当止于某一项产品或业务的交付，产品或业务交付之时才是客户体验的真正开始。

三是将综合服务贯穿客户全生命周期。客户生命周期是指金融机构与客户关系从建立到终止的全过程，主要包括引入、成长、成熟、衰退四个阶段。围绕客户全生命周期不同阶段的特征，金融机构需配置综合化、差异化的产品和运营策略，构建与客户日常生活、生产紧密相连的多元化场景，将综合服务无缝融入客户全生命周期，与客户建立起长期关系，实现客户“陪伴式”“牵引式”服务。提供全生命周期服务就是科技金融的发展重点，2024 年 1 月，国家金融监督管理总局发布了《关于加强科技型企业全生命周期金融服务的通知》，鼓励银行机构结合成长期科技型企业项目研发、扩大生产等需要，规范发展供应链金融，加大贷款支持力度。

四是以客户生态价值最大化为目标。客户关系管理理论的核心是客户价值，为客户创造价值是产生客户、稳定客户的关键，客户关系的价值普遍被认为是可以带来盈利的重要资产。金融机构要树立起客户价值至上的理念，为客户创造价值也是为金融机构创造价值，金融机构盈利实际上是为客户创造价值的结果。另外，目前产业已走向链式化、生态化，以客户为中心并不是为单一客户提供服务，而是要兼顾生态中所有相关方的利益，包括客户供应链上下游生态、客户所在区域生态等，要以客户生态价值最大化为目标，推动社会价值最大化。

不同监管环境下以客户为中心的先进做法

为更好地满足客户的综合金融服务需要，许多银行通过设立非银子公司或背靠其集团资源以获取各类金融牌照，试图打通银行、保险、证券、信托等业务之间的壁垒，通过多元化经营为客户提供更加综合的金融服务。无论是在分业监管还是在混业监管的环境下，以客户为中心开展综合服务的态势都不可逆转。即便在许多采取分业监管的国家，金融控股公司形态也是客观存在，即监管重点是在防范系统性风险的基础上，推动金融控股公司开展有益的创新，更好地满足客户多元化、综合化、便捷化的金融需求。对此，本节对国内外银行以客户为中心开展业务的先进做法进行举例说明。

1. 国内监管环境下的银行先进做法

2023年，我国金融监管体系经历了较大变革，中央金融委员会、中央金融工作委员会组建，国家金融监督管理总局设立，形成“一行一会一局”的监管体系格局。中国人民银行主要负责货币政策、宏观审慎管理和金融市场稳定等职责。国家金融监督管理总局统一负责除证券业之外的金融业监管，统筹负责金融消费者权益保护，加强风险管理和防范处置，依法查处违法违规行为。中国证券监督管理委员会主要负责证券市场的监管工作。这些监管机构各司其职，既分工负责，又协调配合，共同组成了一个完整的金融监管组织体制，确保金融市场的稳定和健康发展。在我国金融监管体系的大背景下，许多银行坚持以客户为中心，通过多元化经营为客户提供更加综合、全面的金融服务，满足客户多样化的需求。

中信银行作为中信集团最大的金融子公司，始终秉持“一个中信，一个客户”的理念，充分发挥中信集团“金融全牌照、实业广覆盖”的协同优势。中信集团一贯视协同为打造差异化竞争优势的利器，而中信银行定位于中信集团协同的主平台，推动集团与银行开展更加全面深入的合作。中信银行致力于为客户提供全方位、多维度的金融服务。在融融协同方面，中信银行与中信集团内的其他金融子公司（如中信证券、中信建投证券、中信信托、中信保诚人寿等）实现协同作战，共同为客户提供综合金融服务。在产融协同方面，中信银行依托中信集团在先进智造、先进材料、新消费、新型城镇化四大实业板块的业务优势，与集团资本投资平台、资本运营和战略投资平台强化联动。通过提供融资支持、产业合作等方式，助力实业板块的发展，同时为客户提供更加全面的金融服务。在区域协同方面，中信银行在各地设立分行，并与当地的中信集团子公司实现资源共享、区域协同。除此之外，中信银行还通过总分支三级协同架构，加强与集团内其他子公司的联动，实现资源共享和服务协同。设立协同考核指标，激励各级机构和员工积极参与协同工作，提升协同服务的效率和效果。

平安银行构建了“银—证—保”服务生态圈，为业务发展提供了新的动力。围绕零售转型整合集团内资源，平安银行通过与平安证券、平安保险的联动，构建“银—证—保”综合类金融生态圈，为客户提供包括财富管理、保险保障、贷款融资等在内的一体化金融服务。在银行业务方面，平安银行是中国平安保险集团的重要组成部分，提供全方位的银行服务，包括存贷款、支付结算、财富管理、投资银行等多种业务。这些业务与集团内的其他金融业务相互补充，形成了综合金融服务的基础。在证券业务方面，虽然平安银行本身不直接从事证券业务，但中国平安保险集团内设有平安证券等子公司，专注于证券经纪、投资银行、资产管理等证券业务。这些证券业务与平安银行的银行业务相互协同，为客户提供更加全面的金融服务。在保险业务方面，平安银行与平安寿险等保险业务有着紧密的合作关系。通过深化融合，平安银行打破了传统的银保销售模式，提供契合银行客户需求的资产配置方案，并形成了终身寿和年金险的“双引擎”产品体系。这种合作模式不仅提升了银行业务的附加值，也促进了保险业务的增长。通过“银—证—保”生态圈，客户可以享受更加便捷、高效的金融服务。客户可以在平安银行的一站式服务平台上完成银行、证券、保险等多种金融业务的办理，并逐步在享受综合金融服务的过程中建立起对平安银行的信任和依赖。

中信银行和平安银行均坚持以客户为中心，利用集团牌照优势实现综合协同，提升了市场竞争力和客户服务能力。总体而言，借鉴国内银行的先进做法，各银行可加大“全能银行”建设，实现不同牌照主体间的资源交互、综合协同，以满足客户的多元需求。值得注意的是，牌照多并不等同于综合服务能力强。在协同营销中，有时从业人员只会站在维护机构利益的立场，出现侵害客户权益的现象。例如，富国银行曾享有“交叉销售之王”的称誉，但由于缺乏有效的内外部约束，部分员工在开展交叉销售的过程中私自为消费者开立了200多万个虚假账户，并通过账户管理费、年费、滞纳金等形式违规收费，损害了客户权益。因此，设立不同牌照的子公司、建立全方位服务的金融集团是有益探索，但构建以客户为中心的服务体系的首位是将客户权益放在第一位，始终牢记金融向善的责任。

2. 国外监管环境下的银行先进做法

英国是典型的双峰监管模式，中央银行负责宏观审慎监管，监管机构负责具体行为监管。英格兰银行作为中央银行，负责货币政策和金融稳定，其下属的审慎监管局主要负责监管银行、保险公司和大型投资公司，以确保这些机构的财务稳健和风险管理能力。相较之下，金融行为监管局的职责集中于保护消费者、促进竞争以及维护市场的诚信，监管范围包括零售银行、股票经纪公司、贷款公司等，在消费者保护和市场行为方面扮演着重要角色。在混业经营方面，英国的金融市场显示出一定的融合趋势，大型金融机构往往同时提供银行、投资和保险等多种服务。这种现象部分受1997年英国《金融服务法》及其后续改革的影响，促使不同类型的金融服务公司可以合法地合并与合作。

例如，汇丰银行在应对金融安全与合规要求的同时，为客户提供了一站式的海外账户开卡服务，旨在简化客户开户流程，提升客户体验。通过使用先进的数字技术，汇丰银行能够快速验证客户身份，减少烦琐的纸质材料要求，同时确保遵守反洗钱和其他监管要求。巴克莱银行也在监管压力下，积极推动对小微企业和个人客户的支持。随着英格兰银行对银行信贷的审慎监管，巴克莱银行推出了“一站式顾客解决方案”，整合多种银行产品和服务，帮助客户根据自身需求量身定制解决方案，提升了客户满意度。这不仅符合监管要求，还增强了客户忠诚度。劳埃德银行在金融行为监管局的指导下，实施了“公平价格”政策，旨在确保所有客户都能享受公平的贷款和服务条款。通过透明的定价机制和常规的客户反馈，劳埃德银行增强了消费者信任，降低了因不当行为而面临的合规风险。

美国的金融监管模式是一个复杂的体系，涉及多个监管机构和层级，主要分为联邦级监管和州级监管。美国的金融监管机构主要包括美国证券交易委员会、商品期货交易委员会、联邦储备系统、货币监理署以及联邦存款保险公司等。1999 年通过的《格拉斯 - 斯蒂格尔法》（*Gramm - Leach - Bliley Act*）即《金融服务现代化法案》废除了对金融服务行业的分隔规定，允许机构进行跨行业的经营。这一变化使得传统的商业银行、投资银行和保险公司能够合并，形成大型金融控股公司，提供一体化的金融服务。因此，虽然美国的金融监管在某种程度上保持了专业分工，但混业经营的趋势显著。金融危机后，加强系统性风险监管已成为监管机构的重点，特别是在大银行和非银行金融机构的监测上。2010 年通过的《多德 - 弗兰克法案》（*Dodd - Frank Act*）设立了消费者金融保护局等新机构，加大对大型金融机构的监管力度，旨在提升金融系统的稳定性。

例如，摩根大通作为全球最大的金融机构之一，采取了建立内部合同、内部联营体机制等方式，推进以客户为中心的服务。摩根大通通过组织架构调整，明确了销售覆盖模式和职责，旨在通过高效的跨条线协同销售，提升客户服务能力。这种调整不仅符合监管要求，还使得公司能够更加灵活地应对复杂的客户需求，并为其提供一揽子金融解决方案。内部合同机制的建立，是为了确保各部门以客户为中心进行协作工作。这一机制的核心在于通过 CEO 的监督，强化跨部门协同，从而增加交叉销售的机会，为客户提供综合性的金融解决方案。这也反映了当时监管机构要求银行更加关注客户利益，避免部门间的信息壁垒和利益冲突的导向。此外，内部联营体机制的实施是通过分润机制促进跨部门协作，提升了整体业务效能，增加了员工和各部门间的协作意愿。这一举措同样与当时的监管导向一致，监管机构希望银行内部能够加强资源整合和协作，从而提高整体的运营效率和客户满意度，降低潜在的系统性风险。

构建以客户为中心的链式生态金融服务体系

总体来说，在构建以客户为中心的服务体系方面，全球银行业还没有出现绝对领先者，没有可以直接移植的经验，都在探索中“摸着石头过河”。可以明确的是，构建以客户为中心的链式生态金融服务体系绝不是理念方面的倡导，而是一项系统性工程，应进行组织架构、考核和资源配置、队伍培养、数字系统等全方位的变革。

1. 敏捷化的组织架构是基础保障

组织架构是构建以客户为中心的服务体系的关键着力点。研究表明，组织架构主要有四种形态，分别是职能型（条线式）组织、事业部组织、矩阵型（条线式）组织、平台型组织。职能型（条线式）组织和事业部组织的特征是集权管控，矩阵型（条线式）组织的特征是“专班业务流程 + 分权管控”，而平台型组织的特征是“客户需求驱动 + 文化纽带驱动”。传统职能型的组织架构采取垂直式管理，分工清晰明确；事业部制的组织架构有利于专业化经营，决策权高度集中，在稳定的市场环境下可以产生强大的组织执行力。随着市场环境不确定性的提升，单一的金融服务已难以满足客户多元化需求，在传统的组织形态中，条线“单打独斗”“各自为战”，尚未形成有效互补，无法快速响应客户需求变化。同时，长尾市场重要性凸显，扁平化、平台型组织对市场环境的适应性更强、反应更加敏捷，同时可以实现数据的积累和模型的迭代。唯有转变以自我为中心的、以管理为中心的、以控制为中心的组织形态，才能进一步释放生产力，优化组织效率，更好地以客户为中心赋能业务发展。

财经作家吴晓波在“水大鱼大与企投家时代的到来”的主题演讲中提出，未来所有企业都会形成蜂窝式组织，任何一个小蜂窝的死亡都不意味着死亡，但整个组织又在不断地裂变；而在蜂窝的下面会有一个底板，这是公司的价值观、资本和人才。数字化时代，银行需打破既有条线部门分割的状态，基于某项特定目标构建具有内驱力的弹性组织，推进组织的颗粒化、轻型化。2022 年 1 月，银保监会办公厅发布《关于银行业保险业数字化转型的指导意见》，在数字化背景下为银行保险机构转型指明了方向。在组织建设方面，该指导意见强调了横向协作、扁平化管理、业技融合的组织创新，旨在推动银行尽快实现向以客户为中心的经营模式转变。总体上，以客户为中心的组织架构需破除僵化的金字塔结构，横向打破条线隔阂，纵向各级机构高效联动，快速洞察并实时智能响应市场变化和客户需求，实现内部组织高效运转、内外部组织智能协同。具体来看，以银行为例，以客户为中心的组织架构可实现以下三个方面的改革。

一是将总行定位为战略指挥部，实现向平台型组织转变。总行应统筹全行战略规划，加大行业投研、产品创新、风险管理等支持力度，提升对一线需求的反应速度和赋能水平。可整合现有业务条线，消除组织内部的数字鸿沟，建立各业务板块间信息资源共享机制，探索将原有部门围绕目标客群进行划分，构建更高一级的“大总部”。例如，中信银行在2021年末进行了重大的组织架构调整，整合了原零售银行部和数字金融部的部分团队与职能，新设财富管理部作为零售金融板块客户经营的核心，负责全客户、全产品、全渠道的建设和落地，垂直化赋能分支行。另外，一些中小银行还开始探索建立敏捷部落，以客群、产品与支持职能为划分依据，并按照业务规划与需求目标在每个部落内部动态设置敏捷工作小组，赋予其更大的决策自主权，进行“端到端”的闭环管理。例如，中原银行在总行设立了产品部落、客群部落、支持部落等，在每个部落内进一步设置了若干个跨职能的敏捷小组。

二是坚持“让听得见炮火的人来呼唤炮火”，实现总分支行三级机构扁平化运转。银行可设计集敏捷的前台、强大的中台、稳健的后台于一体的功能架构，降低组织的整体运作成本，让一线经营单位拥有更大的责权和能力。应推动“作战指挥权”向贴近客户需求的分支行一线组织转移，重点提高分行的资源整合和配置能力，以及支行对客户需求的及时动态掌握能力，确保“好钢用在刀刃上”。例如，2023年底，平安银行全面取消了行业事业部制度，精简了较为虚化、中间性的架构，以缩短决策链。

三是加强内外部合作，实现向生态型组织转变。开放融合是数字化时代的典型特征。银行可通过场景联通、平台共建、资源共享等方式，构建与外部机构的生态合作体系。在这样的价值共创体系下，银行可突破牌照资源限制，实现对资源的高效聚合与共享，进一步提升客户服务能力。

2. 精准化的考核和资源配置是长效机制

绩效考核和资源配置体系是引导金融机构为客户创造价值的“指挥棒”。对于金融机构来说，绩效考核体系包括业务部门、经营单位、客户经理等至少三大类主体的绩效考核；资源配置体系包括经营资源、财务资源等至少两大类的资源配置，有的金融机构把科技资源、人力资源也纳入资源配置体系。在当今竞争激烈的金融市场中，要推动金融机构的一切业务活动和决策都围绕客户的需求与期望展开，构建精准化的考核和资源配置体系是重中之重。

精准化的考核体系是确保以客户为中心的服务理念得以贯彻的重要手段。传统的考核方式往往侧重业务指标的完成情况，如存款规模、贷款发放量等，而忽视了客户服务的质量和效果。精准化的考核体系既要鼓励员工“多打粮食”，也要设置能够引导员工增加“土壤肥力”的长期性、战略性目标，应将客户满意度、客户投诉率、客户流失率等与客户体验直接相关的指标纳入考核范畴。例如，招商银行在考核体系中引入了“客户之声”项目，通过收集和分析客户的反馈意见，对员工的服务表现进行评估，从而促使员工更加关注客户的需求和感受。

同时，精准化的考核还应根据不同岗位和业务的特点，制定差异化的考核标准。对于前台营销人员，应重点考核其客户拓展和维护的能力；对于后台支持人员，应考核其对业务流程的优化和服务效率的提升。客户部门重点考核客户经营和客群建设，产品部门重点考核产品创新与体验优化。对于处于成长期的业务，应重点考核营业收入、市场占有率等规模指标；对于处于稳定期的业务，应重点考核经济增加值（EVA）、净利润等效益指标。通过这种差异化的考核，能够充分激发员工的积极性和创造力，为客户提供更加优质的服务。

资源配置体系的精准化同样至关重要。金融机构需要根据客户的需求和市场的变化，合理配置财务资源、经营资源、人力资源、科技资源。以银行为例，在财务资源方面，银行应将资金投向能够提升客户价值和满意度的项目。比如，开发新的金融产品和服务、优化客户服务流程、加强客户关系管理系统的建设等。浦发银行就通过设立专项的客户服务创新基金，鼓励员工提出和实施能够提升客户服务水平的创新项目，取得了良好的效果。在经营资源方面，银行应该围绕客户，打通贷款、供应链、票据、投行等各个条线的风险资金使用限制，以客户为中心提供价值最大化的综合服务。在人力资源方面，应将优秀的人才配置到客户服务的关键岗位，如客户经理、客户服务代表等，并加强对员工的培训和职业发展规划，提升员工的专业素养和服务能力。在科技资源方面，要加大对服务设施和技术设备的投入，为客户提供便捷、舒适的服务环境。例如，工商银行不断推进网点的智能化改造，配备先进的自助设备和智能服务终端，提高了服务效率和客户体验。

在未来的发展中，银行应持续关注客户需求的变化，不断优化与完善考核和资源配置体系，以适应市场的动态发展，凝聚更大的共识，为客户创造更大的价值，实现银行与客户的共同成长。

3. 综合化的队伍培养是重要举措

彼得·德鲁克在其经典著作《管理的实践》中提到，现代企业需要面对快速变化的环境，强调员工的多元化技能和团队协作能力是组织成功的关键。同样，哈佛大学的西蒙·库兹涅茨在其关于经济发展的理论研究中指出，人才的全面发展是组织竞争力提升的重要因素。这为银行的综合化队伍培养提供了理论支持。此外，管理思想家吉姆·柯林斯在《从优秀到卓越》中强调了以人力资源为核心的战略管理，认为企业要选拔和培养能够适应变化的复合型人才。结合这些理论，银行需要建立综合化队伍。客户经理作为银行接触客户的一线人员，是了解和挖掘客户需求的关键触角。他们的专业素养和服务能力直接影响客户体验及银行的市场竞争力。

传统的人才队伍培养模式主要以专业化为导向，侧重对具体职能的技能培训。这种模式通常将员工分为多个明确的业务线，如信贷、风险管理、市场营销等，以提升个体在特定领域的专业能力。虽然这一方法在过去的金融环境中有效提升了各个业务线的专业水平，但也存在明显的弊端。过于专业化的培养模式导致了信息孤岛的形成，信息共享的不足使得员工难以从全局出发理解客户需求，导致服务的片面化，无法满足客户多元化的需求。此外，专业化的人才培养往往限制了员工的视野和职业发展，员工在某一特定领域内深耕，容易形成思维定式，缺乏跨领域的知识积累和技能拓展。在面临复杂客户需求时，由于缺乏跨职能的协调和整合，银行往往无法在最短时间内提供有效的解决方案，影响了客户体验。

近年来，随着金融市场的不断演变和客户需求的日益多样化，银行同业纷纷意识到转变为综合化队伍的重要性，致力于通过人才培养与组织结构的变革来提升服务能力和市场竞争力。这一转变不仅反映了银行对新经济环境的应对策略，也彰显了银行向以客户为中心转型的决心。例如，平安银行在综合化人才培养方面采取了一系列系统性和创新性的策略以适应不断变化的金融市场及客户需求。其建立了一个多层次的培训体系，覆盖从新员工到高层管理者的全面学习路径，培训内容不仅包括金融专业知识，还涵盖战略思维、客户关系管理以及创新思维。这种丰富的培训体系通过“线上＋线下”相结合的方式，提高了员工的整体学习体验和参与度。同时，平安银行鼓励跨部门的轮岗与实习，让员工在不同的业务线之间流动，从而拓宽其视野，提升其在资产管理、零售银行及风险控制等多个领域的实战水平，促进其对客户需求的全面理解。为进一步增强员工的适应能力，平安银行推行敏捷团队模式，将员工按客户群体或产品划分为小团队，强调团队合作与快速响应，激励员工创新解决方案的开发与落实。

培养综合化的队伍需要重点做好两项基础工作。一方面，打破部门孤岛是实现综合化队伍的前提。建立跨部门的协作机制，通过成立跨职能小组或项目团队，促使不同业务线的员工共同参与项目，分享专业知识与经验。这些小组可以围绕具体客户群体或业务目标进行设置，提升解决问题的灵活性和创新力。另外，可探索打通不同条线客户经理的从业壁垒，培养综合化、全能型的客户经理，构建分层分类的营销队伍体系。另一方面，综合化队伍的培养离不开系统性的培训和持续教育。银行应设计多元化的培训项目，涵盖金融知识、市场分析、客户关系管理以及技术应用等方面。在内容上，可以结合案例教学、实战模拟等方式，增强员工的实战能力。鼓励员工参加外部培训、行业研讨和交流活动，以拓宽视野，吸收最新的行业动态和前沿理念。

4. 智能化的数字系统是技术依托

以客户为中心的服务体系非常强调客户体验和客户价值的重要性。随着金融科技的不断进步，金融机构的数字系统更加智能化，不仅提高了服务效率，也增强了客户体验，可以为客户提供更加个性化、精准和高效的服务。麦肯锡在其研究报告中提出，金融机构的数字化转型需要设立清晰的“北极星”指标并开展常态化、体系化检视，其中提升客户和员工的体验是重要指标之一。

过去，许多银行的数字系统主要以传统的信息管理和交易处理为基础，通常采用孤立的系统架构。这种模式将业务线和功能模块分隔开，导致数据存储和使用的碎片化，影响了整体业务的效率和灵活性。传统数字系统的核心主要集中在基础的账务处理、客户信息管理和交易记录等方面，虽然在当时能够满足基本的业务需求，但随着金融科技的迅猛发展和客户需求的多样化，这种模式显露出诸多弊端。

相较之下，智能化的数字系统在银行业务中展现出了显著的优势。首先，智能化数字系统能够实现数据的实时处理和智能分析。通过大数据和云计算技术，银行能够即时获取客户的所有交易信息与行为模式，进而更加深刻地理解客户需求，更加快速地响应市场变化，更加精准地满足客户需求，从而实现金融机构与客户的共赢。例如，建设银行通过大数据分析和人工智能技术，实现了对客户需求的精准预测和服务推送。根据客户的交易记录、消费习惯等数据，为客户提供个性化的金融产品推荐和服务建议，提升了服务的精准度和有效性。其次，智能化数字系统通过集成化的架构打破了信息孤岛，实现了各部门之间的信息共享与协作。所有信息内容集中在一个统一的平台上，当客户与银行的各个部门接触时，可获得一致的服务体验。这种整合使得银行能够有效协调内部资源，提升服务效率，减少重复工作和资源浪费。再次，智能化数字系统通常具有更为友好的用户界面和更高的交互性。招商银行推出的智能客服系统可以通过自然语言处理和机器学习技术，理解客户的查询需求并给出及时的回应。例如，客户可以通过手机银行发送短信或语音提问，智能客服能够智能识别问题并提供相关的回答或解决方案。这种系统不仅提高了客服的响应速度，缩短了客户排队等待的时间，也减轻了人工客服的压力，使得他们能够将更多精力投入复杂问题的解决上。智能客服的成功应用使得招商银行在客户满意度和效率上获得显著提升。最后，智能化数字系统还具备个性化服务的能力，通过对客户历史行为的分析，银行能够为客户提供定制化的产品推荐与服务，这种个性化的方式不仅增强了客户的黏性，也创造了更大的商业价值。智能化分析工具还可以帮助银行洞察市场趋势，预测客户需求，提前布局，确保在竞争中占据优势。

总之，客户是链式生态金融的核心对象。构建以客户为中心的服务体系是金融机构在新时代实现可持续发展的必然选择，是打造链式生态金融综合服务模式的核心内容。全球咨询与服务机构 Forrester 的研究数据表明，以客户为中心的企业最终能获得更好的收入业绩，员工对企业的未来更有信心，员工的工作状态也更加愉悦和负责。正如管理学大师彼得 · 德鲁克所说，我们必须全力以赴打造以客户为中心的美好组织。

第七章
链式生态金融的场景构建

场景理论自诞生以来，经历了从社会学视角到媒介传播，再到数字时代的演变，其内涵和应用场景也随之发生了深刻的变化。罗伯特·斯考伯和谢尔·伊斯雷尔在《即将到来的场景时代》一书中预言了互联网将进入一个全新的时代——场景时代。他们认为，在大数据和移动互联网的支持下，场景将成为连接人与信息、服务的关键。

想象一下，你正在一个热闹非凡的城市街头漫步。周围高楼林立，咖啡馆里飘出阵阵香气，街头艺人在演奏动人的音乐，人们或在露天餐厅享用晚餐，或在精品店挑选时尚服饰。这一切构成了一个生动的“场景”，它不仅是城市的物理环境，也是文化与社会经济活动的集合。

数字经济的竞争是场景的竞争。新的场景将是新的赛道。场景也是链式生态金融的重要依托，每一个产业链都是一个独立场景，不同产业链在融合中形成更大的链式生态场景。链式生态金融是产品利用满足需求的条件才能成为场景，它的出发点和宗旨是提高生产与生活的运行效率，支持其稳定升级和国家战略部署，推动人民生活水平提高、产业链修复重构和优化升级。同时，它需要高度依赖 B 端产业场景、C 端消费场景、G 端政务场景等各类场景，离开具体场景很难开展链式生态服务，用一句话形容就是“场景定生死”。

本章从四个方面阐述了“链式生态金融的场景构建”。首先，基于“场景理论”对场景金融的基本定义、核心要素、关键标准和建设路径作了一个初步的探讨；其次，聚焦数字消费信贷、智能财富管理、投资者教育、外部平台合作和非金融服务，探讨了C端场景的发展情况；再次，聚焦“四链合一”和“四流合一”，探讨了B端场景的发展情况；最后，聚焦高层次人才服务、资金交易与管理、公共服务机构融资和数字化平台合作，探讨了G端场景的发展情况。

场景构建的实践策略

无场景不金融。场景金融起源于互联网，是头部互联网企业依托线上化和数字化红利抢占衣食住行等C端个人客户场景后，为满足场景内用户消费支付、经营融资等泛金融需求，向金融功能的自发延展与渗透，其本质是将对行业的认知和经验固化进系统与数字化服务中。近年来，B端企业客户、G端政府客户也蓬勃发展。商业银行应顺应数字经济时代特征，有针对性地调整战略布局、产品设计、技术应用和组织架构等内容，以尽快适应新的“战场”。

1. 场景金融的基本定义

场景金融是商业银行发展的必由之路，也是一条不断探索行业实践和丰富经验之路，金融服务不能脱离经济社会发展和服务对象需求而孤立地存在。近年来，随着用户行为深刻变迁和银行网点逐渐式微，商业银行原有的以实体网点为中心、以线下拜访为主要方式的营销获客模式面临挑战。在这种情况下，商业银行亟须大力发展场景金融，一方面搭建各类场景，另一方面融入各类场景，并以此为基础，重构营销获客、活客模式，更直接、精准、高频地触达客户的实际需求与痛点，为客户提供更全面、更精准的金融和非金融服务。

综合来看，场景金融就是在数字化变局背景下，将金融服务无缝融入线上、线下各类场景之中，通过金融和科技的深度融合，以场景为纽带连接金融机构与客户，为特定客群提供更为便捷、智能、高效的个性化服务，从而提高业务效率和客户体验，实现差异化竞争。总而言之，场景金融是侧重客户体验、以客户为中心的一种生态金融，是使金融服务更数字化的一种表现形式，让客户在不知不觉中完成所需的金融业务，改变了传统的以商业银行为中心的经营思维。

2. 场景金融的核心要素

场景在哪里，客户就在哪里，金融服务就延伸到哪里。场景金融的基本要素主要包括场景客群、金融产品、非金融服务等。

（1）场景客群

场景金融的目标客户群体，也称场景客群，是指在特定的金融服务场景中，银行或其他金融机构通过分析和理解客户的行为、需求与偏好，来提供定制化的金融产品和服务。场景客群是场景建设的核心，包括但不限于以下几种类型：

个人消费者（C 端）：个人消费者是最广泛和直接的场景客群，涉及日常的支付、消费贷款、个人理财、信用卡服务等。随着移动支付和互联网技术的发展，个人消费者的金融需求日益多样化和个性化，银行需要通过构建或融入各种生活消费场景，如电商、旅游、教育等，来提供更加便捷和个性化的金融服务。

企业客户（B 端）：企业客户在采购、生产、销售等各环节都有金融服务的需求，如供应链金融、现金管理、贸易融资等。银行通过与企业合作，深入企业的日常运营场景，提供定制化的金融解决方案，帮助企业提高资金使用效率和降低运营成本。

政府客户（G 端）：随着智慧城市和数字政府的发展，银行围绕 G 端客群构建场景，更多的是作为参与方将金融产品与服务融入政务场景中，如参与智慧政务、公共资源交易、社会保障等场景，提供支付结算、资金监管等服务，助力提高政府服务效率和透明度。

除上述主要客群外，还有金融同业（F 端），即通过银行之间或与其他金融机构合作，共同构建金融服务场景，如资产管理、金融市场交易等。总体来说，场景客群的识别和管理是场景金融成功的关键。银行需要通过大数据分析、客户画像、行为追踪等手段，深入理解不同客群的需求，从而提供更加个性化和差异化的金融服务，增强客户体验和忠诚度。同时，银行还需要不断创新和优化服务流程，以适应市场变化和客群需求的演进。

（2）金融产品

融入场景中的金融产品是商业银行的核心竞争力。场景金融中的金融产品具有高度的集成性与便捷性、精准定位与个性化服务、创新性与技术驱动、生态构建与合作模式、风险管理与合规性、以客户为中心的服务理念、数据安全与隐私保护、垂直细分与多样化等特征。这些特征不仅充分彰显了场景金融的独特魅力，也是其在现代金融市场中竞争力的重要体现。

一是高度的集成性与便捷性。场景金融产品通过技术手段与特定场景深度集成，使用户在进行日常活动时无缝接入金融服务，如移动支付、在线理财等，极大地提升了用户体验和便捷性。

二是精准定位与个性化服务。通过分析用户在特定场景下的行为数据，场景金融产品能够更准确地识别用户需求，提供个性化的金融解决方案，如根据购物历史提供定制化的分期付款计划。

三是创新性与技术驱动。场景金融产品的发展依赖于最新的技术进展，如大数据分析、人工智能、云计算等。这些技术的运用使得金融产品能够不断创新，更好地满足市场变化和用户需求。

四是生态构建与合作模式。场景金融强调构建一个金融机构、技术提供商、场景运营商等多方参与的生态系统。通过合作，各方可以共享资源、分担风险，并共同提升场景金融产品的竞争力。

五是风险管理与合规性。在设计和提供场景金融产品时，会特别注意风险管理，确保金融活动的安全性和合规性，包括对合作场景的严格评估、对资金流向的实时监控以及对市场变化的高度敏感性。

六是以客户为中心的服务理念。场景金融产品将服务的物理空间从以银行为中心转向以场景为中心，更加注重客户的体验和需求，提供“端到端”的综合服务。

七是数据安全与隐私保护。随着场景金融的深入发展，数据安全和用户隐私保护成为重要议题。区块链、差分隐私和同态加密等技术的使用，提升了数据的透明度和不可篡改性，提高了金融服务的信任度。

八是垂直细分与多样化。场景金融产品正朝着更加垂直细分的方向发展，以精准满足不同场景下用户的特定需求。同时，产品形式也呈多样化，以适应不同场景的特点。

这些特征共同构成了场景金融产品的核心价值，即于特定的场景中提供快速、便捷、个性化的金融服务，以满足用户的即时需求，并增强用户对金融服务的黏性。随着科技的发展，场景金融产品也在持续推陈出新，以适应市场的动态变化和用户的多元需求。

（3）非金融服务

非金融服务往往与客户的日常生产、消费活动紧密相连，其使用频率远高于传统金融服务。那些精准捕捉高频生活场景并实现其互联网化的企业，已收获创新带来的市场红利。例如，美团把握住餐饮外卖场景，支付宝把握住移动支付场景，携程则精准切入整合旅游资源、满足消费者多样化旅游需求的场景。支付、日常购物、生活缴费等服务是消费者频繁使用的，而非金融服务通过与这些高频活动相结合，提高了用户的黏性。在金融产品与非金融服务的组合中，商业银行需要持续打造高频生活场景，以带动低频金融服务，通过构建非金融服务体系来增强用户忠诚度、提升用户体验。该策略的核心在于，非金融服务的使用频率通常高于金融产品，因此以非金融服务为切入点，能够更有效地吸引和留存客户，再针对这些非金融服务衍生出的金融服务痛点，融入相应的金融产品，进而打造一站式服务体验，带动客户的金融需求。

3. 场景选择的关键标准

（1）符合国家战略导向

银行业务应与国家战略和社会发展需求保持高度一致，这体现了善本金融的理念，即金融活动应以服务社会和经济的良性发展为核心。善本金融从社会价值向度出发，强调将金融功能性作为第一性，而非单纯的盈利性，这与国家战略和社会发展需求是相辅相成的。

（2）具备足够市场空间

考察目标场景的当前市场容量和未来的增长潜力，选择具有较大客户规模和成长性强的领域，以实现业务的长期可持续发展。

（3）符合自身资源禀赋

银行应充分考虑自身资源禀赋优势，选择能够发挥自身专长的领域进行深耕，更有效地利用现有资源，提升业务效率，进而在竞争中获得优势。这要求银行对自身核心竞争力有清晰、准确的认识，并能够依据这些优势精准定位市场。

（4）实现批量化获客

通过构建高频使用场景，能够快速获取大量用户并提升其活跃度。这不仅是增加流量和增强用户黏性的有效途径，也是拓展金融服务广度和深度的重要手段，让更多客群享受便捷的金融服务。

（5）易于规模化推广

在确保试点成功的基础上，逐步扩大场景金融的应用范围，并快速复制成功经验，实现“一地创新，全国共享”，以提高市场竞争力。

4. 场景金融的建设路径

(1) 从传统到互联网，构建市场化建设与运营机制

完善场景规划，强化全链条管理。按照分层分级、战略导向、急用先行、聚焦核心的场景建设原则，完善场景金融建设版图规划；统筹构建银行内部场景服务目录，建立分级分类的场景管理体系和动态更新机制，满足银行场景管理、建设、拓展、评价激励等需要；贯通场景经营体系，以大数据应用为驱动，构建场景营销生态一体化系统，实现风险全周期管理。

与此同时，场景金融是“三分建设，七分运营”，场景搭建后的运营更为关键。如果没有持续良好运营，则场景的搭建不能起到应有作用。银行应推出具备定制化、组合化、安全性等特点的产品，加大具有竞争力的拳头产品供给，无缝衔接到各类场景中。一方面，要借助金融科技，在合规的前提下深入分析用户的消费、投资等数据，关注用户生活、生产中的潜在需求，丰富客户触点、强化闭环跟踪，提升线上线下营销活动策划、发布、实施、迭代的专业化水平。另一方面，要加大资源投入，成立专门团队，探索线上经营新模式，激发体制机制活力，以“流程银行”的理念持续运营好场景平台。

(2) 从拓面到聚焦，依托战略场景构筑“护城河”

银行在选择场景时必须立足自身禀赋，即依靠自身的资源和优势来选择与发展特定的业务场景。这种策略体现了“靠山吃山、靠水吃水”的原则，意味着银行需要根据自己所处的市场环境、拥有的资源、面临的竞争态势以及自身的能力和特长来决定发展哪些业务场景。例如，农业银行以“三农”为根据地，在农村地区设立了“惠农通”服务点，为农民提供小额取现、生活缴费、转账、理财等服务，提高了农村金融服务的可得性，推出“掌银乡村版”，让农民可以方便地完成社保、医保、水电等民生缴费服务，以及理财、贷款、转账等金融服务；招商银行利用零售客群的优

势，构建非金融场景生态圈，覆盖政务、便民、出行等多个高频生活场景，由此加强与用户的交互，进一步提升零售客户的黏性。

（3）从自建到共享，构建合作共赢的生态体系

场景金融是多方参与、相互依存、深度融合的生态。这种生态强调的是多方参与、相互依存、深度融合，而不是由单一机构凭借流量优势进行单方面的生态构建和用户收割。在这种趋势下，商业银行和合作伙伴需要回归各自的本源，发挥专业性优势，走向纵深发展，并通过相互协作和聚力共生，形成持续发展的商业生态。银行在这一过程中，需要与合作伙伴共同构建场景生态，通过资源共享和能力聚合，寻求更广泛的资源和能力整合。这要求各参与方不是通过打败对手而是通过合作来创造价值。这种合作的核心逻辑是共创价值，即通过合作提升整个生态的竞争力和普惠性，实现共赢。例如，工商银行打造了智慧银行生态系统战略，通过开放平台 API 和金融生态云，将 1000 多项金融服务开放给合作伙伴。

（4）从单兵到集团军，实现银行内部跨部门协同

在构建场景金融的过程中，银行需要在不同部门和业务线之间建立清晰的职责划分与紧密的合作关系。这意味着每个部门都要明确自己的角色和任务，同时要与其他部门进行有效的沟通和协作，以确保整个项目的顺利进行。

具体来说，牵头部门应承担起规划、设计、考核和协调场景金融方案的责任，制定清晰的战略目标，确保项目按照既定的方向前进，并建立起一套有效的评价体系来衡量项目的进展和成效；直接负责场景金融业务的主管部门要关注客户需求的研究、服务模板的设计、客户体验的管理以及数据服务和风险控制等方面，工作重点是确保客户能够获得高质量的服务体验，并且应具有通过数据分析来优化服务流程和提高风险管理的能力；科技部门的职责是支持和实施重点场景的建设，包括研发、运维保障等技术层面的工作，以确保技术解决方案能够满足业务需求，并且在项目实施过程中提供必要的技术支持；分行需要在属地层面负责场景的推广和营

销，组织相关活动，收集客户反馈信息，并提供运营支持和服务，将总行的战略转化为具体的行动，并在地方市场上实现落地。

这种横向的合作模式有助于打破部门间的壁垒，促进信息流通和资源共享，从而提高整个组织对市场变化的响应速度和项目的执行效率。

群雄逐鹿的 C 端场景

C 端的生活消费场景是所有场景中流量最高、交易最频繁的。过去 10 年，互联网企业抢先布局，已经逐步覆盖支付、购物、消费、出行等方方面面。相对而言，商业银行虽然拥有大量的账户资源，但在与 C 端客户相关的衣食住行等支付场景中的份额越来越小，面临后台化、客户流失、市场份额被挤占等问题。商业银行做大做强零售业务的关键在于夯实客户基础，需要通过建场景、搭生态，线上线下经营相融合，将金融服务与非金融服务直接送达客户，抢夺经营客户的阵地，实现 C 端突围。

1. 数字消费信贷场景

消费信贷场景是指将金融服务和消费活动紧密结合，通过特定的消费场景提供信贷服务，以满足消费者的即时消费需求。消费信贷场景作为满足客户消费资金需求的金融服务，本身就与客户消费行为存在紧密的联系，其最佳的服务方式是通过与消费行为融合，在消费场景中完成金融服务。传统的消费信贷业务主要依托线下人员办理，金融与场景结合的成本较高，很难长期批量开展，导致消费信贷业务办理与消费交易之间出现脱节。比如，客户消费资金不足时先要到银行等金融机构办理消费信贷，再回到场景中完成消费支付。

消费信贷场景的变革主要得益于数字技术的发展，其改变了传统的消费金融模式，使得消费模式线上化、碎片化和移动化，同时自动化审批、秒申秒贷等技术手段降低了交易成本，为金融产品无缝融入消费场景提供了可能。在此背景下，线上获客策略的更新和科技能力的投入成为商业银行破局数字消费信贷的方向，主要包括教育场景、房产后市场场景（租房场景、装修场景等）、汽车后市场场景、医美场景等，由此衍生出学费贷、家装贷、汽车分期、医美分期等消费金融产品。从以上场景中不难看出，年轻客群是消费信贷的主力军，围绕年轻人的消费偏好，优化配置金融产品及服务，也是消费场景创新的关键。

一是信贷消费场景生活化。多家银行通过手机银行 App 新增内容社区、生活品牌馆等服务场景，在餐饮、外卖、旅游、出行、商城、快递、娱乐等与大零售相关的领域中应用信用卡。以建设银行为例，在大额信贷方面，针对年轻用户买房置业后装修资金不足的问题推出“装修分期”以缓解资金压力；在年轻用户汽车消费场景下推出了购车分期等服务，其产品“分期通”还覆盖了婚庆、育儿、医疗、大额耐用消费品等多元消费场景。

二是信贷消费活动内容精准化。根据年轻用户的特征、使用渠道和产品偏好等数据标签，通过算法搭建起客户洞察与产品推荐的匹配模型，让年轻用户在使用 App 时获得更加精准的推荐和定制化内容。比如，用户在使用广发银行“发现精彩”App 时可获得精准推荐、专属定制的内容，了解更适合自身需求的信贷产品和更专业的综合金融服务建议，功能上连接线上、线下的消费场景，辐射零售、航空、交通、通信、旅游、餐饮等行业，打造了一个生活服务平台。

三是创新服务内容，缓解年轻用户经济压力。比如，将提前还款用于理财，既能满足客户按时还款的需求，又能兼顾获取理财收益。

四是创造价值共鸣以促进业务转化。从不同的痛点与情感需求出发，深入年轻群体，获得价值认同，在此基础上，通过多渠道的扩散传播引发二次传播，进而强化品牌传播。

2. 智能财富管理场景

财富管理场景是指在财富管理过程中，根据客户的特定需求和目标，设计并提供服务或产品组合。这些场景通常围绕客户的财务目标，通过专业的顾问服务，为客户提供个性化的财富规划和产品推荐，满足客户在不同生命周期阶段的财务需求，如资产配置、风险管理、税务规划、退休规划、教育规划等，通过专业的金融服务和非金融服务，帮助客户实现财富的增值和传承。

首先，深入理解客户需求，推动业务模式从传统的产品货架模式转变为以客户为中心的智能推荐模式。例如，浙商银行通过搭建多元资产组合配置系统，基于投研结果、市场情况，根据客户的投资目标、风险承受能力等自动生成专业化、标准化、个性化的资产配置方案，大幅提升投资规划建议书制作效率与营销成功率。同时，也可以向理财经理精准触达产品信息与投研观点，提高理财经理的专业能力。其中，投资规划模块着力于客户画像生成和投资组合模型匹配，通过生成投资建议书直接进入客户应用场景；组合管理模块是投资规划的基石，根据客户多样的投资需求结合不同目标波动率的设定，生成不同风险偏好的投资组合，并在投资建议书中推荐。

其次，通过线上线下融合，银行能够提供更加便捷和个性化的服务。客户可以通过线上平台进行财富管理的咨询和交易，而线下网点可以提供更深入的面对面咨询和定制化服务。这种无缝的全渠道体验，能够满足客户在不同场景下的需求，提升客户满意度和忠诚度。

再次，AI 和大数据技术的应用，可以帮助银行更好地理解客户需求，提供更加精准的服务。例如，通过分析客户的历史交易数据和行为模式，银行可以预测客户的投资偏好，从而提供更符合客户需求的财富管理方案。

最后，财富管理的成功不仅在于产品和服务的质量，还在于与客户建立长期的信任关系。通过陪伴式的财富服务，银行可以在整个投资过程中为客户提供支持，帮助客户实现财富增长，同时增强了客户对银行的信任和忠诚度。

3. 投资者教育场景

在当今多元化的金融市场中，投资者群体呈现多样化的特征，年龄、职业、教育背景、投资经验和风险承受能力等方面存在差异。因此，针对不同客群进行多元化产品资产配置投资者教育的必要性越发凸显，这不仅有助于提升客户的金融素养，还能够帮助他们作出更为明智的投资决策，从而在风险可控的前提下实现资产的保值增值。比如，对老年人、新市民、青少年及拆迁居民等六大客群进行差异化财富管理投资者教育，根据不同客群特点提出“接地气”、可落地的家庭资产配置建议及指导，形成全方位投资者教育文章、短视频及课程等场景。

首先，对于初入市场的年轻投资者，这类客群大多对金融产品和投资策略缺乏足够的了解，容易受市场波动的影响，做出冲动的投资行为。通过有效的投资者教育，向他们传授基本的投资知识，如“投资小白如何理好财”“震荡市场如何避坑”等，帮助他们树立正确的投资观念，避免盲目跟风和过度投机。

其次，对于有一定投资经验的中年投资者，这类客群可能面临家庭、事业等多个方面的压力，需要在保证资金安全的同时实现资产的增值。通过有效的投资者教育课程及宣传，帮助这部分人更好地理解市场动态，掌握更为复杂的投资工具和策略，如股票、债券、基金等，以及如何根据自身的风险偏好和投资目标进行资产配置。

再次，对于老年投资者，他们往往更注重资金的安全性和稳定性，对风险的承受能力较低。对于这类客群，通过投资者教育宣传，能够有效地帮助他们识别和避免投资陷阱，了解适合自己的低风险投资产品，同时增强他们对金融诈骗的防范意识。

最后，需要关注投资者的个性化需求，提供定制化的教育内容和服务。例如，对于有特定投资目标的投资者，如子女教育基金、退休规划等，推动通过数智财富系统智能生成千人千面资产配置建议书以及多元化产品策略的落地，为不同需求、不同人生阶段的投资者提供投资者教育赋能闭环。

4. 外部平台合作场景

商业银行的优势是金融服务能力，短板是非金融服务，与互联网平台相比，仅靠银行自身很难在短期内构建非金融生态。商业银行可依托互联网、云计算和大数据等金融科技赋能建立开放化平台，通过优势互补、资源互换为客户提供生活和金融领域一站式服务。

一是“能力嵌入”模式，当场景的客户主导权在外部平台，业务模式受严格监管时，采取嵌入模式在外部平台进行账户开立、支付结算等金融服务，可以触达更多新客，提高获客率。

二是“平台共建”模式，商业银行与合作单位对客户均有主导权，通过共建平台获得客户行为、偏好等信息，更易清晰掌握和满足客户诉求，也更易挽留、激活存量客户，提高获客引流效应。

三是“外部引入”模式，商业银行自有渠道搭建场景生态，引入外部金融、非金融服务，为客户提供丰富的服务，激活私域流量，实现价值转化。例如，光大银行以缴费为主要突破点，“光大云缴费”平台借助互联网生态圈，连接供需两个开放端：一端整合全国各地水、电、燃气、有线电视、宽带、供暖、通信费、培训考试费、停车费等资源，另一端开放给金融同业、支付公司、电商平台、大专院校等合作伙伴，汇聚成品种丰富、数量巨大的资源库。

5. 非金融服务场景

在数字化时代，面对零售客户的需求变化，商业银行应将金融场景嵌入客户生活领域等非金融场景，通过对市场数据、社交数据、营销数据、风险数据等多维度数据的整合，实现对零售客户的精准画像和动态评级，为客户提供更为精准的服务。商业银行对非金融功能需求掌握不够，无法快速、有效地触达客户，必然导致服务覆盖范围、获客能力、用户体验、活跃度与黏性等弱于头部互联网平台，客户流失较为严重。因此，依靠高频次的非金融场景实现批量获客、借助非金融功能实现活客，以及丰富客户画像不足和填补数据维度等必将成为各家商业银行持续探索的重要领域。

以商业银行自有 App 为载体，基于支付结算、分期消费、信用贷款等金融服务，不断向外部生产、生活场景延展。首要是整合、梳理、打通银行体内的各类商城非金融应用，不断刺激，反复推动餐饮、旅游、购物、出行等高频率、强需求生活场景建设，通过差异化经营、资源互补、权益附加等方式提升客户体验，通过高频非金融服务拉动低频金融交易，最终实现“获客—活客—留客—价值转化—行为反馈”的闭环，打造以银行自有 App 为载体的移动端闭环服务生态圈。例如，建设银行推出的一款生活服务类 App“建行生活”，汇聚了美食、外卖、充值、打车、电影演出、缴费、家装生活、车生活等十大生活场景，涵盖了都市人群日常消费的主要场景，整合了金融服务和非金融服务，旨在满足用户在日常生活中的多元化需求，用高频非金融拉动低频金融。

未来围绕学历教育、教育培训的“乐学”，顺应交通智能化、出行智慧化大趋势的“畅行”，响应“养老金融”和“健康中国”战略的“康养”，以及汇聚普惠金融和拉动内需、促进消费而衍生的“普惠民生”等场景，将成为商业银行 C 端场景金融生态建设的重点方向，为商业银行践行人民金融提供新的机遇与挑战。

产融结合的 B 端场景

当前，B 端场景金融服务处于加速推进阶段，尽管在专业化程度、经验积累、市场渗透等方面商业银行仍有不足，但不可否认的是，目前其并没有像 C 端场景一样，面临核心高频场景被互联网巨头掌控的困难。聚焦发展 B 端场景金融既是商业银行数字化转型的重要方向，又是赋能“四链合一”的产业链服务场景和“四流合一”的供应链服务场景的重要手段。通过 B 端场景创新，为创新链、产业链上的各类主体、各个环节提供精准有效的融资支持，把金融资源配置到产业链、创新链、人才链的重点领域和薄弱环节，为产业创新发展提供高效的资金供给。

1. 赋能“四链合一”的产业链服务场景

政府主导的“四链合一”的产业链服务场景是政府在推动创新链、产业链、资金链和人才链深度融合的过程中，发挥引导和协调作用，以促进科技和经济的紧密结合，提升国家创新体系的整体效能。这种服务场景的核心在于通过政府的顶层设计与政策支持，构建协同互补、彼此赋能、整体优化的发展科技，从而推动科技创新和产业升级。

（1）赋能创新链发展

从金融视角来看，新质生产力是以科技创新为主导，实现关键性、颠覆性技术突破的先进生产力形态，而实现科技创新、技术突破需要长期、稳定的资金支持。科技型企业在创新链中扮演着至关重要的角色，它们是推动经济增长和社会发展的关键力量，也是创新链中资金需求最为迫切的对象。因此，要打好金融赋能“组合拳”，围绕创新链部署资金链，更精准、高效地支持科技创新，形成“科技—产业—金融”的良性循环，为新质生产力的培育和发展注入源源不断的金融活水。例如，浙商银行推出了科技金融十大场景十六大专属产品体系，为科技型企业提供了“全周期、全链条、全方位”综合金融场景服务。

一是全周期场景。针对科创企业中小企业居多、发展阶段不一、需求多样化的特点，通过创新科技金融配套产品和服务，结合企业初创、取得订单、引入创投、跨境需求、启动股改、上市排队、IPO 上市等十大金融服务场景，迭代推出“人才支持贷”“科创共担贷”“科创银投贷”“专精特新贷”“科创积分贷”“科创激励贷”等十六大科技金融专属产品，满足企业不同成长阶段的多元化金融需求，支撑企业科技创新能力的提升，实现对企业全周期赋能。

二是全链条场景。发挥供应链金融服务优势，沿着核心企业上下游服务科创企业，帮助科创企业融入核心企业供应商体系，帮助科创企业获得更多订单，以特色化的供应链金融服务畅通科技型企业融资，推动产业链稳链、固链。

三是全方位场景。与政府、担保、券商、保险、创投、基金、律所、知识产权、创业孵化等部门和企业合作构建科技金融综合服务生态圈，全方位帮助科创企业解决发展过程中遇到的各类问题。

（2）助力产业链转型

当前，产业数字化不断深入发展，平台经济、工业互联网、智能制造等新业态、新模式不断涌现，成为数字经济的重要组成部分。用数字化手段消除产业链和金融之间的信息不对称，如果能把整个产业过程数字化，就会对产业有更深的了解，对企业的理解也更深，进而可以在这个基础上识别每一个场景，再有针对性地提供金融服务。以下为产业数字化转型的典型场景。

一是聚焦工业互联网平台的数字化转型场景。基于数字化改造的融资需求，通过与工业互联网平台等系统对接，链接数字化服务商及数字化改造的中小企业，按照数字化改造整体投入的一定比例为企业提供基于数字化改造需求的融资，保证项目改造有效推进。待数字化改造完成后，将政府发放的数字化改造的补贴费用归还至转型企业开立在银行的监管账户并用于归还贷款，从而实现资金闭环。基于数字化改造完成的融资需求，通过与工业互联网平台等系统对接，获取与转型企业的生产经营数据、设备运行情况、采购销售信息、税务发票信息等业务相关的数据资源，利用数据资源对其经营情况进行动态建模，为企业提供流动性支持，提升企业资金使用效率，支持企业实现降本增效。同时，通过实时监测企业生产经营情况，提升贷后管理的可靠性。

二是聚焦产业互联网平台的产业服务场景。供应链服务从供应链产业链整体出发，帮助企业盘活应收账款，提供系统性的金融解决方案，但仍以核心企业确权及相关信用增信配合为主要风险控制手段，银行对产业链上的中小企业认识不足。产业互联网平台汇集了上下游中小微企业大量的生产经营数据，可供银行快速了解产业链上企业经营和风险情况，从而快速响应企业的结算、融资、财务管理等综合需求，降低企业成本，提升产业链各方价值。

三是聚焦政务增值服务平台的小微场景。近年来，各级政府积极打造泛在可及、智慧便捷、公平普惠的数字化服务体系，其中包括加大融资信用服务平台建设统筹力度，健全信用信息归集共享机制，深化信用数据开发利用，为中小微企业提供高质量金融服务。政府主导建设了一系列融资平台，如国家发展改革委“全国中小企业融资综合信用服务平台”、农业农村部“信贷直通车”以及广东省工信厅“广东省中小企业融资平台”、浙江省农业农村厅“浙里担”等。基于政务数字化平台的建设情况，商业银行可通过与政府部门沟通协作，对接各类政务平台，在引入不同维度的数据的同时通过政务平台进行引流；探索新型数据的可用性，强化数据融合应用。同时，延伸数据使用的深度，通过大数据分析、人工智能等新技术处理复杂数据，提高风险评估的准确性；利用数据挖掘客户需求与偏好，通过为客户提供个性化产品组合，解决小微企业融资金额小、需求急、频率高的痛点。

（3）服务人才链成长

人才是创新发展的重要牵引和支撑，是串联产业链、创新链的核心要素，然而高层次科技人才创业多在高科技新兴行业，存在研发周期长、资金耗用大且通常缺乏抵质押物等科技型企业常有的痛点，其中创业初期是科技人才企业生命周期中融资最难的阶段，银行服务常出现“看不懂、缺抵押”的情况，导致银行“不敢贷、不愿贷”。因此，为人才创业、科技创新提供金融保障，为新质生产力发展提供新动能，是银行探索新产业、新经济服务模式，推动自身发展的必然选择。商业银行需要根据人才创业创新特点，坚持“以人为本、陪伴成长”的服务理念，形成以人才评价为核心的长效发展机制，创新打造人才银行全生命周期产品体系，构建“个人金融 + 企业金融”的全周期、全要素金融保障体系。

一是为人才个人提供全方面服务。围绕人才个人提供人才卡、人才贷、财富管理、私人银行等服务，满足人才在生活置业、尊享生活等方面的全方位金融需求，针对不同层级的人才客户，提供差异化权益服务，最大化提升人才个人的获得感。

二是为人才企业提供全生命周期服务。基于人才企业不同成长阶段与实际需求，提供全生命周期陪伴服务，将人力资本作为风险评估的首要因素，将人才资质作为风险额度核定的主要依据。例如，对于创业初期的人才企业，凭借人才证明文件等材料提供一定额度的信用贷款支持；对于成长期的人才企业，根据企业人才团队、核心技术优势、研发能力、预期发展趋势等提供大额的信用贷款支持；对于成熟期的人才企业，提供认股选择权等股权融资类服务。

2. 赋能“四流合一”的供应链服务场景

为什么供应链金融喊了这么多年，链上中小微企业的融资问题仍然没法很好地解决呢？其实，这缘于供应链金融需求的六大特征：一是金额小，单笔合同金额小使单笔融资金额小；二是需求急，资金均用于订单交付，下订单就要马上支付；三是频率高，交易周转快使融资频率高；四是跨区域，上下游企业分布于全国各地，需要线上跨区域办理；五是核心企业有扶持上下游的意愿，但无从下手；六是纯信用，上下游企业缺乏有效的抵押、担保，往往要求信用放款。

另外，随着社会的进步，上下游企业对融资成本的要求也越来越高。因为上述六大特征给银行带来了三大挑战：一是流程烦琐，链上客户横跨全国，需求“短小频急”，操作笔数多，缺乏人手；二是授信难，中小企业天然信用有限，加上缺乏抵质押物和有效担保，传统授信审批难度大；三是系统对接慢，商业银行的科技部门设置在总行，流程长、对接慢，不仅落地周期长，还难以快速迭代，无法满足不断变化的供应链金融需求。

总体来看，上述六大特性使银行原有服务模式投入成本高，产出效果差，投入产出不成正比，整体服务不够充分。赋能供应链业务需要从本质出发，供应链管理追求的是信息流、商流、资金流和物流的有机融合，

“四流”共同构成了产业信用的基础。根据供应链金融对产业信用的挖掘，产业信用的场景可划分为基于交易信用、物的信用、数据信用的供应链金融场景。针对以上场景，商业银行需要借力数字化改革，全面开展流程重构、授信创新、技术赋能和服务跃迁等，解决传统金融服务“授信审批难、规模化发展难、风险控制难”等痛点。

（1）基于交易信用的供应链金融场景

订单模式融资场景：基于链主企业采购订单数据为供应商提供的融资模式，适用于供应商需要垫资生产的融资需求。可分为三个子场景：

一是核心企业以自身与供应商之间发生基础贸易产生应付账款为基础，通过供应链金融平台在线开立具备拆分转让支付、融资及到期兑付属性的电子债权凭证，其可以将核心企业优质信用向上传递，有效满足产业链上多级供应商的融资需求。

二是在核心企业对供应商应收账款进行确权、明确到期付款以及回款锁定的情况下，为供应商提供应收账款融资服务场景。

三是在核心企业对供应商应收账款进行确真（不确权）以及回款锁定的情况下，为供应商提供应收账款融资服务场景。此场景主要占供应商授信额度，核心企业无须强确权，仅需确认应付账款及配合变更回款账户，负担小。

（2）基于物的信用的供应链金融场景

控货类经销商融资场景：为经销商办理定向用于向链主企业采购货物融资后，由链主企业或第三方仓储监管机构利用物联网等技术为商业银行管控货物，并通过 ERP 等系统对接，在经销商还款后进行提货的控货类经销商融资，重点解决经销商预付款大额采购资金压力问题。对于核心企业来说，可以不占自身的授信额度，缓解库存资金占用，通过银行来帮助下游订单全额回款。对于经销商来说，最直接的就是解决了其向核心企业大额采购的资金需求问题。目前，商业银行大多支持全线上化操作，让经销商在使用时也非常高效便捷。

（3）基于数据信用的供应链金融场景

不控货类经销商融资场景：依托链主企业与经销商历史交易、结算周期、结算方式等信用数据，为经销商办理定向用于向链主企业采购货物融资后，经销商可先行提取货物并以货物销售现金流入偿还银行的非控货类融资，重点解决经销商扩大采购带来的资金压力问题。对于核心企业来说，最重要的是可以扩大销售渠道、扶持经销渠道、提升市场份额，而且可以控制经销商赊账风险、优化报表。对于经销商来说，重点解决扩大采购带来的资金压力问题，并且融资成本低，手续便捷高效。

基于多维信用数据场景：数据链融资业务是指在特定核心企业的上游供应商或特定数据链集群客户向银行授权的情况下，银行通过各类渠道获取客户多维度信用数据并运用建模等方式综合评判企业信用状况，结合人工调查，由系统自动计算出客户授信额度的授信模式。例如，浙商银行积极运用企业经营过程中积累的税务、发票、人行征信、缴纳电费金额等数字资产，聚焦企业原材料采购、缴纳电费等用款场景，创新数据链融资、缴费白条等供应链纯信用授信模式。在客户授权的情况下，通过各类渠道获取客户多维度信用数据并运用建模的方式综合评判企业信用状况，1 分钟核额，1 分钟提款，无须抵押、担保，为产业集群中小微企业提供纯信用、全线上、随借随还的低成本融资。

（4）公共事业缴费场景

公共事业缴费场景：核心企业下游客户应用国内信用证等开展“电、气、油、水、料”等批量采购支付融资场景，主要包括电费证、燃气证等重点场景业务。以电费为例，由于行业、规模的差异，许多制造企业每月电费可能动辄几十万元、数百万元，高则千万元甚至上亿元，占企业生产成本的比重较高。例如，浙商银行通过供应链金融“电费证”产品，重点关注企业“交电费”这一场景，以“电力大数据 + 金融”赋能能源产业链，满足企业电费延期支付需求，大大缓解了企业每月收到电费通知单时的“焦虑”。“电费证”等业务具有场景化、成本低、线上化、操作简单等优势。通过数字化改造，一笔“电费证”流程从 28 个环节缩至 12 个环节，原先“开证 + 议付”流程的平均时耗达到 5 天，改造后仅需 2 小时，大幅提升了业务效率，加强了对中小企业“电费证”的业务支持。对于中大型用能企业而言，电费信用证业务能够帮助其延缓现金流出，降低财务成本；对于电网公司而言，能够助力其快速回笼现金；对于小微企业而言，能够破除其缺少资金缴纳电费的痛点。浙商银行“电费证”产品现已涵盖电费、热气、燃气、油气、污水处理和焦煤采购六大场景，支持国内证、票据、贷款等多种形式。

方兴未艾的 G 端场景

商业银行对 G 端场景的探索起步相对较晚，主要有以下两方面原因：其一，与 B 端和 C 端场景相比，G 端客户资金较为充足，融资需求少，商业银行传统业务模式难以找到合作切入点；其二，G 端客户对合作方资质要求更高、更全面，因而往往更倾向于与大型银行合作，这也导致中小银行的机会不多，探索也相对较少。然而，近年来，随着政府部门推行数字化转型、提升政务服务效率、推动中小企业融资等一系列政策的实施，相关机构希望借助第三方力量实现更高效的改革，与各类企业的合作也更加紧密。商业银行若能把握政策机遇，发挥自身专业优势，将金融服务和非金融服务融入政务服务，成为政策实施的智囊与推手，必定能在 G 端形成竞争优势。

1. 高层次人才服务场景

高层次人才是推动我国科技创新与发展、促进社会进步、提升国家竞争力的坚实基础，为了吸引和培养高层次人才，政府近年来推出一系列支持政策。与政府的人才合作通常从以下三个方面入手。

一是人才共选共育。通过与政府机关、高校联合举办专题赛事、创业活动等，为人才脱颖而出创造条件。赛事方面，如工商银行自 2010 年起每年举办的“工行杯”全国大学生金融科技创新大赛、杭州银行自 2017 年起每年举办的“杭州银行杯”浙江省大学生金融创新大赛等，这些赛事通过鼓励不同专业背景的学生组队参赛，促进跨学科交流与合作，挖掘优秀的金融科技创新成果，为银行输送了大量的优秀人才。项目孵化方面，如建设银行自2015年起每年举办的“建行杯”互联网+大学生创新创业大赛、农业银行自2017年起每年举办的“农银创想”青年创业者大赛等，邀请行业专家为参赛团队提供指导，挖掘切实可行的优秀创业项目并为其提供融资服务，推动企业孵化。

二是课题协同研究。发挥银行渠道优势，与高校共同开展课题研究，共同举办高端论坛。常见的合作模式有：联合课题研究，银校共同确立研究课题并组建联合研究团队；专项资金资助，银行设立专项基金，高校负责具体研究；实验室共建，通过共建实验室或研究中心，吸引高水平研究人员开展专项研究；学术交流与研讨会，双方专家和学者共同讨论金融领域的热点问题，分享研究成果和实践经验。这些合作产生的成果既能用于银行的实际业务，推动金融创新，也能发表学术论文或报告，并成为高校的教学素材，还能提供给政府部门作为决策和政策制定的参考，发挥行业高端智库作用。

三是金融产品支持。及时获取人才清单，为政府部门认证的高层次人才提供融资服务。为高层次人才创业、科研成果转化提供人才企业系列产品（知识产权贷、人才支持贷、人才项目贷等），同时积极响应相关支持政策，为初创企业提供金融支持和陪伴式成长；对于人才个人金融需求，提供人才卡、消费融资、私人银行等特色化服务。

2. 资金交易与管理场景

近年来，政府部门的数字化改革将大量政务的办理事项线上化，以为个人和企业提供更加便捷和高效的服务。银行可以在资金监管、支付、结算等金融服务方面发挥优势，对接政府部门平台，为涉及资金交易的政务服务提供技术支持。

一是对接政府平台开展资金监管业务，对于有定金、保证金等资金要求的交易平台，提供专款专户管理服务，有效避免资金挪用，保障监管资金安全。例如，对接各地住房管理部门，对买卖双方实现二手房交易资金进行管理；对接各地国土局、公共资源交易中心等机构，实现招投标保证金缴纳监管相关功能，同时在土地使用权交易、政府采购、产权交易、公共资源交易等场景为合作单位提供优质服务。

二是对接政府平台开展支付结算业务，提升交易效率与平台服务水平。对接住建部公积金中心，作为受托银行与住建部通过统一支付结算通道进行电子支付结算，完成公积金提取、公积金缴存、公积金还款等支付结算业务，提升住房公积金结算效率，提高公积金中心对广大住房公积金缴存人的服务水平；对接 ETC 发行方公司、公路局等，为客户绑定 ETC 卡账户，每日自动接收清算请求，完成签约客户高速通行等费用代扣；对接乡镇政府，提供集体资金账户监管、不同性质资金分账户监管、实时收支推送、限额支付、大额审批支付、支票审核及对账等服务。

三是对接交易平台开展交易服务，针对省级及以上政府行业管理部门批准经营的电子交易市场，通过存管通提供交易管理、支付结算、监督管理等综合服务。例如，为从事产权、股权、债权等权益类交易，商品现货远期合约、期权合约等大宗商品交易，碳排放权、排污权等其他交易，提供账户管理、资金划拨、对账清算、出入金、余额通知等支付结算服务，资金监管服务，以及交易会员签解约等管理服务。

3. 公共服务机构融资场景

公共服务机构通过提供广泛的服务，支持社会正常运作和发展，提高公民的生活质量和幸福感，尤其是教育机构和医疗机构，与每个人的生活息息相关。银行可通过为公共服务机构提供资金支持，缓解机构短期资金压力，打通供应链堵点，畅通机构的日常服务。

一是助力学校、医院基础设施建设和设备更新。对接学校教学设施设备更新和以县级为重点的医疗装备更新。对教育系统信创终端进行替换。对接省内高校基础设施提质工程，全面提升高校基础设施办学条件。针对学校和医院因基础设施建设与设备更新产生的融资需求，设计专项贷款产品，提供金融支持。

二是满足医疗机构日常资金需求。根据公办医院时间短、结算量大、需求急等融资特征，提前制定授信方案，配套提供可随借随还的大额信用贷款，有效满足短、频、快的融资需求。通过与各市县医疗保障机构加强合作，依托医保结算数据，运用数据信用类金融产品提供资金支持，解决中小型医疗机构的日常资金周转问题；与金融租赁公司合作为医疗机构提供设备租赁服务，减轻机构一次性大额支出的压力。

三是服务上游供应商。针对上游供应商与学校、医院结算账期长、回款慢的问题，通过与学校及医院后勤、药械平台等对接，为上游供应商提供应收账款、订单融资；基于与学校、医院的贸易信息数据，为上游服务、工程、食品、硬件等供应商办理应收账款转让或质押类融资业务，重点满足上游供应商向核心企业交付货物后因赊销产生的提前盘活应收账款需求；基于学校、医院的采购订单数据，为需要垫资生产的上游供应商在下订单、收货后等阶段提供订单融资。

4. 数字化平台合作场景

对于有数字化改革需求但尚未开展数字化平台建设的政府部门，可发挥银行在科技金融方面的优势，提供技术输出，与相关部门共建平台，提供政务管理、交易监测、资金监管等金融和非金融综合服务。

一是为政府搭建各类数字化政务平台，赋能政府服务增值化改革。例如，为民政局搭建社会组织数字化服务平台，助力民政政务触达企业，从社会组织年检管理、登记管理、备案管理、等级评估、公益创投、预警管理等切入，带动办公、财务、人力、安保、党宣、撮合、金服、公益慈善等服务工具的高频使用，提升社会组织数字化及对社会组织数字化管理水平。

二是协助政府搭建各类交易平台，赋能政府管理数字化。例如，协同国土资源主管部门搭建自然资源智慧交易服务与监测分析平台，支持国有用地使用权、矿产、集体经营性建设用地使用权、“蓝碳”等资源拍卖、挂牌的全流程交易，同时提供政务服务及管理监测等功能。协同商务主管部门搭建贸易平台，提供外贸订单监测预警管理、海外仓物流管理、展会参展管理、外贸融资、信保、汇率避险等金融服务，打通外贸企业生产经营过程中的痛点、堵点，保障外贸物流及供应链畅通。

三是协助学校、医院搭建管理平台，为繁杂的日常事务提供数字化、高效的管理手段。针对学校、医院费控场景，提供智能报销、薪酬管理等一站式服务，助力学校和医院内部费用管理的数字化提升。针对学校、医院数字化党建需求，提供党员信息维护、党费交纳、知识竞赛等特色模块功能，打造智慧党建。针对学校综合管理场景，基于校园线上化管理理念，制定“智慧校园”服务方案，为学校提供公共信息服务、家长服务、教师服务、学费与生活缴费等功能板块，深度绑定学校收费场景。

第八章 链式生态金融的共生进化

2019年2月22日，习近平总书记在中共中央政治局举行第十三次集体学习时指出，“金融活，经济活；金融稳，经济稳。经济兴，金融兴；经济强，金融强。经济是肌体，金融是血脉，两者共生共荣”。2020年6月17日，国务院常务会议强调，要推动金融机构与企业共生共荣，推动金融系统全年向各类企业合理让利1.5万亿元。习近平总书记关于经济金融共生共荣的重要论述是对我国经济金融关系的高度概括。所谓经济金融共生共荣，指的是金融以服务实体经济为根本宗旨，促进实体经济发展并共享发展成果，转而实现自身发展，呈现经济金融相互助推式发展的良性互动局面，这是一种理想但并不容易达成的状态，也是中国特色金融发展的目标与方向。

我们需要一个望远镜，以统揽经济宏观全局。

我们需要一个放大镜，以研究金融微观本质。

我们需要一个显微镜，以洞察银企互动合作。

我们需要一个广角镜，以跳出功利审视金融定位。

前面几章从链式生态金融定义、技术驱动、客户理念、场景构建等方面解释了链式生态金融“是什么、做什么”，本章的重点是回答“怎么做”，即从客观存在的经济金融现象与事实出发，解析链式生态金融相关主体的行为立场与相互关系，探索链式生态金融共生系统的共生逻辑与进化路径。第一，从博弈论、实践等视角，全面辨析经济活动所有参与主体的目的和行为，明确稳链强链成为共识与目标，实施生态合作可以实现整体价值的最大化与参与方的共赢。第二，基于共生理论对金融共生单元、金融共生模式、金融共生环境进行解析，阐明了链式生态金融共生系统的共生机理，提出了优化共生环境的建议。第三，论述了数字化技术为链式生态金融带来的强大支撑，促进共生系统价值最大化和共生系统良性进化，反之，数字伦理治理成为共生进化必须考虑的首要问题。第四，回顾经济金融发展不匹配情况，分析了金融界从“金融向善”到“善本金融”的进阶过程，指出善本金融可以重塑协调经济金融微观主体的内在依存逻辑，由目标、过程、结果等方面引导链式生态金融共生系统向连续性对称互惠共生进化。

经济活动主体的目的和行为

金融服务作为一种经济活动，涉及企业、单位、个人和政府部门等多个参与主体，参考国民经济分类，在产业金融、供应链金融、园区金融等绝大多部分金融服务场景，甚至目前的金融“五篇大文章”，都可按参与主体承担的角色及规模，将其细分为以下六类（以下简称“六大主体”）：作为生产经营核心的国有企业或大型企业（以下简称“核心企业”）、以银行为主的资金供给机构、上游供应商、下游销售商（一般是中小微企业，甚至是个体经营户）、物流仓储与科技服务等第三方服务公司，以及作为协调者的政策部门与监管机构。这六大主体通过生产、交易、消费、融资等各种活动形成多元化、具有多条关系链、区域或行业性的网状金融生态圈。

1. 经济活动参与主体的目的分析

从实践来看，供应链金融作为产融结合的重要形态、落实金融服务实体经济的关键突破口，受到广泛关注与重点研究，并在概念界定、融资工具选择以及实际运用方面都取得了丰硕成果。现将其作为链式生态金融典型场景，深入分析各参与主体从事经济活动的目标，这决定了参与主体的经济行为。

六大主体作为独立的市场经济主体，符合理性经济人假设，他们始终理性且自利，追求自身利益最大化。政府是非营利性机构，但也有税收考核等需求，本质也是追求效益的理性经济人。其中：

对于核心企业而言，首先是重点保证以其为中心的供应链整体稳定，并借助其在供应链中的强势地位，减少自身资金占用，显著降低经营成本。其次是增强与上游供应商及下游销售商间的黏性，吸引更多的关联企业加入供应链，稳定以本企业为核心的供应链生态圈，甚至构建由其主导的供应链金融平台，在主营业务外还能额外赚取供应链平台管理费用。现在许多大型核心企业有自己的供应链金融平台，如中国铁建搭建的“铁建银信”、国家电网搭建的“电 e 金服”、山东高速的“速链云 +”等。

对于上游供应商而言，其在供应链中地位最弱势，也是核心企业转嫁资金成本的首选对象，但作为供应商，其对核心企业拖欠应收账款的行业潜规则是能接受的，其在交易报价时已将相关成本考虑在内，毕竟“羊毛出在羊身”上。对于其而言最重要的是核心企业能按合同约定（主要是付款期限）将应收账款兑现。在实践中，对于这类供应链应收账款只要作为付款人的核心企业账户有钱（供应链保持稳定），哪怕核心企业想赖账，通过司法途径最终也能收回账款，只是需要耗费额外的时间及资金成本，所以上游供应商最大的要求是保持供应链稳定。当然，借助供应链金融服务能提前兑现应收账款，甚至能为订单的生产备料获得融资并降低融资成本，是更理想的状态，毕竟中小微企业融资难、贵、繁是常态。

对于下游销售商而言，希望能保持供应链稳定，并借助供应链金融服务盘活其存货及订货预付款，以较低的成本获取融资，减轻流动性资金的压力。

对于资金供给方（如银行、融资租赁公司、财务公司等）而言，往往将搭建供应链金融服务平台作为创新转型的突破口，希望通过供应链金融拓展金融服务，延展客户群体，触达核心企业上下游企业，实现以下四个目标：一是借助供应链交易场景，发挥链上信息作用，解决银企信息不对称、中小微企业财务报表可信度低问题，提高风控管理的实时性、精准性。二是发挥核心企业信用替代作用，管控链上资产与票据，解决缺少合适的抵质押资产问题，实现企业增信，降低融资风险。三是实现批量化获客，提升获客效率，稳定融资需求，优化信贷结构，实现小额分散。四是通过公私联动、公小联动，促进零售、理财等金融业务发展。

对于物流仓储与科技服务等第三方服务公司而言，希望能深度参与供应链服务过程，并与核心企业、金融机构等关键主体建立密切关系，增强业务黏性，从而获得稳定的业务，增加收入。

对于作为实体经济活动协调者的政府部门及监管机构而言，最大的希望是通过发展供应链金融，实现金融服务实体经济，高效破解企业特别是中小企业融资难题，并以此保持供应链稳定，促进经济发展。

综合来看，六大主体的个别目标存在冲突。比如，核心企业期望减少自身资金占用，显著降低经营成本，故其往往会占用上游供应商的应收账款或下游销售商的预订款。

实践调研与研究分析结果表明，供应链金融实施成功的关键在于保持供应链整体稳定（不排除个别非核心企业破产等局部不稳定情况），并合理分配与平衡供应链参与主体之间的利益，其中保持供应链整体稳定是保证各参与主体整体利益或者长期利益最大化的基础，对于任何一方而言，追求短期利益最大化而导致供应链断裂就是竭泽而渔。

稳定的供应链能实现整体利益最大化是因为把六大主体当成一个整体，实现资源共享、减少摩擦、提高效率、降低内耗，从而增加利益。各参与主体长期利益最大化是因为以价换量，通过长期交易获得更大回报。比如，核心企业占用上游供应商货款，短期内确实能获得更多的资金利息，但有可能影响上游供货从而导致核心企业自身发展受阻。又如，当经济形势不好时，一些大型建筑商无法按期兑现应收账款，原有的供应商都不愿意供货，只能以现金去临时高价采购物资。反之，如期兑付货款，稳定可靠地获得上游配套产品与服务，保证自身生产经营稳定，其收益肯定大于多占几个月货款的利息。因此，将供应链金融扩展到链式生态金融，所有经济主体的共同期待应是保持良好稳定的经济运行环境。

2. 经济活动参与主体的行为分析

为实现上述目标，六大主体会根据当前经济的运行环境，基于自身条件，选择性实施一些行为，以期获得更有利的结果或收益。许多学者从博弈论视角对供应链融资进行大量研究，得出类似结论：一是影响核心企业为上下游中小微企业提供担保的关键因素是中小企业违约的外部损失成本。二是影响中小企业守约的关键因素是核心企业提供的担保金额。三是银行是否提供贷款的关键因素是应收账款质押总额、核心企业担保金额以及中小企业违约的外部损失。四是供应链企业是否守约的关键因素是贷款利率和应收账款总额。实际上，这些供应链金融博弈分析理论结果与相关主体的实际经济行为并不一致，具体来看：

（1）核心企业为中小微企业贷款担保不会增加风险

据统计，中国供应链金融融资约占社会融资规模的10%（其中商业银行系约占2/3），且目前60%为应收账款融资模式，即中小微企业供货给核心企业后，核心企业就中小微企业的应收账款向金融机构进行确认，并承诺对中小微企业应收账款融资进行担保，得到核心企业增信后，金融机构对中小微企业发放贷款，收到核心企业归还的应收账款后，中小微企业归还金融机构贷款。许多研究者认为核心企业为中小微企业贷款进行担保后，在中小微企业不归还贷款时，核心企业需要替中小微企业归还贷款，增加了风险。

这种认知完全忽视了供应链金融中核心企业对中小微企业的应收账款

抵押融资进行确认担保，本质是用核心企业欠中小微企业但尚未支付的应收账款作为抵押，一方面，相关贷款的第一还款人是中小微企业，核心企业的担保增值只是最后的救济手段，只有在中小微企业破产无力偿还时才需要履行担保责任。另一方面，中小微企业从金融机构贷款的基础是核心企业欠中小微企业货款尚未支付，这些货款是核心企业本应支付的。如果不确权，除非核心企业破产（供应链金融崩溃），否则核心企业最多只能比合同约定期限多延迟一段时间完成货款支付，但绝不能不支付，否则被欠款的中小微企业会进行诉讼，这种官司核心企业必输，会影响核心企业的生产经营，因此核心企业为中小微企业融资进行确认担保并不会增加任何风险，这不同于目前各种博弈分析结论。

核心企业愿不愿意为中小微企业贷款进行确认担保的区别只在于能否多占用一段时间货款从而获得一些额外利息收入。按照目前的惯例，正常企业间交易账期一般为1～6个月，正常拖延也无非多3～6个月，目前核心企业的融资利率一般不会超过5%，所获得收益基本在1%～3%。对于核心企业而言，与维护供应链稳定、保证生产经营发展获得的利润相比，违约拖延应收账款的收益属于小利，并不是决定核心企业行为的关键因素。

（2）中小微企业是供应链金融重要受益者

实践中，中小微企业最怕核心企业破产无力支付应收账款，而对应收账款延期支付早有预期，已将其纳入成本计算。当前经济环境下，核心企业拖欠上游供应商货款已成为一种常态，中小微企业对被占用资金也有心理预期，其交易利润肯定能覆盖延期资金成本，与被占用资金相比，中小微企业更害怕核心企业发生风险而无力偿还货款。例如，恒大事件发生后，牵连各种供应商，甚至南通万亿元规模的建筑企业也大批倒闭。

在供应链金融模式下，中小微企业可以获得以下好处：一是能降低融资成本。中小微企业若不能按时取得货款，需要另外融资，成本非常高，通过银行贷款一般在7%左右，民间借贷至少12%。若能借助供应链模式利用贷款抵押融资，融资成本则比较低（一般为其他途径融资的1/2，大约为6%）。二是提前将应收账款抵押融资后，实现风险转移。三是中小微企业与核心企业间信息不对称，若银行愿意做供应链金融贷款，代表银行评估认定核心企业财务稳健，那么中小微企业被核心企业拖欠的货款安全性也比较高，风险相对较小，相当于银行给核心企业做了隐性背书。

在供应链应收账款抵押融资中，贷款主体（第一还款责任人）是中小微企业，其额度既受应收账款总额的影响，也受贷款主体本身信用水平的影响。所以中小微企业是否守约的关键因素并不是核心企业提供的担保金额，而是供应链是否稳定。

（3）核心企业对应收账款的确认相当于信用背书

在实践与研究中，许多人一直认为因为是核心企业根据中小微企业应收账款对其融资进行担保后，金融机构才发放贷款的，所以核心企业是否愿意为中小微企业贷款提供担保决定着金融机构是否发放贷款。其实，供应链应收账款融资风险控制有三大原则：核心企业担保增信、中小微企业主体信用和应收账款票货控制。其中核心企业担保的代偿是作为最后的救济手段，不到万不得已是不会使用的。金融机构更看重的是中小微企业能成为核心企业供应商所形成的稳定交易合作，即核心企业对中小微企业的应收账款数量与账期进行确认，相当于对中小微企业经营稳健性进行另一种形式的隐性背书。比如，股票市场上，对苹果、小米上游供应商进行信息确认都能对股份产生刺激。再加上核心企业担保，则中小微企业融资贷款具有双重保险，给其授信贷款的风险反而小于给核心企业授信贷款的风险。

事实上，金融机构是否发放应收账款融资主要取决于核心企业担保增信、中小微企业主体信用和应收账款票货控制，这也不同于博弈论所强调的应收账款质押总额、核心企业担保金额以及中小微企业违约的外部损失。至于有些研究者提到的供应链企业是否守约的关键是贷款利率和应收账款总额，应收账款总额是有影响，无论是根据完全信息条件还是根据不完全信息条件下的信贷配给理论，对于一定信用等级的客户，银行一定是存在贷款额度限制的，这并不完全取决于应收账款总额，但利率不会影响企业守约与否，保障营商环境的关键是司法环境，而不是道德情怀。

（4）数字技术驱动供应链金融主体间信息趋向透明

供应链金融参与各方的信用状况、财务状况等信息并不完全透明，属于不完全信息博弈，为了简化分析过程，现有研究基本假设为完全信息博弈。随着金融业数字化转型推进，在大数据、区块链、人工智能等数字技术支持下，在政府部门与中国人民银行、国家金融监督管理总局等监管机构的支持下，金融机构对各种企业的信息经营、账务、信用等信息掌握得越来越充分、越来越及时，对核心企业、上下游企业还款能力、还款意愿的判断越来越准确，对贷款前中后期的管理也越来越精准。金融机构充分、及时、精准的信息掌握使其在供应链金融中具有风向标作用，甚至能影响供应链的稳定性。

博弈理论分析结果之所以与供应链金融实际运行情况出入巨大，是因为博弈理论分析只是把六大主体的行为当成没有法规约束的一次性交易行为，而在实际交易过程中，六大主体的行为都在现有的法规体系、市场环境约束下进行，他们希望长期稳定合作，以谋求长期利益，正常情况下，六大主体不会竭泽而渔。比如，理论上，核心企业可以无限期地拖占供应商应收账款，此时供应商可起诉核心企业，这种官司核心企业必输，不能不还钱；如果核心企业长时间不归还应收账款，供应商会停止供货，进而影响核心企业正常的生产经营，所以核心企业只能偶尔或稍拖欠货款。但实际经济环境里，供应商为了能长久与核心企业做交易，往往会选择“先礼后兵”，催一催货款，不到万不得已不会与核心企业打官司。

综上所述，六大主体的交易行为是在现有的法规体系、市场环境约束下，获求长期稳定合同而作出的有限选择，而不是一种无约束的博弈行为。

(5) 基于稳链强链共识的经济金融合作

目前国内法治建设已取得良好成效，保障各种经济行为主要依靠市场环境的竞争和法律法制的强约束。金融机构是否发放供应链应收账款融资主要取决于金融机构对链上企业的风险评估，而企业是否守约归还贷款取决于企业的还款能力，有还款能力的企业是没办法违约不归还贷款的。

因此，稳链强链（不破坏供应链运转）是保护六大主体整体利益最大化的基础与前提。一是对于核心企业而言，供应链稳定运行，企业主营业务自然能带来长期稳定的收益，占用供应商应收账款只是企业执行层面的小手段。二是对于上游供应商而言，供应链稳定运行意味着核心企业正常经营，应收账款肯定能收回，被拖延账期也在可承受范围内。下游经销商情况类似。三是对于金融机构而言，供应链稳定运行，融资安全自然有保证。换句话说，只要供应链上核心企业与供应商不同时破产，自然都能收回应收账抵押贷款。四是对于物流、科技公司等第三方公司而言，只有供应链稳定运行，他们才能获得业务并取得服务收入。五是对于政府而言，只有供应链稳定运行，各级地方政府才能获得税收，解决就业问题，实现经济发展，经济金融主要部门才能实现监管目标。

综上所述，稳链强链成为链式生态金融所有参与主体的共识与目标，维护供应链稳定符合所有参与主体的利益，这也是一切合作的前提和基础，在高度一致的目标引导或者约束下，所有参与主体最大限度地消除信息不对称，作出理性选择，实施生态合作，使实现整体价值的最大化与参与方的共赢成为可能，即六大主体间关系的实质与基础是互利共生。

供应链场景一般只形成以核心企业为中心的单一交易链，这种线状交易链的稳定性完全取决于核心企业，一旦核心企业出问题，全链都将崩溃。从供应链延展到产业金融、园区金融、区域块状经济等更大范围的行业、区域经济活动，往往会形成以多家大型企业为核心节点、具有更复杂关系结构的网状交易链，并与创新链、产业链、资金链、人才链深度融合，形成更加稳定、富有韧性、安全可靠的立体式生态链。因此，建设链式生态金融的出发点与着力点就是金融机构要发挥自身在资金流和信息流方面的平台枢纽作用，连接各方，协调多元主体行为，盘活资源，优化营商环境，打造合作共赢、共生发展的立体链式生态体系。

共生视角下的金融生态系统

习近平总书记关于经济金融共生共荣的重要论述明确宏观经济金融是共生共荣关系，由此及彼，映射在微观领域，链式生态金融六大主体间同样是共生共荣关系，且形成稳定的共生模式。

1. 金融生态系统：从博弈到共生

如果说"囚徒困境"是两人情况下的零和博弈，那即使最优解是唯一的，针对的是合作博弈，也总有一方会承担最差的结果。在多方博弈的过程中，帕累托最优和纳什均衡从不同的角度描述了一种"最佳状态"，但它们的侧重点不同，帕累托最优关注的是效率和最优的资源分配，而纳什均衡关注的是参与者行为的稳定性。前者的主要局限性是不考虑分配的公平性或均衡性，后者的一个主要局限是"在某些情况下，博弈可能有多个纳什均衡，使得预测实际结果变得复杂"。

共生（Mutualism）理论是突破"囚徒困境"的又一个选择，因为数字经济时代的商业逻辑已经从"求赢"的竞争逻辑转变为"寻找生长空间"的共生逻辑。共生理论的"共生"概念最早是1879年德国真菌学家德贝里从生物学角度提出的，即不同物种间因利益共享而形成的特定的组织生存方式。共生关系是自然界、社会历史领域最普遍的生命体生存方式，无论是自然界还是人类社会的发展，都遵循着互依、互惠、协同与合作的共生演化和进化的规则。

20世纪中叶以来该理论被广泛应用于政治、经济、管理等领域。1998年，斯蒂格利茨提出了金融体系中的共生概念。袁纯清（2002）在国内最早将共生理论运用到经济领域，用以研究不同性质和规模的金融组织之间、金融组织与企业之间、金融组织与区域经济之间在同一共生环境中，通过相互作用实现包括金融组织自身在内的区域金融生态平衡，进而实现整个区域经济的可持续发展，并将金融共生定义为“银行与银行之间、银行与企业之间、银行与非银行金融机构之间，在一定共生环境中并借助某一特定共生模式而形成的相互依存关系”。他认为共生的本质是协同与合作，金融市场中各个参与主体间除了竞争与利益冲突，还有共存与合作关系。相关研究成果引导金融市场竞争的研究重心从“非赢即输”格局转向“双赢”格局，对我国金融体系的建设有着极大的理论意义。

金融共生是指金融体系中的资金供给者、资金需求者以及金融中介机构等在特定的共生环境中以相应的共生模式形成的相互依存关系。一个完整的金融共生系统应包括金融共生单元、金融共生模式和金融共生环境三大基本要素。

一是金融共生单元。金融共生单元是构成金融共生关系最基本的能量生产和交换单位，是形成共生系统的基本物质条件，包括资金供给者（如银行、民间金融机构、保险公司、典当行等）、资金需求者（如核心企业、中小微企业、第三方服务企业、自然人等）、金融中介机构（如各种担保、信用评级等中介机构）。

二是金融共生模式。金融共生模式是金融共生单元相互作用的方式或相互结合的形式，也称金融共生关系。各金融共生单元通过某种共生模式相互协作、优势互补，产生共生效益。共生模式根据共生单元间能量交换与信息传递方式的不同分为两种类型。根据行为方式的不同可分为寄生、偏利共生和互惠共生，其中互惠共生又分为非对称性互惠共生和对称性互惠共生两种。根据组织模式的不同可分为点共生、间歇共生、连续共生和一体化共生。共生行为模式与共生组织模式并非固定不变，行为模式的变化会引起组织模式的改变。不同组织模式和行为模式的有机结合，可以形成多种不同的金融共生模式，如表 8－1 所示。共生模式不是一成不变的，随着共生单元性质和共生环境的变化，其也会发生变化。

表 8－1　共生模式组合状态

组织模式	行为模式			
	寄生（P）	偏利共生（C）	非对称性互惠共生（A）	对称性互惠共生（S）
点共生（M_1）	M_{1P}	M_{1C}	M_{1A}	M_{1S}
间歇共生（M_2）	M_{2P}	M_{2C}	M_{2A}	M_{2S}
连续共生（M_3）	M_{3P}	M_{3C}	M_{3A}	M_{3S}
一体化共生（M_4）	M_{4P}	M_{4C}	M_{4A}	M_{4S}

三是金融共生环境。正如生物的存在离不开其所处的环境，金融共生单元的存在与发展也和其所处环境因素密不可分。金融共生环境相对于共生单元和共生模式是外生的，是指不包含金融共生单元在内的所有影响因素的总和。共生环境作为一个复杂的系统，是由国内外社会政治经济环境、经济金融政策、经济金融基础设施、制度法规、科技文化等因素在相互联系和动态演化中形成的有机整体。共生系统的形式和状态都会受到共生环境的影响，同时，共生系统也能对共生环境产生反作用。

共生单元之间信息传输、物质交换、能量传导的媒介、通道或载体就是一种共生介质，是共生关系形成和发展的基础。所有共生介质功能集中的反映就是共生界面，是共生单元之间的接触方式和机制的总和。例如，在供应链金融中，银行与核心企业通过供应链平台共享供应链交易信息与物流信息。共生界面是金融环境的一部分，其效率高低及功能发挥程度是决定金融共生效率和共生关系稳定的关键因素。

共生界面的收益是动力，成本是阻力，只有动力大于阻力，即收益大于成本，共生单元间才能进行交流、合作，以实现共赢。比如，上游供应商在资金短缺时，通过应收账款融资业务，避免因资金短缺而影响生产，从而减小共生界面的阻力，使共生系统实现价值增值。经济金融体制改革、金融创新和基础设施建设的本质都是为了优化金融共生界面，以达到理想的金融共生状态。

共生单元、共生模式和共生环境三个要素相互作用、相互影响，其中，共生单元是基础，共生模式是关键，共生环境是重要外部条件。共生模式反映共生单元之间相互促进的关系，以及共生关系对共生单元和共生环境的作用效果，也决定着金融共生单元对环境可能产生的影响。金融共生环境与共生单元发展呈正相关，优越共生环境对共生单元具有促进作用，恶劣共生环境对共生单元具有抑制作用，中性环境对它们没影响。类似地，共生单元对共生环境也有相应的正向作用、中性作用和反向作用三种效果。

链式生态金融是一个典型的金融共生系统，六大主体作为共生单元，承担不同的社会分工，开展生产、交易、融资、服务等各种经济活动，共生单元彼此通过生产经营、融资、税收等金融活动形成各种共生体，并通过货币、票据、系统平台、物流等共生界面传导与交换资金、信息和物质，产生和共享共生效益。开展金融活动所处的行业或区域性的经济、政治以及支付结算和数据共享等基础设施等环境一起构成金融共生环境。共生单元、共生主体间互动关系，共生主体与共生环境间相互影响关系等所有相关因素一起发生作用，形成多元化的共生创造、合作共荣的共生模式。

共生单元形成共生关系的基础是各自承担的社会分工和拥有的互补性资源，如资金、生产经营能力、系统平台、人才、数据、市场、仓储运输工具、政策等，这些形成共生基质。其中，核心企业、上下游企业从事生产经营活动，金融机构提供融资、汇兑、支付等综合金融服务，物流、科技公司等第三方为企业提供物流、仓储、数字化支撑等各种功能服务。六大主体分工合作，形成各种共生体，如供应链共生体、融资共生体、物流共生体。在政府机构主导，覆盖宏观政策、法律法规、基础设施、市场监管等内容的金融共生环境中，各共生单元和共生主体既保持独立，又相互依赖、优势互补、相互促进、共同适应、共同激活、共同发展，并朝着共生创造、合作共荣的金融共生系统方向演变进化。

链式生态金融共生关系实现的内在机理是共生单元之间通过物质（包

含货币)、信息和能量等的双向交流，创造共生效益，实现共生进化，即彼此规模不断扩大，具体来看：

一是物质交流。金融共生系统首要自然是货币交流，包括银行和其他共生单元间发生的资金存储融通以及支付结算费用、企业间的交易资金、企业给政府上缴的税收等。其他物质交流还包括生产经营企业间的原料供给、生产经营企业与运输企业间的物质运输、科技公司为其他共生单元研发的系统平台、政府给企业提供的土地园区等。

二是信息交流。金融共生系统间的信息交流非常多，包括银行的利率，企业申请信贷提交的财务信息，政府提供的工商管理、司法、征信、税收等政务信息和统计数据第三方数据服务商提供的专业数据以及物流企业提供的仓储物流数据等，甚至包括共生单元长期合作过程中产生的、带有人际关系或个人情感的、非正式的“软信息”。数据是链式生态金融共生系统最重要的共生基质，提高数据要素应用水平是优化共生系统最重要、最有效的路径。理想的共生界面应该合理平衡数据应用与隐私保护，尽量减小系统的共生阻力。

三是能量交流。在金融共生关系中，共生能量指的是共生单元规模扩张。能量交流可以认为是共生单元在规模层面的相互影响。比如，银行等金融部门能够为实体经济提供资金支持，促进企业再生产规模扩大，实体企业也能运用股票融资快速实现权益资本规模扩大。反过来，政府部门的经济金融政策、区域或行业性经济发展、实体企业的融资需求也可以推动银行资产规模扩张。同样，核心企业扩大生产规模能促进上下游企业以及物流企业的扩张，下游销售企业增加销量能促进核心企业增加产量。反过来，核心企业倒闭也会影响银行稳定、关联企业生产规模甚至政府税收。

在金融共生理论中，应重点关注共生单元间的相互影响情况，而不是两者之间互不影响的简单共处，所以金融共生的本质是互生互利。链式生态金融共生系统就是一个典型的互生互利系统，六大主体作为市场经济主体独立存在，但银企、企企间又相互合作且共处有利，在互生条件下会比在非互生条件下产生更多的能量，即产生共生能量，这也是共生系统形成与稳定的基础和必要条件。互生互利是共生的特殊情况，经济金融领域研究较少，为便于理解，后续如无特殊说明，一般不特别强调“互生”，而依然使用“共生”。

2. 共生机理与优化：对称互惠

共生单元依存逻辑与共生机理。链式生态金融共生系统能实现共生发展。首先，系统内存在数量众多、分工明确、资源互补的六大类共生单元，具备形成生态循环的存在基础。其次，链式生态金融共生单元通过货币、系统平台、产品服务、交易市场等各种媒介，实现共生单元之间的物质、信息和能量的传导及交换，数字技术的广泛应用更显著提升共生界面效率。最后，改革开放以来，我国已形成稳定的社会政治经济环境、自由竞争的市场环境、体系化的经济金融政策、相对健全的法治环境以及良好的科技文化环境。因此，我国经济金融共生发展，经济快速发展，经济总量世界排名第二，包含金融机构在内的企业数量与规模双增长，金融业健康稳定，未发生系统性的金融危机。

对称互惠是最理想的共生形态。袁纯清（2022）认为连续性对称互惠共生是市场条件下最有效率、最稳定、最理想的共生形态。因为这种模式既具备一定的稳定性，又具备创新的动力和扩散机制，能更好地维护金融生态稳定。何自力、徐学军（2006）从共生组织模式和共生行为模式两个维度对我国制造企业与银行的银企共生状态分布及主要影响因素进行了实证分析，得出了银企总体为非对称性互惠共生的结论。

理想共生形态难以实现的原因。尽管链式生态金融已形成稳定的共生关系，连接实体经济与金融，并通过系统间的物质、信息和能量交流实现共生，但尚未形成最佳共生模式，主要有以下三个原因：

一是共生单元太重利。共生单元作为社会人，存在人际交往与关系营销等情况，但在市场经济条件下，共生单元理性经济人的特征更具主导性，更倾向于追求自身利益最大化。例如，银行往往会利用垄断地位与资金稀缺性操纵资金价格，超比例地占有利润分配，大型机构也会凭借交易主动权与市场影响力，通过拖延上游货款账期、要求下游经营商预付货款等形式挤占上下游合作商利润，作为数量最多的中小微企业却往往因管理不规范、抗风险能力弱、缺少交易选择权等，只能被动接受强势单元的安排，成为共生环境动荡时最易受影响的群体，反过来引发系统秩序混乱，甚至破坏共生系统稳定性。

二是共生模式不合理。链式生态金融共生模式包括点共生、间歇共生、连续共生、一体化共生、寄生、偏利共生、非对称性互惠共生和对称性互惠共生等多种形式。然而，银行、大型企业等强势共生单元会凭借其拥有的价值性、稀缺性、不可替代的异质性资源和能力获取李嘉图租金，导致共生模式不合理，共生单元无法平等共享共生价值，有时中小微企业怀着互惠共生的期待开始融资、供货等共生交换，但最终因融资利率太高或应收账款长期被拖欠而变成偏利共生、间歇共生，甚至寄生，迫使无法继续生存的共生单元出现赖债不还、暴力催债、金融诈骗等各种问题，造成共生系统生态秩序混乱，严重影响稳定。每次经济大规模下行，经济案例与违法犯罪事件都会显著增加就是最典型的证明。

三是共生环境不健全。一方面，金融经济基础设施有待进一步健全。目前支付结算、征信查询等设施已非常完善，国家也出台采取一系列措施，促进数据共享，但国家层面具有高公信力的政务数据共享机制尚未全面形成，全国性的数据交易市场也未建成。另一方面，公平公正的交易环境有待完善。《关于规范发展供应链金融 支持供应链产业链稳定循环和优化升级的意见》等政策明确要求核心企业不得故意占用上下游企业账款，但作为行政命令其缺少法治强制性，落实实施难。地方保护主义依然存在，地方政府平台成为欠款大户，经济案件执行难已成“顽疾”。信用环境也不容忽视，对失信行为和失信者缺乏有效惩治措施，失信的违约成本很低，社会信用观念淡薄，影响共生单元间的融资和交易行为。

共生形态优化路径。一方面，要增加共生单元分配到的共生效益。共生环境对共生效益有重要影响，应充分发挥共生介质功能，构建和谐的金融共生界面，打破金融共生单元间的性质差异、时空距离等因素形成的共生阻力，减少金融共生界面的阻力和共生体中要素传输与转换过程中的能量损耗，提高共生界面效率，逐渐形成动态的共生动力机制，增强金融共生的密度和维度，提高整体共生效益，实现金融共生系统增值最大化。另一方面，要形成“互生互利”共生利益分配方式。各共生单元，特别是政府、商业银行、大型企业等应共同努力，通过理念、机制、文化等变革，提高系统共生度和共生单元间利益分配的公平公正性，实现共生利润的对称性分配。

3. 共生环境与调控：政府之手

政府（包含地方政府以及各级监管部门）作为链式生态金融共生系统中的一个共生单元，因掌握着货币、经济、金融、市场、税收等各种政策法规制定权，以及土地、数据等各种资源，对共生系统的影响远超其他共生单元，甚至决定着共生系统演化的方向。

政府要干预、引导、促进链式生态金融良性发展，应扮演好统筹协调的角色，聚焦参与主体需求与问题，利用“有形之手”，在遵循市场经济规律的基础上，充分发挥监督与引导作用，在链式生态金融共生环境相关规则制定与价值导向的设计上，完善相关法律法规，解决各方后顾之忧，打造正向强化激励机制，引导促使各参与主体自觉地维护生态平衡稳定运行，进而加速经济高质量发展。同时，积极推进数据共享平台、企业信用或保链稳链评价体系等基础设施建设。

一是加强对强势共生单元的管控，促进共生单元平等互利。一方面，商业银行、国企都是国家控股，国家层面要出台政策，优化国有控股企业，特别是领导层的考核评价机制，提高社会功能性、责任性的占比，强化国有企业的担当意识。另一方面，对于民营大型企业，要从国家层面增强约束，避免地方政府因政绩需要实施地方保护主义。同时开放平台渠道，切实保护中小微企业利益，促进弱势群体的成长，从而优化共生模式，减少甚至避免出现点共生、间歇共生、寄生、偏利共生，向连续对称性互惠共生进化，实现共生单元的分工专业、平等互利，使金融更好地服务于实体经济，促进经济金融共生共荣。

二是完善法律制度，营造公平公正的交易环境。在市场经济环境中，保障生产交易正常进行最主要靠的不是参与主体间的关系或参与主体本身的道德情怀，而是法律法规的强约束。政府应通过建立健全行业制度、加强监管、制定行业标准等方式，完善经济金融相关法律法规，形成良好的法治环境。制定政策法规一定要明确强制约束与号召引导的界限，对于涉及违法的底线红线问题，要坚决处罚，以确保政策的权威性，否则仅靠号召是无法落实的。健全完善的法律制度有助于提高信息的真实性和准确性，改善信息不对称情况，增强参与主体违法违规约束，防止道德风险问题的发生。在健全完善的市场法规的强约束下，可以实现共生模式规范程度提高、主体决策更理性、行为预期率提升、共生摩擦与内耗减少以及链式生态金融系统共生效率提升。

三是健全金融服务基础设施。传统金融业所需的支付清算网络、交易平台、交易清算机构等基础设施已全面建成并基本完成数字化改造，但配套的算力、算法、数据等数字金融基础设施尚未健全完善，要加快推进金融业基础设施特别是数字金融的基础设施建设，以消除数字鸿沟，让金融机构特别是中小金融机构以低成本的快捷方式搭上数字时代的“快车”。合适的金融服务基础设施在提升金融服务质效方面可以达到立竿见影的效果。例如，2019 年国家外汇管理局主导，政、银、企协同推出跨境金融区块链服务平台，截至 2022 年 9 月底，在融资类应用场景中，参与的法人银行有 300 多家，服务企业超过 1.6 万家，其中涉外收支年规模小于 3000 万美元的中小微企业占比约为 75%。服务企业超过 7 万家，企业累计融资金额超过 2000 亿美元，付汇金额超过 6700 亿美元。

四是创新优化财政补贴模式。财政补贴是政府调控市场最直接、最有效的工具措施，要最大限度地发挥补贴的正向效果，发挥“四两拨千斤”

的作用。由于信息存在不对称现象，故小微企业在寻求外源融资时需要向外部投资者支付相应的溢价，增加企业融资成本，而政府对企业的补助行为可以发挥隐性担保效应。政府提供给中小微企业的法律保护、政策补贴、行政干预及信贷支持，向外界投资者释放了积极信号，出于对政府的信任，外界投资者倾向于将政府视为融资企业的担保人，从而提供融资企业的信用资质考察结果，相应的信息补偿溢价也随之减少，从而可以降低企业的融资成本，扩大企业的融资规模。同时，政府应设计并推行更多“软补助”政策，包括但不限于再贷款、再贴现、降退补税、产业供应链基金等补助形式，丰富金融服务工具，激发金融机构的积极性。

五是加快健全企业信用体系建设。政府应该发挥资源整合作用，引导政、银、企等多方机构参与，加快推进企业公共信用信息的采集与共享，引导第三方信用评估机构等中介服务商参与企业信用体系建设，为商业银行提供权威、中立、公正的企业外部评级，降低银行决策成本，同时搭建全国联网的企业信贷信息登记系统，将企业的资信信息最大限度地透明化，从而降低银行决策成本，缓解信息不对称，增加小微企业违约成本，倒逼企业树立守法经营价值观、营造良好信用文化。

总之，政府应通过健全法制，完善支付结算、数据共享平台等金融基础设施建设，优化共生环境，使共生环境对共生单元、共生主体产生正向激励，打破共生主体之间的信息、技术、资源等壁垒，降低主体间的信息不透明性和关系网络的复杂性，减小共生界面阻力，提高共生效率，实现共生系统价值增值最大化，从而促进一体化共生和对称性互惠共生演化。

数字创新加速共生系统进化

数字技术为经济金融共生系统演化提供最强大的支撑，成为加速共生系统进化的动力引擎、最大限度消除共生阻力的润滑剂、强化互生程度的黏合剂，重构了社会、企事业主体、个体与技术的关系，打造了一种前所未有的全新共生形态。

1. 数字技术促进金融共生良性进化

链式生态金融是一种数字化背景下的金融经营模式，大数据、区块链、人工智能、物联网、无线互联、云计算等数字技术给链式生态金融共生系统带来的深刻变化，主要体现在提升效率、降低成本、延展触达、降低信息不对称、形成真实环境的数据孪生、提升客户体验等方面。

一是提升效率。数字技术的应用大幅提升交互效率。比如，线上化改造使跨时空交互成为可能，线上化信贷申请、审批、提款已成为金融基本服务。又如，人工智能应用实现流程运行的自动化、智能化，显著提升交互效率，减少物理交互成本。数字技术带来的效率提升不仅存在于共生单元内部，也存在于共生单元之间以及共生环境之中，是系统级、全面性的效率提升。再如，信贷风控智能化、自动化实现小额信贷秒批，显著提升了信贷流程效率。

二是降低成本。数字技术的应用真正实现了“让金融服务无处不在、随手可得”，对交互成本起到决定性作用。例如，据统计，我国手机银行业务成本是“面对面”处理业务所需成本的 1/5 左右，是网点和代理点成本的 1/35。又如，RPA 应用不仅提升流程运行效率，而且明显降低人力资源成本。

三是延展触达，资源共享更方便。数字技术的应用打破了共生系统中信息、能量交互的时空隔阂与约束，重构了交互方式，促进共生单元分别拥有的平台与技术、市场客户、营销网络等资源与能力共享，提升共生系统的价值创造能力。例如，对于金融机构而言，线上交互、远程交互、视频服务等成为可能，大幅拓宽金融服务半径，使更多偏远地区的居民和小微企业能够享受便捷的金融服务，切实提升金融服务的可能性、可得性和便利性。

四是显著降低信息不对称，优化资源配置。共生系统中，很多的共生阻力是信息不对称引起的，导致增加许多摩擦成本。为解决这个问题，国家出台《加强信用信息共享应用促进中小微企业融资实施方案》等多项政策意见，鼓励政府部门向金融机构有序开放征信、税务、司法、社保等具有政府公信力的数据，健全信用共享机制，打造各级金融综合服务平台，打通信息壁垒，提升共生系统信息透明度。银行等金融机构也建成大数据管理平台，提升决策的科学性与精准性，优化资源配置。

五是形成真实环境的数据孪生。物联网智能连接万物，区块链确保链上数据不可篡改，这些技术组合形成客观、真实的数据孪生环境，有利于规避共生交互中的逆向选择和道德风险等投机行为，提高了共生单元间的行为可靠度，使合作关系更紧密、交易流程更简化，进一步节约了交易成本。同时，实现动产可视化监管与抵押管控，做到动产信息透明化，大幅降低道德风险，破解传统模式下中小微企业融资缺乏有效抵押物等难题。比如，商业银行可以充分利用区块链技术去中心化和难以篡改等特征，发挥银行信用中介及供应链核心企业授信中心的作用，将应收账款、票据、订单、库存、生产设备、定期理财等沉淀资源（资产）上链，解决对公、对私、同业等业务场景最难实现的“企业增信、资产盘活”等问题，为基于供应链、产业链的金融服务与产品创新提供技术支撑，实现上链资源（资产）的可靠签发、流转、融资等功能，降低传统的核验困难、流动性差的应收账款、库存、生产设备等企业资产变现与流转的时滞和风险成本，从而促进数据共享、优化业务流程、降低运营成本、提升协同效率。

六是提升客户体验。提升效率、降低成本、延展触达本身就是提升客户体验，进一步，数字技术还能够为客户量身定制个性化服务，使各种服务与产品更贴心、更精准。

在数字技术驱动下，经济金融深度融合，共生模式发生颠覆性改变，使共生信息的传递更畅通、资源共享更方便、共生关系更和谐、共生模式更优化、共生边界更宽阔，持续推动共生系统向风险共担、收益共享的系统均衡状态收敛。

对于一个共生系统而言，不考虑规模扩张产生的规模效益，共生价值的创造主要源于效率提升带来的边界生产成本和间接成本（摩擦阻力）降低，以及创新产品或升级服务带来的附加值，这也是共生系统价值最大化的重要来源。这种额外增加的价值可供共生单元共享分配，进一步促进共生系统密切合作、稳定运转，不断地向连续性互惠共生模式进化。数字技术为共生系统价值最大化提供了无限可能，已成为促进共生关系进化最有效、最直接的途径。

2. 数字金融成为金融领域新质生产力

习近平总书记在2023年中央金融工作会议上对着力做好“五篇大文章”推动金融高质量发展作出重要部署。党的二十届三中全会审议通过的《中共中央关于进一步全面深化改革、推进中国式现代化的决定》再次强调“积极发展科技金融、绿色金融、普惠金融、养老金融、数字金融”，进一步指明了提高金融服务质量是新时代金融服务实体经济的重要着力点。需锚定金融强国目标，分类施策，以深化金融供给侧结构性改革为主线，切实推动各项改革尽快落地。

“五篇大文章”中的数字金融是指使用数字技术和利用互联网平台，改变传统金融行业的方式和模式，开展金融活动的一种新型金融形态。数字金融是数字经济时代金融高质量服务经济的高度概括，是金融领域新质生产力的表现形式。

从概念、特征、逻辑等内涵来看，金融业实施数字化转型的实质是发展金融服务领域新质生产力，两者都要求强化科技创新、打破传统思维理念和体制机制束缚、大幅提升全要素生产率、催生新模式新动能等。所以，金融业数字化转型的本质是对内变革体制机制，强化业技融合，深化协同联动，健全优化数字金融服务，加速发展具备“高科技、高效能、高质量”特征的金融服务领域新质生产力；对外优化金融供给，提升金融资源配置质效，助推实体经济与数字经济的发展。银行业实施数字化转型，最终目的是健全完善数字金融体系，这也是金融支持新质生产力发展的基本思路与关键路径。

从经济金融共生维度来看，数字技术已成为数字经济与数字金融进化的共生媒介，它们相互依存、相互关联、相互促进，任何一方的数字化缺陷都可能影响甚至破坏共生进化，这也是数字经济时代明确的发展趋势。

3. 数字伦理治理成为金融共生新问题

数字技术虽然能促进共生系统进化，但数字技术终究只是一项技术，只是人类征服自然界、宰制万物的工具，一旦过度强调“工具理性”则可能带来新的数字伦理，或者是科技伦理问题。

尼尔·波兹曼认为：“每一种技术既是包袱也是恩赐，不是非此即彼的结果，而是利弊同在的产物。”技术的广泛应用和无限创新带来诸多伦理风险，可能造成大规模破坏力。网络黑客、数据泄露、侵犯个人隐私、数据鸿沟等问题已是老生常谈，科技霸凌、大数据杀熟和信息茧房等影响公开透明、公平普惠的风险事件和不良影响层出不穷，ChatGPT 的出现又引发人们对超级大模型是否可能产生自主式机器智能、人类能否与超级智能和平“共生”等问题争论不休。这引发全球范围内对科技创新及其产业化应用的伦理反思和讨论。

前面已经谈过，链式生态金融无法实现连续性互惠共生的理想共生形态，主要原因在于共生单元太重利，银行、大型企业等强势共生单元会凭借其拥有的有价值、稀缺、不可替代的异质性资源和能力获取李嘉图租金，导致共生模式不合理，共生单元无法平等共享共生价值。数字技术的广泛应用在降低信息不对称、减少沟通交流成本和提高效率等的同时，必将引发数据安全、隐私泄露等安全问题，同时受经济主体逐利性影响，不可避免地会出现算法歧视、算法共谋、算法绑架等道德问题，甚至出现技术垄断问题。现在技术越发复杂、系统越发庞大，对技术实施的要求越来越高，先行者很容易形成“护城河”并排斥后来者进入，实施垄断运营。

这种垄断甚至可以形成科技霸凌，严重影响社会的公平公正。比如，基础大模型发展未来可能演化成类似搜索引擎市场的“赢者通吃”局面，个别科技巨头垄断基础模型供给，并类似于当初某些电商平台强迫商户做非此即彼的选择来操纵、干扰金融市场运营，中小金融机构可能会被排挤并缺席 AIGC 带来的发展机遇，必将引发金融机构发展不平衡。又如，大型企业会建设供应链平台，数字链接各方，并可能倚仗平台，以撮合费、担保费、存货保管费等各种名义，“通吃”金融机构和上下游中小微企业。

数字技术的伦理风险主要来源于应用，而非技术本身，所以技术本身是无法防范伦理风险的。需要依靠全体共生单元合作来解决，聚焦公平公正、保护弱者、互利共生、可持续发展等生态目标，通过加强伦理教育，引导从业人员遵循守正创新、防范风险、保障安全、消除鸿沟，以及普及普惠、公开透明、公平竞争、保护弱者权益等伦理原则，同时倡导绿色低碳、慈善救济等可持续发展理念，推动包容性增长，一起朝着一个更加公平公正、连续性互惠的生态共生未来迈进，确保链式生态金融所有参与主体和谐共生共荣。

善本金融重塑共生进化逻辑

马克思指出，借贷生息资本的利息是职能资本利润的分割，说明金融业收益最终都来自实体经济的转移，这也是金融部门可持续发展的深层逻辑。改革开放以来，我国加快构建现代金融体系，金融业发展迅猛，金融业机构总资产规模从 1978 年的 0.3 万亿元增长到 2023 年末的 417.3 万亿元，增长近 1400 倍；金融深化程度也显著提升，金融资产与 GDP 的比值从 90.4% 增长到 331%，增长了 2 倍多。实体经济受益于金融体系的改革创新和快速发展，无论是规模总量还是体系结构都取得了令人瞩目的成就，但仍落后于金融发展，最明显的数据就是金融业增加值在 GDP 中的占比逐年上升，已从 2005 年的 4.0% 上升到 2023 年的 8%，翻了 1 倍。

金融业的繁荣发展源自实体经济，如果金融业发展不能和实体经济发展协调增长，必然造成对实体经济发展效益的侵蚀和索取，破坏实体经济发展的潜力空间。2020 年 6 月 17 日，国务院常务会议明确提出“推动金融机构与企业共生共荣”“推动金融系统全年向各类企业合理让利 1.5 万亿元”。

经济金融发展速度不匹配主要是历史发展形成经济、金融相关主体掌握的资源差异造成的，市场经济又无限放大了这种差异，双方争当理性经济人。要从根本上改变由理性经济人主导的利益分配模式，推动金融机构“合理让利”落在实处、切实可行而且可持续，绝不能依靠外部行政力量搞强行摊派，要转变思路，寻求一种足够强大、持久、稳定的内在力量来更好地平衡和谐双方关系。我们已到了需要跳出功利思想寻找答案的时候。柏拉图的一句话也许能给我们带来启示：“财富不能带来善，而善能带来财富和其他一切幸福。”

金融业应积极履行社会责任，促进金融服务的普惠性和可持续发展，推动金融行业朝着更加公平、透明、稳健和可靠的方向发展。“金融向善”的理念主张金融行业要服务实体经济，注重风险管理，维护金融稳定，同时关注社会责任，推动金融发展与社会进步相协同。这一理念得到了国内外金融机构和监管机构的关注与认可。

2023 年 8 月 15 日，由浙商总会金融服务委员会、浙江省长三角资本研究院、浙江人文经济研究院联合主办，浙商银行承办的“金融向善”主题研讨会在杭州举办，重点围绕如何将“金融向善”从理念推向实践、推动金融回归初心本源和社会价值向度，如何以中国式现代金融更好服务中国式现代化等问题开展了研讨。笔者在研讨会上提出，践行金融工作的政治性、人民性已经成为时代对金融工作的要求，金融要回归初心，推进“金融向善”走向“善本金融”。

不同于“金融向善”的行为价值导向，“善本金融”是由金融行为导向向金融治理的进阶，是基于金融发展史、现代金融本质内涵、中国式现代化要求而对金融理论进行的一次研究探索，以期通过金融服务以善为本的社会价值向度校正初心使命，推动功能回归和使命提升，促进经济金融的共生共荣，具有丰富内涵。

各种道德的内容都是一定社会经济关系的反映。作为道德中心的“善”，本质是研究如何处理个人与他人、个人与社会群体之间的利益关系，即自利与利他问题。善本金融所倡导的“以善为本”，落实到链式生态金融共生系统中，可以细分为三个层次。

第一，本善，即共生单元自身的“本善、内善、应善、向善”。性善论是中国传统儒家文化人生观、价值观这一“内圣外王”体系大厦的基石。孔子提到：“人之初，性本善。”孟子对性善论的论述更为系统全面。一方面，孟子认为代表“仁义礼智”之端的“恻隐、羞恶、辞让、是非”之心是“天之所与我者”，是人与生俱来的，保证了人性本善成为可能，这是“本善”。另一方面，孟子说“人之所以异于禽兽者几希”，明确了人性的内涵，认为仁义是人之所以为人的特性和本质。赵明（2004）对此进行解释，认为儒家的性善论主要指成为真正人的标准和方向，即人就应该“善”，而非指人生来即具有的一切本能。社会正是通过对善的“方向”的选择、对善的“标准”的守护而得以进化，这是“应善”。更进一步，孟子认为“人皆可以为尧舜”，荀子也说“涂之人皆可以为禹”。显然，孟子与荀子都认同普通人只要肯努力，也能成为圣贤，即人性中具有向善、为善的潜质与能力，人皆能善。许多超越经济人的行为不是因为不理性，而是因为个体内心的“不忍、羞于、谦让、明白”，有些事不能算经济的账，只得顺从本心去做，这就是善的表现。所以，善对于个体而言，从源头上看是个体的“本善、内善”，落实在行为、方法和选择上则是“应善、向善”。

第二，互善，即共生单元彼此的“共善、同善”，共生关系的“善他、互善”。对于道德范畴的“善”，其内涵目前极富争议。但学术界已从利己还是利他的视角，主要分成三种理论：纯利他的道义论，纯追求利益总量、不管分配合理性的功利论，以及注重利益总量的积累、兼顾己他两利平衡的合理利益论。市场经济主体不但是追求自利的经济人，而且是具有社会性、组织性、伦理性的社会人，兼具自利和利他的二重人性倾向。市场经济下，任何经济主体要实现自身的利益就必须首先承认他人的利益，以他人的自利为前提条件，商品生产者为了实现其利益最大化就必须为他人和社会提供有用的商品与服务。利他不但是一种经济行为，而且是市场经济的内驱动力与价值追求，自利与利他统一的互利共赢构成共生系统。“囚徒困境博弈”则从反面说明没有利他，自利也无法保证。所以合理利益论与最优共生模式具有天然的匹配性，是最能促进共生系统良性进化的“善”的评价标准，最有利于共生单元相互促进、共同发展。因此，共生单元彼此间的“善”应该是相互作用，而不是单向的，既是自己对他人的“善他”，也是他人对自己善的正反馈带来的“互善”，最终形成共生单元彼此间的“共善、同善”。这种“善他、互善、共善、同善”促进共生单元彼此的相互依赖、优势互补、互生互利，形成金融共生的天然与必要基础，并促进共生系统的进化发展。

第三，全善，即共生环境的“全善”。当上面两个层次的“本善、互善”形成后，由己推人、由人推群、由群推类，基于合理利益论的“善”的价值观在共生系统中得到推广，形成具有普世性的价值观，甚至影响政府政策、司法立法等共生环境，自然而然地形成共生环境的“全善”。注重利益总量的积累，同时兼顾己他两利平衡的共生环境，推动共生系统向连续性互惠共生模式进化。

从上述论述中可以看出，善本金融是多层次、全方位的“善”，这些善并不是凭空产生的，而是中国传统“天道自然、宇宙一体、一体归仁、生生和谐、天下大同”的价值观与道德观的升华，是马克思主义金融理论的中国化发展，是中国特色金融新范式，是西方 ESG 实践的高级版。

创新中国金融新范式，大力发展链式生态金融，要以连续性互惠共生为目标，从共生系统利益一致性出发，善数融合，深化数字技术应用，践行善本金融，优化利益分配机制，协调个体与系统之间的利益，兼顾个体利益的合理性、正当性和系统利益的平衡性、持续性，重塑协调经济金融的内在依存逻辑，实现利己与利他的统一，系统性促进共生良性进化，构建起金融发展服务实体经济、实体经济涵养金融发展的可持续发展新模式和新路径。

1. 善本金融净化负面，产生和谐美好环境

从历史、国内外实践的视角以及更深层次的本质来看，善本金融是一种意识层面的思维认知与价值导向，是日常而不是突发，是持久而不是短暂，是过程而不是结果。所以善本金融不能仅限于企业层面的理念和行为号召，更不只是聚焦普惠、公平、安全等单一的伦理维度，而是覆盖社会、政府、企业等多主体和经济、文化、生态、环境等多对象。从金融主体行为的“本善、内善、应善、向善”到多主体、多对象的“善他、互善、同善、共善”，这就是金融治理，即依靠健全完善的治理机制实现多主体、多对象共生环境的“本善、互善、全善”。

2. 善本金融改变竞争模式，形成共强效应

日本战略家大前研一提出 3C 战略，认为只有将公司、顾客与竞争者整合在一个战略内，可持续的竞争优势才有存在的可能。3C 意味着公司、竞争对手与顾客之间的三者互动效应最高。典型例子就是双寡头或者行业领先者之间的游戏能够让两个同行变得更强大，这就是竞争产生的被动协同增效。所以链式生态共生并不排斥竞争，而是在共生环境约束下，实行差异化竞争合作关系，将“抢蛋糕”转变成“造蛋糕”，从而带来被动增效，拓展适应性成长空间。共生环境也适合跨界合作，不同共生单元，打破了行业壁垒，共同创新，加速了知识和技术的流动，增加共生效益。这种竞争可以称为共生竞争，共生竞争的目标不是简单的“赢他”，而是共同进化、彼此变得更强。善本金融推崇的“本善、共善、同善、全善”的理念，意味着不仅要“善弱者、善伙伴”，而且愿意“善对手”，这正是共生竞争的本质，从而产生共同进化、彼此变得更强的共强效应。

3. 善本金融有效规范数字技术应用与创新

数字技术成为“双刃剑”，即能最大限度地消除共生阻力，促进共生利益最大化，但也必然伴随数据泄露、数据鸿沟、科技霸凌等伦理问题，依靠技术本身是无法解决的。科技求真，伦理求善。如果从善本金融的“本善、共善、全善”维度出发，发挥兼爱之心，超越功利主义，怀着“不忍之心”“恻隐之心”来统筹管理所有数字技术应用，那自然不会发生主观伤人害人事件，从而使人与社会因数字技术而扩充，反过来，如果缺乏这种仁爱之心，强大的技术效能可能会成为部分主体谋利的工具，一旦失控就可能给社会带来巨大的冲击甚至毁灭性打击。

善本金融也能促进共生系统整体数字化。数字化转型是当前最明确的趋势，对于传统企业而言，数字化转型的实施过程较为艰难，容易面临技术、资源、能力、组织、文化和管理等各方面的挑战。埃森哲报告显示，我国只有9%的企业数字化转型成效显著。现有研究表明，传统企业嵌入数字化领先的平台型企业组建的生态体系，共享数字技术和数据资源，接受赋能，是推动数字化转型的理想路径之一，但实施该过程并非易事。实践中，传统企业往往难以和平台企业的管理认知以及战略行为完美匹配，使许多中小企业无法迅速获得平台企业广泛的资源技术支持。善本金融所构建的“善他、共善”理念能促进双方形成长期合作的共生关系，推动平台企业对传统企业战略认知与创新变革进行引导，影响传统企业数字战略执行与制定，并让传统企业嵌入平台后获得平台资源与技术支持，与平台同步实现快速成长，加速共生系统整体的数字化进程。

4. 善本金融形成长期交易，带来超额租金

人的感性和理性相互依存、相互作用、相互补充。理性经济人假设只能解读市场主体的部分经济行为，许多时候无法解释主体并不利己的行为选择。比如，亲朋好友间无偿的经济援助，并不符合经济人假设，却是从古至今都存在的社会现象。学术界对此的解读是这些带有善意的感性行为

往往会形成强关系网络，带来关系租金。强关系网络理论认为，关系网络成员之间花在关系上的时间越多、服务越多，双方之间的情感越紧密，相互之间的信任度和依赖越强，自然会形成长期稳定的合作。长久合作不追求每一单交易的利益得失，而是通过提升效率、扩大规模、降低交易成本等途径，获得远超短期交易的超额利润。关系租金理论认为，合作伙伴间通过跨组织布局互补性资源、实施关系性投资以及信息知识共享，构建跨组织的关键性互补资源，从而节约生产成本，提高创新效率，获得超额利润，形成关系租金。基于善本金融理念的共生系统必然使得共生单元形成强关系网络，实行长期持久的关系性交易，从而为交易伙伴提供超额利润，增加共生效益。

强关系网络理论、关系租金理论意味着维护稳定的共生系统会让彼此获得更多的利益，这是“本善”能得到维护与传承的根本原因，否则，世界将由更易获利的“本恶”主宰。

“上善若水。水善利万物而不争，处众人之所恶，故几于道。”善本金融跳出功利约束，以金融功能性为第一性原理，重新审视金融机构的经营管理、服务方式、文化建设等内容，围绕“本善、同善、共善、全善”，从目标、过程、结果三个维度，在金融服务场景中落实实践，倡导跨行业、跨领域的协同合作，注重长期利益均衡，强化共强式竞争，深化数字技术应用，兼顾数字伦理治理，致力于打造包括金融机构与社会各相关方在内的利益共同体、责任共同体和命运共同体，形成金融服务的中国式现代化新范式。

余秋雨曾说：“善良，这是一个最单纯的词汇，又是一个最复杂的词汇。它浅显到人人都能领会，又深奥到无人能够定义。它与人终生相伴，但人们却很少琢磨它、追问它。”纯粹从经济金融共生的视角解读“善本金融”，确实有些东西是无法用语言准确表达的。毕竟，在善的领域，我们更多的只是个实践者，也许，我们对善本金融的理解还有待完善。不知道“善”的准确含义，并不意味着不能为善。善不是一种学问，而是一种信念、一种行动。我们只想做我们认为应该做的、会做的、能做的、可以做的，还有许多我们没有做或者我们做不到的，我们也一直在探索。善无止境，人生多少事，只能“虽不能至，心向往之”。

人性之美在于其始终蕴含的仁善与温情。也许下面这则故事，更能引发我们的深思，帮助我们跳出功利看金融。

曹德旺在他的自传《心如菩提》中提到，欲成天下之大事者，必有一颗博爱之心。1997 年，泰铢贬值崩盘，引发东南亚经济危机，印度尼西亚受到严重冲击。印度尼西亚 ASAHI 玻璃公司的日本总经理拜访曹德旺希望得到帮助。曹德旺说：“我们也是小公司，你可以参考中国市场的现价，我们每个月买你们 4000 吨玻璃，等于近 90% 的用量从你们那里购买。”日本人一听，扑通一声跪下来：“金融危机玻璃不好卖，印尼仓库太小，环境湿度大，玻璃不好存放，这些货如果您不要就只能炸掉了，您拯救了我们!”事后曹德旺的下属不明白，问他：“印尼受灾这么严重，您雪中送炭购买这么多玻璃，为什么不压压价格?”

曹德旺说：“我们现在的浮法玻璃原片主要靠外购，目前国内只有 2 家供应商，一个健康的印尼 ASAHI 是我们所希望的。从产业链的理论来讲，上下游企业是有买卖关系的，只是分工不同，绝对不是各自孤立地存在。要想让公司健康发展，不仅需要产品客户端用户的繁荣，还需要产品供应商的发达。表面上我们是在帮助别人，实际上也是在帮助我们自己。”

果然，过了一年多，亚洲经济回暖，玻璃原片供不应求，不仅价格不断上涨，而且拿不到货。但那段时间里，福耀玻璃每个月都能得到 ASAHI 至少一艘船的供货保障。ASAHI 不仅按时发货，还绝口不提涨价的事。直到一年多之后，玻璃价格几乎翻了 1 倍，曹德旺才收到印度尼西亚 ASAHI 一份很谨慎的通知，信中直说道歉，不好意思要涨价。曹德旺立马就答应了：“早就该涨价了，真的很感谢!”

在后来 20 多年的路上，福耀玻璃的上下游企业遇到很多危机，甚至包括福特这样的巨头。但曹德旺一直坚持这个原则：产业链的上下游，都是一家人，只是不同的分工，谁也不要自毁长城，谁也不要见死不救。别人有困难，你理解并帮助，这是给自己留一条后路。福耀玻璃从一家小工厂成长为世界第一大汽车玻璃制造商，离不开这种共生共荣的合作理念。

第九章 链式生态金融的风险应对

链式生态金融通过精准的信息流、资金流和物流的联动，极大地提升了金融服务的效率和质量。这种高度互联的金融服务模式也带来了新的风险达摩克利斯之剑。在这个由数字化驱动的金融生态系统中，任何一环的微小波动都可能引发连锁反应，对整个系统造成深远的影响。洞察这些风险的本质，并采取有效的管理措施，对维护链式生态金融的稳健运行至关重要。

在链式生态金融的复杂网络中，风险具有多元化的表现形式，从信用风险到操作风险，从法律风险到技术风险，再到数据安全风险，涉及信息不对称、技术依赖、法律不确定性等多个方面。风险不仅可能威胁单个金融机构的稳定，还可能对整个金融系统的稳定性构成威胁。因此，风险管理不再是单一机构的内部事务，而是变成了一个需要多方参与主体共同面对的挑战。金融机构、企业、政府和个人都必须提高对这些风险的认识，并采取协调一致的行动来减轻潜在的负面影响。这就要求我们不仅要关注风险的识别和评估，还要洞悉这些风险如何在不同的参与主体和业务流程中传播与演变。

本章从宏观到微观层次，层层剖析链式生态金融中的风险。一观其外在，探究信息不对称引发的主要风险类别，包括信用、操作、法律、道德、技术及数据安全等风险，并深挖其源头与潜在影响；二究其根本，解析链式生态金融风险的核心特质——系统性、复杂性、依赖性与不确定性，为理解其内在运行逻辑奠定基础；三切其要害，结合具体风险类别与特征，提出构建链式生态金融防御体系的多重策略，包括建立严格的风险评估和准入机制，构建数字化、智能化风控体系，完善法律责任分配与风险共担机制，提升技术安全与数据保护，为金融机构在链式生态金融领域的风险管理和决策指引提供实效的支撑；四修其本心，推广应用“浙银善标”，以“善”导正信用管理，以“善”为本赋能链式生态优化，以“善”回归金融本心，让社会价值反哺链式生态。

解析链式生态金融的风险全景

作为中国特色金融新范式，链式生态金融不仅是供应链与产业链的深度融合，还是对创新链、产业链、资金链、人才链“四链”融合理念的实践应用。通过信息流、资金流与物流的多维联动，链式生态金融将金融服务精确嵌入实体经济，显著提升了服务的灵活性与定制化，进而为社会提供无感且高效的金融服务。然而，链式生态金融的复杂结构与多元参与主体也伴随着与传统金融不同的风险隐患。链的高度关联性使得风险极易在各个环节迅速传播，引发系统性连锁反应。本节将对链式生态金融中的主要风险类型进行系统梳理，提炼其风险特征，旨在为有效的风险管理提供抓手。

1. 信息不对称是链式生态金融系统风险的核心推手

信息不对称是所有风险的根源，是引发信用风险、道德风险乃至操作风险的核心推手。Akerlof（1970）的“柠檬市场”理论揭示了信息不对称对市场效率的负面影响，指出在信息不对称的环境下，市场参与者掌握的信息优劣不均，可能导致低质量的产品或服务（所谓的“柠檬”）充斥市场，最终诱发高风险行为，并可能造成市场失灵。该理论在金融市场中的实践证明，信息不对称不仅会影响个体决策的准确性，还会导致系统性风险的积累。

链式生态金融中的参与主体众多，信息流动的透明度和对称性在实际操作中难以保持，部分主体可能借助其信息优势进行机会主义行为，进而增加信用违约和道德风险。技术进步在一定程度上改善了信息流动性和透明度，但依然无法完全解决信息不对称的难题。例如，区块链技术虽通过分布式账本提升了透明度，但依然无法确保信息的真实性与完整性，这意味着某些关键信息仍可能存在偏差或被恶意篡改。因此，信息不对称问题仍然是链式生态金融系统中诸多风险的核心基础，围绕信息不对称这一核心问题，链式生态金融的风险谱系逐个展开，牵引出信用风险、操作风险、法律风险、道德风险、技术风险以及数据安全风险的多重挑战，亟待深入剖析与应对。

（1）信用风险导致义务履行挑战

信用风险是指交易对手未能履行合同义务，导致资金损失的风险。链式生态金融涉及多方参与者，如金融机构、企业、政府及个人，信用风险的复杂性显著增加。此外，数字化交易的远程特性和线上交互特性进一步增加了信用评估的难度，传统的信用评估工具在复杂多变的金融环境中显得力不从心。

信用风险牵一发而动全身，既可能导致单个交易失败，也会沿着资金链条迅速扩散，引发系统性危机。当某个环节的信用出现问题时，风险极易通过资金链条迅速蔓延，影响其他参与方的资金流动和财务稳定。传统的信用评估体系在多方参与和信息不对称的情况下，往往难以准确评估每个参与方的实际信用状况，这进一步增加了预期背离实际所导致信用违约的概率。尤其是在经济不稳定时期，信用风险可能集中爆发，严重威胁链式生态金融系统的稳定性。

2008 年全球金融危机就是信用风险失控的经典案例。次级抵押贷款市场的大规模违约，导致由这些贷款打包形成的复杂金融衍生品迅速失去价值，并通过全球金融市场广泛传导，最终引发系统性危机。当大量借款人违约时，金融机构因过度暴露于次贷风险而陷入资金困境，濒临破产或需要政府紧急救助。这场危机深刻揭示了对借款人信用状况缺乏透明度和严谨评估所带来的巨大系统性风险。

（2）操作风险引发突发性和累积性的系统隐患

操作风险是指内部流程、人员、系统或外部事件的失误或失败而导致的损失。链式生态金融依赖于复杂的技术平台和自动化系统，进行跨主体的资源协调，因而操作风险尤为突出。系统故障、数据处理错误或操作人员失误都可能导致整个链条的服务中断。此外，多方协作中的信息不对称及流程误差，特别是在高频交易和信息共享密集的场景下，更加剧了操作风险。

操作风险往往具有突发性和累积性，可能带来业务中断，甚至导致资源错配和管理失控的系统性连锁反应。当操作风险发生时，如系统故障或操作失误，可能直接导致金融服务的中断或延迟，进而影响跨主体的资源协调与资金流动。此外，信息传递和处理中的错误在高频交易与数据密集型场景下容易迅速积累并扩散，使得原本局部的操作失误在短时间内演变为全系统的功能失灵。在高度依赖技术和自动化的链式生态金融中，操作风险若未能及时识别与管控，将削弱市场对平台的信任，进而影响各方协作效率，甚至对生态系统的长远发展构成严重威胁。

巴林银行的倒闭是操作风险导致金融机构崩溃的典型案例。1995 年，期货经理尼克·里森在新加坡进行大量期货交易，并同时负责交易和内部审查，这种职责冲突大大增加了操作风险。里森试图通过日经指数的上升获利，但 1995 年 1 月 17 日的阪神地震导致日本股市大幅下跌，令他的交易策略以 14 亿美元的巨额亏损告终，最终耗尽了巴林银行的全部资产，导致其破产。巴林银行的倒闭揭示了在金融机构中建立健全的内部控制和风险管理体系的重要性，尤其是在职责分工和监督机制方面，要避免人员的多重角色冲突，以有效降低操作风险的发生概率。

（3）法律风险造成监管合规挑战和技术创新障碍

法律风险是指法律法规的变化、不确定性、不完善所带来的潜在风险。在链式生态金融中，由于多方主体跨越不同的行业和地区，所面临的法律框架往往错综复杂，尤其是在涉及跨境业务时，法律环境的差异更加显著。链式生态金融核心技术（如区块链和智能合约）的法律效力和争议解决机制尚未完全成熟，导致不同主体在合同执行与责任划分上可能产生纠纷。此外，日新月异的技术发展往往超前于法律的制定和监管，进一步增加了合规的不确定性。

法律风险的影响不仅体现在合规成本的增加，还可能导致跨国业务中的法律解读不一致，甚至引发复杂的国际法律纠纷。在不同司法管辖区，金融服务提供商面临的法律要求存在显著差异，尤其是在区块链技术的监管方面，不同国家对其约束力度迥异。这种差异使跨境业务中可能出现对同一问题法律解读不一致的现象，从而影响合同效力、合同履行、责任认定等重要环节。更重要的是，立法的进程远滞后于技术的创新，企业在开展创新业务时常面临法律空白或监管滞后的局面，从而大幅增加了法律合规的不确定性与风险。

2016 年，以太坊区块链上的去中心化自治组织（DAO）项目就暴露了这些法律风险。一名黑客利用智能合约的漏洞盗取了约 5000 万美元的以太币。由于智能合约的自动执行特性，区块链上的交易无法撤销，加之 DAO 的法律地位不明确，各国对于如何处理这些资金的法律解释各不相同。这一事件不仅导致以太坊社区的分裂，还揭示了法律框架滞后于技术发展的问题。此案例警示金融服务提供商，在推动技术创新时必须加强对业务跨区域法律合规性的重视，以有效防范潜在的法律风险。

（4）道德风险加剧系统的脆弱性和不稳定性

道德风险是指信息不对称或激励机制设计不当，导致某些主体在承担较少责任的情况下采取损害他人利益的行为。在链式生态金融中，虽然多方主体共享信息与资源，但各方对信息透明度的掌控仍然面临挑战。部分参与者可能利用信息不对称优势，虚报或隐瞒实际业务状况，导致资源错配。此外，金融机构提供的高效、无感服务，也可能使某些客户在缺乏风险意识的情况下，过度借贷或从事高风险操作，从而加剧整个金融生态系统的脆弱性。

道德风险对链式生态金融的稳定性构成潜在威胁，容易积累并加剧系统的脆弱性。当某些主体不负责任地获取短期利益时，损失往往被转嫁至其他参与者，增加整个系统的脆弱性。在规模庞大、信息流通频繁的生态系统中，个别不诚信行为容易扩散，造成系统性风险。尤其是激励机制不完善可能会鼓励部分参与者的高风险行为，进一步削弱金融系统的透明性和信任度。这样的局面不仅降低了生态系统的整体效率，还可能引发更广泛的信用危机。

2001 年安然公司破产事件是道德风险导致系统性崩溃的典型案例。安然公司通过复杂且隐蔽的财务造假手段，隐瞒了数十亿美元的债务，虚增盈利，外部审计公司在信息不对称与激励失效的情况下对此行为采取了失责的旁观态度。随着问题的积累，安然公司的财务状况持续恶化，最终公司破产，数千名员工失业，投资者蒙受巨大损失。此事件成为推动美国金融监管改革的重要催化剂，促使立法者和监管机构重新审视并强化相关政策，以防止类似的悲剧重演，也揭示了道德风险在金融和企业治理中的潜在危害，表明一旦监管失效或信息透明度缺失，整个金融系统都将遭受不可估量的冲击。

（5）技术风险构成系统可靠性的挑战

技术风险是指技术故障或技术系统不稳定性所引发的损失。在链式生态金融中，区块链、云计算、大数据等技术是核心支柱，这些技术的稳定性和安全性决定了整个系统的可靠性。然而，随着数字化技术的发展和现代化转型的深入推进，传统工业社会相对确定性的不稳定工作（Precarious Works）逐渐向数字社会中具有深度不确定性和不稳定性特征的工作形态转变。技术同样存在不确定性，如区块链的智能合约漏洞、数据丢失或系统崩溃等。这些问题可能会导致金融服务的中断或数据错误，从而对生态链条中的各方产生负面影响。同样，技术更新换代的速度过快，也可能导致现有系统在未来短期内变得不适用，增加技术风险的暴露。此外，技术风险还具有隐蔽性，许多技术问题在变成明显故障之前很难被发现。技术风险还可能因为人为操作失误或系统设计缺陷而被放大。

技术风险对金融机构的影响多维且深远，不仅影响业务的连续性，而且可能带来系统性技术依赖问题。最直接的影响是可能导致服务中断，影响客户体验，从而损害金融机构的声誉。此外，技术故障可能导致交易错误，引发财务损失和法律诉讼。在最坏的情况下，技术风险可能导致客户和市场对金融机构的信心丧失，影响其长期生存和发展。

2010 年 5 月 6 日，美国股市经历了著名的“闪电崩盘”（Flash Crash），道琼斯指数在短短几分钟内暴跌近 1000 点，随后迅速反弹。此次事件的主要原因是高频交易算法进行了大量的交易决策，同时市场的流动性不足，市场缺乏有效的价格发现机制，投资者对市场信息的反应滞后，加剧了恐慌情绪，这些问题在自动化交易系统中没有得到有效控制。该事件凸显了技术风险对金融市场的影响，特别是当技术系统在极端情况下无法正常按预期运行时，可能导致市场剧烈波动。

（6）数据安全风险造成数据泄露和滥用威胁

数据安全风险是指数据泄露、丢失、未经授权访问或篡改而引发的风险。在链式生态金融中，各主体之间的数据共享和交换频繁，敏感数据包括客户信息、交易记录等，一旦数据被泄露或滥用，将直接威胁金融机构和客户的利益。尽管区块链技术具有一定的防篡改特性，但其并不能完全杜绝黑客攻击或恶意软件的侵入。同时，在数字化时代，金融机构处理的数据量巨大，涉及多个触点和系统，任何环节的疏忽都可能导致数据泄露。此外，数据安全风险还具有跨境性，因为数据会在全球范围内存储和处理，不同国家和地区的法律差异增加了管理的复杂性，数据安全和隐私保护成为金融生态系统中的重大风险因素。

数据安全风险深远且难以逆转，可能严重损害机构的信任基础和业务完整性。首先，数据泄露会严重损害客户信任，影响金融机构的声誉和品牌价值。其次，数据泄露可能导致重大的财务损失，包括罚款、赔偿和收入损失。最后，数据安全事件还可能引发监管审查和法律诉讼，增加金融机构的合规成本和运营风险。在极端情况下，数据安全事件可能导致客户流失，甚至导致金融机构倒闭。

2017 年，全球范围内爆发了名为“WannaCry”的勒索病毒攻击，多个国家的政府、企业和个人遭到大规模数据勒索。金融行业是受攻击严重的领域之一，部分银行的内部系统和客户数据被锁定，导致业务瘫痪。此次攻击暴露了金融行业在数据安全方面的脆弱性，特别是在面对跨国界的网络安全威胁时，传统的数据保护机制显得不够完善。

2. 系统性、复杂性、依赖性和不确定性是链式生态金融风险的核心特征

链式生态金融作为一种高度复杂和创新的金融模式，其风险特征具有明显的系统性、复杂性、依赖性和不确定性。这些风险不仅源自传统的金融市场，还因多元主体的参与和数字技术的深度融合而变得更加复杂。这些特征往往使得风险在整个生态系统中迅速扩散，并且难以被单一的管理措施有效应对。以下对链式生态金融的主要风险特征进行归纳与分析。

（1）系统性与传导性引发多米诺骨牌效应

链式生态金融的首要风险特征是系统性和传导性。由于链式生态金融的核心在于将多元主体（如金融机构、企业、政府等）通过产业链、供应链或区块链技术紧密连接，任何一个环节出现问题，风险都可能迅速沿着链条传导至其他参与者。例如，信用风险不仅限于单个企业的财务状况，而且通过整个供应链或产业链上下游的企业相互影响。核心企业的财务危机或市场波动会快速传导给中小企业，进而引发系统性违约风险。

此外，技术系统的高度依赖性也加剧了风险的传导效应。一旦关键技

术平台出现故障或遭受攻击，风险会迅速蔓延到整个金融系统，使得多个业务流程陷入瘫痪。因此，链式生态金融中的系统性风险并非局限于单点风险，而是呈现出一种全局性、传导性特征，具有高度的扩散能力。

（2）复杂性与多样性带来系统管理挑战

链式生态金融的风险还表现出明显的复杂性与多样性。金融机构、企业和技术提供商等多方主体共同协作，构建了一个高度复杂的生态系统。不同主体之间的法律关系、业务流程、风险管理方式存在显著差异，导致风险的复杂性。参与方众多且分布广泛，增加了管理的难度。例如，操作风险不仅源自某个企业的内部流程，还可能涉及整个供应链中各环节的协调、技术平台的对接以及跨境数据流动的管理。

复杂性与多样性还体现在金融创新带来的法律风险和操作风险上。随着区块链、智能合约等技术的应用，传统法律框架难以适应新型的业务模式，导致合规风险增加。而操作流程中的错误管理、技术系统的不兼容等，都可能使金融生态系统中的风险管理变得更加复杂和难以预测。复杂性与多样性的风险源对各方的系统管理、法律合规、流程优化提出了更高的要求。

（3）信息不对称催生的信用风险和道德风险

在链式生态金融中，信息不对称性是引发多种风险的关键特征，特别是在信用风险和道德风险方面。由于生态系统中的多方主体拥有不同的信息资源和风险偏好，信息的共享和透明度往往不一致。部分主体可能通过隐瞒其实际运营状况、虚报数据等方式，获取更多的资金或降低其信用评估中的风险。中小企业尤其可能因信息不对称性而进行不当操作，进一步加剧信用违约和道德风险。

这种信息不对称还会导致道德风险的加剧，代理理论（Jensen & Meckling，1976）指出，代理人在缺乏有效监督的情况下，往往会选择对自身有利但对系统整体有害的高风险行为。例如，某些参与主体在金融服务中承担较少责任，但存在利用高效、无感金融服务进行高风险操作的空间。由于信息不对称性的存在，这些高风险操作可能难以被及时发现和干预，最终引发更大的系统性风险。

（4）技术依赖性带来系统性风险和创新滞后挑战

链式生态金融极度依赖技术，因此技术依赖性是其显著的风险特征之一。区块链、云计算、大数据等技术虽然提高了金融服务的效率和透明度，但也提升了金融系统对这些技术的依赖程度。一旦核心技术系统出现问题，金融系统的运作就会受到严重影响，可能导致业务中断、数据丢失或系统崩溃。

此外，链式生态金融还面临创新滞后性的风险。技术更新的速度往往超过了金融机构和监管机构的应对能力，新兴技术如区块链或智能合约虽然在理论上提高了安全性和效率，但其实际应用中仍存在诸多漏洞。例如，智能合约中的代码缺陷可能被黑客利用，导致资金损失；区块链的共识机制可能出现失灵，导致交易无法完成。这种创新滞后性和对技术的高度依赖性使链式生态金融中的技术风险显得尤为突出。

（5）不确定性和变动性带来法律合规问题

不确定性是链式生态金融中普遍存在的风险特征，特别是在法律风险和政策环境方面。由于链式生态金融业务模式创新迅速，现有的法律框架往往难以适应新兴技术和业务需求，导致合规性风险和法律责任划分存在不确定性。例如，智能合约的法律效力、区块链上数据的法律归属、跨境数据传输的合规问题等，都是链式生态金融中面临的法律挑战。

此外，法律风险还具有变动性，市场环境和法律法规的快速变化增加了法律的不确定性，特别是在涉及跨境业务时，不同司法管辖区的法律规定差异较大，导致合规成本增加，也给法律风险管理带来更大挑战。这种不确定性不仅影响金融机构的业务开展，还可能导致合同纠纷和责任争议。

（6）隐蔽性与安全性造成数据安全风险

隐蔽性和安全性的挑战是链式生态金融中数据安全风险的重要特征。

由于金融交易和数据处理的高度数字化，数据安全问题往往难以被实时发现。数据泄露、未经授权的访问或数据篡改可能在很长时间内未被察觉，直至发生重大安全事件后才被发现。这种隐蔽性使得数据安全风险在链式生态金融中尤为突出，尤其是在处理敏感客户数据、跨机构共享信息的情况下，任何漏洞都可能带来巨大的负面影响。

此外，链式生态金融高度依赖技术保护手段（如加密、访问控制等）来防范数据安全问题，但这些技术手段并未完全消除安全隐患。黑客攻击、恶意软件和系统内部管理失误都可能造成数据泄露或损毁，给金融机构带来巨大的声誉和经济损失。因此，数据安全风险不仅难以被及时发现，还因其依赖技术保护的特性，成为链式生态金融中的重要挑战。

风险的分类和特征为后续的风险管理与应对措施提供了重要的思考框架，要求我们从全局视角出发，采用系统性、技术化的手段来应对复杂的链式生态金融风险。

在本节的探讨中，我们深入剖析了链式生态金融风险的类别与特征，从信用风险的传染性到操作风险的广泛影响，从法律风险的复杂性到道德风险的隐蔽性，再到技术与数据安全风险的紧迫性。这些风险不仅覆盖了金融行业的各个角落，而且相互交织，共同构成了链式生态金融这一复杂系统的风险谱系。我们看到了这些风险如何影响金融机构的决策，如何渗透到产业链的每一个环节中，以及如何在全球化的背景下产生跨境的联动效应。

随着对这些风险更深入的理解，我们认识到，风险带来了挑战，也孕育了机遇。有效的风险管理不仅能够保护金融机构免受损失，还能够提升整个金融生态系统的韧性和稳定性。通过构建更为严格的准入评估体系、实施全流程的数字化风控、完善法律责任分配、加强技术安全与数据保护，以及提升员工的技术与数据安全意识，金融机构能够更好地驾驭链式生态金融的复杂性，转化风险为增长的动力。

在链式生态金融的征程中，每一步都需谨慎前行，每一份风险都需要被认真对待。本节的内容为我们提供了一个坚实的出发点，帮助我们在经营风险的过程中找到通往繁荣与稳定的道路。随着技术的不断进步和市场的不断演变，我们有理由相信，通过持续的创新和协作，链式生态金融将能够化解这些风险，实现更加广阔的发展前景。

构筑链式生态金融的防控体系

在链式生态金融的复杂生态中，系统性、复杂性、依赖性和不确定性要求我们采取系统而全面的应对策略。基于风险特征的深入分析，我们必须从多方面展开防控措施，以确保技术系统的安全性、业务的连续性以及各方责任与利益的清晰划分，从而保障链上各参与主体的安全与稳定。具体而言，这些防控措施涵盖参与主体的准入评估、构建数字化风控体系、完善法律责任分配与风险共担机制、强化技术安全与数据保护等关键环节，以下逐一展开。

1. 建立严格的风险评估和准入机制

在链式生态金融中，各主体面临的风险水平高度依赖于核心企业及其上下游企业的稳定性，甚至与整体市场的动态密切相关。因此，严格的准入评估机制是有效管理风险的根本基础，也是金融机构确保资金安全、规避系统性风险的重要手段。

（1）强化行业与市场研究

要管理链式生态金融中的复杂风险，首先必须深入洞悉行业及市场的运行机制。通过对行业周期波动、政策变化和市场环境的深入研究，金融机构能够全面掌握行业动向，并及时识别链中的潜在问题。行业周期的变化常常通过链传导到核心企业及其上下游企业，因此，定期分析市场变化成为动态监控的重要工具。

强化对行业政策和外部环境变化的研判，可以预见潜在的风险因素。

例如，LPR 利率调节等的政策调整或市场需求的变化可能会影响链中资金供给这一环节，进而引发大范围的信用风险或系统性风险。因此，持续跟踪和动态评估核心企业及上下游企业的信用状况，不仅能识别潜在风险，还能防范市场波动带来的风险传导。

（2）建立多维度的准入评估体系

对于核心企业和上下游中小企业，需通过多维度的信用评估机制进行风险控制。

金融机构应重点评估核心企业的财务状况、市场表现及其行业地位，这是衡量其长期稳定性与抗风险能力的关键。浙商银行的供应链金融业务对核心企业的准入标准就包括信用评级需达到 AA3 及以上、年销售收入高于 5 亿元，同时房地产和城建公共类企业不在准入范围内。这种严格的准入标准确保了链中核心企业具备足够的财务实力和市场竞争力，以应对未来可能出现的市场波动与风险。

对上下游企业的信用评估更加复杂，需要结合其历史交易数据、信用记录、人行征信数据以及物联网货物监控等多方位数据进行动态监控。通过这些手段，金融机构可以实时跟踪企业的经营状况，防范信息不对称所带来的信用风险和道德风险。这种持续动态评估能够提前发现供应链中的薄弱环节，降低个别企业的经营问题导致的连锁风险。

2. 构建数字化、智能化风控体系

链式生态金融依赖高度的数字化技术，要求金融机构建立一个全流程的数字化风控体系，从贷前、贷中到贷后全方位进行监控，确保风险控制的全面性和精准性。

（1）实施全流程数智化风控

贷前：通过身份校验、大数据反欺诈模型、授信模型等手段，对主体信用进行定量与定性相结合的评估，降低信用和道德风险。

贷中：通过区块链技术追踪资金流向，确保资金流向和用途合规，防

范重复融资、贸易欺诈和多头共债等风险。

贷后：建立多层次风险（主体风险、操作风险、信用风险等）监测体系，运用预警模型实时监控关键数据，确保风险早期识别和及时处置。

（2）夯实数据技术基础

通过大数据、区块链和物联网技术，强化链式生态金融中的数据基础架构，缓解信息不对称并提升信息透明度。同时加强数据加密和访问控制，确保金融机构能够保护敏感数据，降低数据泄露的风险。

此外，数据治理和分类策略也非常重要。金融机构应通过严格的数据分类、标注机制，确保数据在整个生命周期内都得到适当的保护，并强化数据访问控制，避免数据管理失误带来的安全隐患。

3. 完善法律责任分配与风险共担机制

链式生态金融中的法律风险通常源于多方参与主体的法律责任不清晰以及业务模式的创新。因此，完善法律责任分配与风险共担机制是应对法律风险的关键。

（1）明确法律责任与权利义务

对链式生态金融中的不同参与主体（包括金融机构、核心企业和供应链上下游企业、政府和个人）进行合约条款的完善，明确各方的权利与义务。尤其是对智能合约等新兴技术的法律效力进行详细的规定，以确保当技术出现问题时，各方有明确的救济途径。

（2）建立风险共担机制

通过法律文本和合约，明确各方在链式生态金融业务中的责任与风险共担模式。特别是在跨境业务中，不同法律管辖区的规定差异较大，因此在合约中明确责任划分、违约处罚和风险承担方式，能够有效减少法律纠纷。

4. 强化技术安全与数据保护

链式生态金融对技术的高度依赖使得技术风险管理成为风险应对中的

核心环节。针对技术风险和数据安全风险，金融机构应采取全面措施，确保系统稳定性和数据安全。

（1）制定全面的技术风险管理策略

制定综合性技术风险管理策略是核心。金融机构应建立从技术采购、开发、部署到维护和更新的全生命周期管理策略。通过定期的风险评估，及时发现技术系统中的漏洞与缺陷，并通过持续监控与安全审计来预防技术风险的发生。

（2）加强技术基础设施安全建设

金融机构应当投资于先进的安全技术，特别是防火墙、入侵检测系统和加密技术的应用，通过实时监控网络活动和加强对系统的安全审计，降低技术系统的脆弱性。

（3）数据加密与访问控制

数据安全是链式生态金融中敏感问题之一，金融机构应严格实施数据加密与访问控制，确保只有授权人员才能够访问敏感数据，防止数据泄露或被篡改。同时，通过数据加密技术确保数据在传输和存储过程中的安全，尤其是对客户信息和金融交易数据的保护。

（4）提升技术更新与应急响应能力

金融机构应建立技术更新与应急响应机制，确保技术系统能够适应不断变化的安全威胁与业务需求。技术更新与迭代的持续流程非常重要，通过定期更新系统软件和硬件设施，确保技术系统的安全性和稳定性。此外，备份与恢复机制也应到位，防止数据丢失和业务中断。

（5）供应链风险管理与第三方评估

链式生态金融中依赖大量的第三方服务提供商，因此需要对其进行严格的审查和评估，确保供应商遵循相同的安全标准。通过定期评估供应商的技术基础设施和安全措施，可以减少供应链中的安全漏洞与技术风险。

5. 提升员工技术与数据安全意识

员工的安全意识在风险防控中起到关键作用。通过定期对员工进行技术风险和数据安全的培训，可以大大降低人为操作失误带来的操作风险。金融机构应通过建立持续的安全培训机制，确保员工了解并能够应对最新的网络威胁，如钓鱼攻击、社会工程攻击等。上工治未病，应鼓励员工在发现潜在安全问题时及时上报，并建立相应的支持机制，确保风险在早期被发现和处理。

“浙银善标”让社会价值反哺链式生态

我们已经围绕链式生态金融的风险管理构建了多维度的防控体系，从严格的准入评估到智能化风控体系，从法律责任划分到技术安全保障，为链式生态的稳健运营奠定了基础。然而，维持链式生态金融的长期稳定道阻且长。为此，我们引入了“浙银善标”，作为业内首创从社会价值向度构建的客户评价体系，其是坚持“风险整体观”下应对链式生态金融短期风险和长期风险、局部风险和整体风险的“利器”。通过把“善”的基因嵌入风险管控，以“向善”为重要标准对链上主体开展家庭、行业、所在地等多维度下的社会风险评判，将量化的客户“善分”与传统信用评级相结合，应用于授信审批、风险容忍、贷后管理等环节并匹配差异化服务机制，在引导金融资源向善的客户、产业、生态倾斜的同时，更全面地识别潜在风险，更有效地优化客群结构，进而推动整个产业生态实现社会价值最大化与风险最小化。

金融天然具有放大功能，服务善的主体就是放大了正的能量，服务恶的主体就是放大了恶的危害，如果市场主体不是正行向善，造成的风险将会迅速蔓延，负面影响更会成倍增加。诺贝尔经济学奖得主罗伯特·希勒指出，“真正好的金融绝不仅仅是管理风险，还必须是社会资产的看守者和社会价值的支持者”。

长期以来，金融机构普遍将以资产负债规模、经营利润等财务指标为主导的信用评级视为评判金融风险的主要标准，将抵质押物、融资担保作为防范金融风险的主要工具，在实际操作中，逐渐暴露出“重经济利益轻社会效益、重当下规模轻长远发展、重偿债风险管理轻系统风险治理”等问题。金融是经营风险的行业，有管理和分散风险的功能，又自带风险基因，金融风险看似出在资产质量上，但从长远来看，最大的风险并非源自资产本身，而在于人性，正如哈佛大学教授肯尼斯·罗格夫所说，“金融危机的深层原因在于人性危机，并无简单的应对之法”。对人性追本溯源，诚信是支撑人性的基石，诚是根基，信是枝叶，先有诚，后有信；而诚源于人性中固有的善，表现为善行善为，即履行社会责任、弘扬利他精神，因而需要从社会价值评价的维度创新风险管控模式。

“浙银善标”评价体系通过提炼萃取正向标准和负面清单两大评判标准，构建了一套“善”的客户标准，对客户行为进行可量化的社会价值分析，并将评价结果纳入授信评审风控全流程，对善标评级高的客户从资源配置、授信策略、风险容忍等方面匹配差异化服务机制。“浙银善标”与信用评级形成合力，实现对客户社会价值和经济价值评价的有机融合，推动金融风险管理回归“守正向善”的人性本源，让社会价值反哺链式生态。

1. 明确“善”的评价标准

考虑到不同类型客群的属性特征及展业逻辑不同，“浙银善标”体系分为法人版和个人版，分别制定“善”的正向标准和“不善”的负面标准。法人版正向标准围绕大局担当、环境保护、社会责任、公司治理四大维度，形成评价标准 20 条；个人版正向标准围绕“守善性扬正德”“闻善道术专攻”“呈善果树典范”三个维度，形成评价标准 12 条。负面标准从负面情形、触碰红线两大维度设定，法人版、个人版分别下设 26 条、16 条评价标准。

2. 勾勒“善”的客户画像

“浙银善标”体系通过赋分方式落地运用，符合正向标准即加分赋能，触发负面情形即减分降维，触碰红线即一票否决，同时创建“维度—标准—情形”三级逐层递演的评价表格，并将其录入“浙银善标”智能化数据系统，基于具化情形下的正负双向评分合计自动形成客户善标评分，根据善标评分，从高到低依次形成善标一级客户、二级客户、三级客户、四级客户等级，进而真正把“善”的客户发掘出来，把“恶”的对象筛除出去。

3. 坚持“善”的授信导向

“浙银善标”等级评价作为客户统一授信审批的刚性前置条件纳入授信全流程管理，根据善标等级结果制定差异化授信机制：积极拓展善标一级客户和二级客户，加大授信政策和金融服务支持力度，择优介入善标三级客户，严禁新增并逐步压退存量善标四级客户，进而精准引导金融资源向“善”的客户、产业、生态倾斜，优化客户结构，提升授信资产的稳健性。例如，对于善标一级的公司和金融机构客户，采取适度上调信用评级结果与抵押上限等授信策略；对于善标一级的小企业客户，在利率优惠、额度增加、流程效率等方面给予支持。

4. 提高“善”的风险阈值

适度提高善标等级高的客户的风险阈值，适当降低其风险缓释要求。例如，对善标一级的公司和金融机构客户适度提高风险容忍度，缓解出险顾虑，促进业务投放；对善标一级的小企业客户和个人经营贷客户，因客观原因出险的业务，对已勤勉履职且不存在道德风险和操作风险的相关人员，视情况减轻或免予追究责任；对善标一级的信用卡客户，容忍非重大风险瑕疵。

5. 提供“善”的纾困服务

将阶段性遇困但仍保有较好发展前景的善标一级客户纳入“纾困名

单”，坚持精准识别、分类施策，提供定制化纾困服务，包括放宽业务准入、加大评审支持、优惠投放条件等，并发挥金融顾问作用，为纾困企业提供综合金融服务，助力企业走出困境。

我们细致地审视链式生态金融所面临的各类风险，并提出一系列针对性的风险应对策略。从严格的参与主体准入评估到强化行业研究，从构建数字化风控体系到完善法律责任分配与风险共担机制，再到强化技术安全与数据保护，每一项措施都是金融机构在数字化浪潮中稳健前行的有力保障。

我们看到了如何通过多维度的信用评估体系来把控信用风险，如何利用大数据和区块链技术来增强对操作风险的管理与监控，以及如何在法律风险的不确定性中寻找确定性，为金融机构的合规运营提供坚实的法律基础。同时，技术风险和数据安全风险的应对策略，如全面的技术风险管理策略和数据加密与访问控制，更是在数字化时代中保护金融机构资产安全的必备武器。另外，“浙银善标”通过以“善”为导向的社会价值评价体系，将金融资源优先配置给诚信可靠、具有社会责任的客户，使金融资源进一步向优质客户和正向生态倾斜。

通过这些风险应对措施的实施，金融机构将能够更加自信地面对链式生态金融带来的挑战，同时也能够更加敏锐地捕捉到其中蕴含的机遇。这些策略提高了金融机构的风险管理能力，也为整个金融生态系统的稳定性和可持续发展提供了坚实的支撑。展望未来，随着技术的不断进步和市场环境的不断变化，这些风险应对策略将继续演化和完善。但有一点是不变的——只有通过持续的风险管理和创新，金融机构才能在链式生态金融的复杂网络中保持竞争力，实现长期的增长和繁荣。

下　篇

探索与实践

第十章
链式生态金融服务全产业链条的实践

21 世纪的竞争不再是企业间的竞争，而是供应链、产业链之间的竞争，甚至演变为产业生态之间的竞争。这种转变意味着以单一个体利益最大化为导向的价值目标已不再适配于经济新发展阶段，打造合作共赢的链上产业生态将成为共同的价值追求。链式生态金融通过链式服务、生态构建，推动实现整个产业生态价值最大化，这与经济成长和产业进化的新趋势高度契合；随着数实融合的加速推进，链主企业纷纷着手搭建数字产业链供应链平台，交易线上化、资产数据化、监控数字化等功能打通了客户触达、数据识别、资金封闭管控等银行信贷数字化转型的关键环节，为链式生态金融服务从理念迈向实践提供了坚实的技术支撑。

当前，产业链上中小微企业融资难、融资贵的困境源于其自身的融资需求特点与传统银行信贷模式不相匹配，资产难盘活、风险难识别、服务成本高。其中，很重要的一点在于当前产业信用体系的建设还不够完善，对产业信用的传导和利用还不够充分。浙商银行基于企业主体信用评估，依托数字化改革的技术保障和商业信用体系的不断完善，根据产业链供应链的交易特点与交易节点，建立完善交易信用、物的信用、数据信用三大信用体系，从传统金融视角下着重关注主体信用中的财务报表、历史数据、抵质押物等静态、局限、泛化的指标转变细化为着重关注企业实际交易中的真实数据，基于交易过程中产生的商流、资金流、物流、信息流等数据信息集合，从动态、真实、具体的角度实现风控技术与理念的升级，减少传统授信对主体和抵押物的依赖，将金融服务下沉至链上中小微企业，助力稳链固链强链。

本章重点选取浙商银行的典型案例，展示以链式生态金融服务垂直供应链场景的具体实践。首先，通过对供货通及应收通业务模式的介绍，探讨了链式生态金融如何通过发挥交易信用价值来满足上游供应商备货融资需求及应收账款盘活需求；其次，通过对订单通业务模式的介绍，探讨了链式生态金融如何盘活物的信用，以数字技术和业务创新高效服务产业链下游经销商；再次，通过对分销通及数据链融资模式的介绍，探讨了链式生态金融如何释放数据信用，通过数据挖掘及大数据分析服务下游小微经销商以及县域产业集群；最后，选取公共事业缴费融资场景这一企业共性的经营场景，探讨了链式生态金融如何基于三大电网、燃气公司等大型能源公司与下游用能企业之间的交易信息，满足下游企业用能缴费资金需求，降低财务成本。

发挥交易信用，实现优质信用传导

交易信用是指在产业链条商品货物交易中延期支付或预收货款形成的企业之间的借贷关系，主要包括应付账款、预收账款、商业汇票等。根据国家统计局数据，2013—2023 年规模以上工业企业应收账款净增长 14.15 万亿元，增幅达 148%，而同期营业收入只增长 30%；从占比来看，近 10 年应收账款占营业收入的比重提升 8.48 个百分点，占 GDP 的比重提升 2 个百分点。这都反映出企业回款压力较大，各类供应链金融服务并不充分，效率还有待提升。浙商银行基于产业链上游订单融资场景与应付账款融资场景，基于交易信用，开发推出供货通与应收通业务模式，满足上游企业备货及应收账款盘活融资需求。

1. 以交易订单信息满足上游供应商备货融资需求

在产业链上游供应商备货阶段或货物交付后，浙商银行基于供应商与核心企业签订的订单合同，按照合同金额一定比例为供应商提供无抵押、无担保的纯信用融资，满足上游供应商履约生产、备货或交货以后的融资需求。

电力行业是浙商银行重点拓展的行业之一，它属于资金和技术密集型行业，产业规模庞大、链上企业优质、资金需求旺盛，这也导致龙头核心企业强势，传统授信业务难以实现深度服务。

N 公司负责投资、建设和经营管理南方区域电网，参与投资、建设和经营相关的跨区域输变电与联网工程，提供电力供应服务保障等，除供电局的电力输送及销售等电力主业外，还包括大量“三产”企业负责的工程检修等衍生业务。

N 公司在华南五省及港澳台地区供应商共 8 万～10 万家，其中每年实际发生采购交易的供应商 5000 多家，在这些供应商中有大量中小微专精特新类制造业企业为核心企业 N 公司提供配套服务。供应商与 N 公司签订采购合同后进行备货，受限于行业地位，供应商通常获得少量预收账款，且应收账款存在占压，供应商在备货到交货阶段需要自身垫资，特别是电线、电缆、变压器等电力主业供应商希望能够满足其备货资金需求。

浙商银行于 2021 年 11 月与 N 公司签订战略合作协议，针对核心企业对上游企业的需求，结合内部业务流程，通过与“Ne”平台进行系统对接开拓了上游供货通业务。浙商银行根据 N 公司主体信用为其核定管控额度，根据 N 公司与上游供应商之间的真实交易订单信息为供应商核定专项授信额度，根据订单信息为供应商发放融资，满足上游供应商的备货资金需求。

例如，X 电缆有限公司是 N 公司上游众多专精特新类小微企业供应商之一，是贵州省高新技术企业、专精特新“小巨人”企业，是国内极少数能生产单根 600 米以上电缆的厂家，与其他 N 公司供应商面临相似的融资难题，该公司仅有与 N 公司的订单，在传统金融支持手段下信用方式难以审批，单户融资金额需求也难以满足，同时最新企业经营情况难以预测，面临融资难、融资贵的困境。

浙商银行从链式服务角度出发，基于电力行业连续性预算管理制采购交货确定性强以及电力产品技术更新相对较慢、供应质量稳定的特性，从N公司与上游供应商的真实交易关系切入，通过真实、准确、可追踪的链上订单以及到期回款资金的闭环管理，为公司批复信用授信，满足其备货融资需求，目前，浙商银行已成为其最大的合作银行。公司只是浙商银行以链式服务赋能链上中小微专精特新的一个缩影。浙商银行通过N公司上游供货通业务，已累计为上游供应商发放融资超30亿元，服务超60户科创供应商。

图10－1为浙商银行供货通。

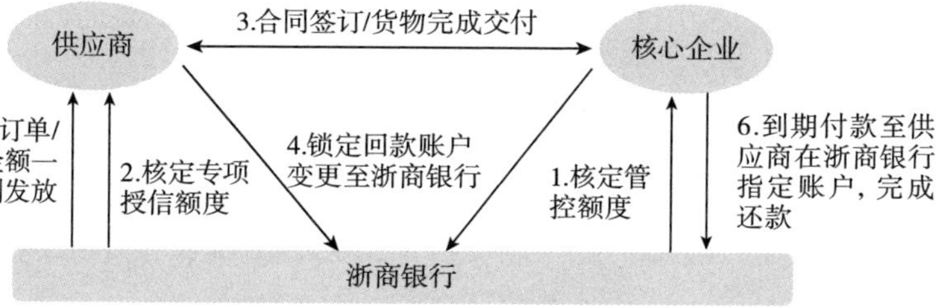

图10－1　浙商银行供货通

2. 以链式信用传导盘活上游中小微企业应收账款

在产业链上游场景，围绕供应链上的中小微企业融资需求“小额、高频、跨区域、类信用”四大特征，浙商银行发挥应收账款电子凭证业务中核心企业信用赋能、一点用信、链式流转的优势，将优质核心企业的信用注入整个产业链中，实现穿透式供应链融资，解决链上供应商账期层层拉长、多级中小微供应商资金被挤占严重的问题，实现链上融资服务的标准化、普惠化。

随着国内产业数字化趋势不断加强，占据产业链核心位置的大型央国企纷纷自建数字供应链平台或加入有影响力的第三方供应链平台，以焕发供应链管理新效能。浙商银行通过与核心企业及第三方供应链平台系统对接，极大提升线上化、平台化获客的基础能力，有效解决供应链数据共享问题，为客户提供便捷、高效的金融服务。

S集团营业收入主要来自基础设施工程施工及设计业务，该业务以工程总承包、施工总承包及专业承包等模式开展，并以工程总承包为主要经营模式。该集团作为典型的基建施工企业，上游有钢材、水泥、砂石、木材、玻璃、防水材料等建筑材料供应商，塔吊、挖掘机、推土机、压路机等建筑设备租赁商，建筑工人、技术人员、管理人员等劳务供应商以及设计公司、监理公司等。上游小而分散，中小微企业超过1000家，随项目所在地分布全国。该集团与上游供应商之间的结算方式有现金、数字信用凭证（主要为云信）等。该集团同大多数施工建筑企业一样，存在项目需供应商前期先行垫付资金的情况，期限在6～12个月不等，并且随着供应商层级的延伸，链上供应商账期层层拉长，多级中小微供应商资金被挤占严重。

在传统金融支持手段下，一是各级供应商独立申请融资，整体融资规模远超欠款，信贷资金利用率低；二是末端供应商资金挤占严重，加大融资申请难度，需房产抵押；三是上游中小微供应商风险定价高，融资成本高，并且审批效率低，难以满足小额高频信用的融资需求。

数字信用凭证是核心企业以自身与供应商之间发生基础交易产生的应付账款为基础，通过供应链金融平台在线开立，具备拆分转让支付、融资及到期兑付属性的电子债权凭证，主要有以下优势：

一是根据数字信用凭证签发日期锁定付款时点并明确承兑主体，实现核心企业优质信用注入，链式确权；二是基于核心企业信用，每一级供应商都享受链主企业同等利率，降低链上整体融资成本；三是多级流转，以信用传递代替现金支付，减少融资环节和融资量；四是核心企业审批前置并线上化服务，实现极简融资。

浙商银行根据上游供应商低利率、高效率、不开户的融资需求，通过数字信用凭证产品解决上游中小微供应商账期长、资金占用的问题，盘活链上应收账款，畅通产业资金链条（见图10－2）。

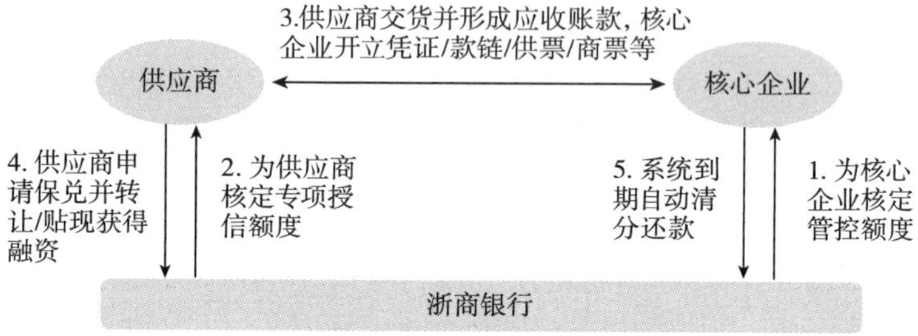

图10－2　浙商银行数字信用凭证

盘活物的信用，拓宽企业融资渠道

物的信用是基于产业链条商品货物交易中的物流信息，借款人拥有或控制商品货物带来的信用。动产融资是一个正在快速发展的市场，根据中国银行业协会的数据，动产和权利融资业务的授信客户数与授信余额均呈现增长趋势。2021年至2023年，授信客户数由14.14万户增至19.22万户，增幅达35.93%，授信余额由5.07万亿元增至5.61万亿元，增幅为10.65%。另外，动产融资的基础设施如法律法规、系统平台、政策支持等也在不断完善，未来会进一步助力完善我国市场化信用体系。浙商银行在产业链下游，基于物的信用，开发推出订单通业务模式，满足下游经销商的购货资金需求。

1. 数字化控货，助力汽车产业链下游销售

J集团是全球汽车品牌组合价值排名前列汽车集团。其下游经销商体系是该汽车自身销售体系的重要延伸，极大地提升了品牌在区域市场的辐射能力，有效缩短了厂商的产品、服务和消费者之间的距离。经销商通过当地已有的分销渠道和销售网络为该集团提升市场知名度及占有率。同时作为分销渠道，经销商体系承担了该集团产品销售压力和销售风险，承担

了该集团在当地市场开拓、产品仓储、运输、资金、经销成本与费用等方面的相关风险。

J集团下属各品牌系列汽车均采用经销模式，在经销模式中，该集团占据主导地位，经销商向该集团进货必须先付货款，该集团再发货。因为汽车这一商品比一般商品货值高，极少有经销商能够全部依靠自有资金来进货，因此经销商需要银行融资支持，以提高财务杠杆水平并盘活车辆存货资产。但经销商普遍存在以下三种情况：一是行业经营门槛低，公司资产实力弱；二是公司成立时间短，经营收入规模小；三是资产结构以存货车辆为主，质押融资手续相对复杂。这些经营痛点，严重限制了经销商的融资能力和银行负债水平。

对于J集团而言，经销商体系作为该品牌销售的重要构成，加快下游的销售速度和资金回流有助于该集团降低库存风险，并为该集团的战略转型、扩大生产和产业链布局提供现金流，故帮助经销商解决融资难的问题也是该集团比较迫切的需求。

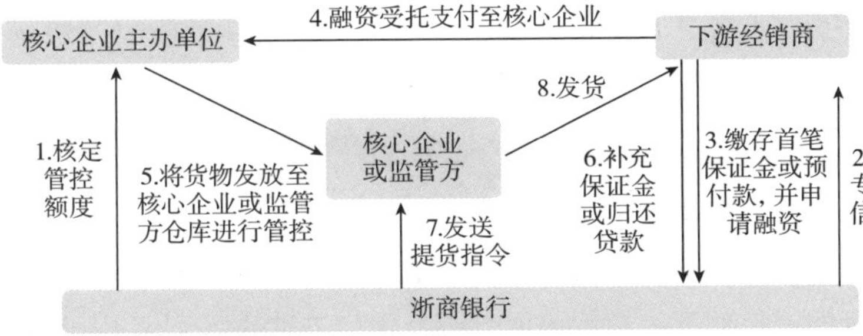

图10－3　浙商银行订单通合作方案

如图10－3所示，汽车供应链订单通开展的合作方案和模式为典型的汽车三方库融，采用第三方监管商驻店监管，以及车辆质押和合格证监管。浙商银行核定J集团供应链管控额度后，根据该集团提供的下游经销商推荐名单，为经销商核定专项授信额度。经销商作为付款人通过浙商银行供应链系统开立银行承兑汇票，向该集团支付结算款。该集团收款入账发运对应车辆，车辆到店后通过浙商银行派驻的监管公司监管员办理入库手续，后期经销商按照流程打款赎证释放车辆，最终完成销售。

为提高服务效率，扩大服务覆盖面，打破地域限制，浙商银行充分应用数字化技术和科技化手段，与该集团对接全线上化改造工程，实现客户开户、单笔审批、审批放款等全线上化操作，并完成与该集团财经平台及三方监管公司的一站式交互功能研发，操作节点从35个简化到23个，耗时从15天缩减到3天，减少客户及分支机构40%的工作量，整体操作时间缩短了60%，成效显著，为企业稳产达产保驾护航。

2. 打款提货，降低下游白酒经销商资金杠杆

Y公司主要经营某浓香系列酒品牌，设立了15个销售大区，负责某浓香系列酒的销售，经销商主要以与浓香系列酒公司签订的年度经销合同为目标，分解季度销售任务、月度销售任务。下游经销商采购的结算方式主要为现款结算，从下游经销商角度，一方面，这对经销商的资金周转能力和销售规模产生较大影响；另一方面，由于白酒销售具有明显的季节性特征，从预订到销售之间往往存在3~6个月的时间差，这进一步增加了经销商的资金压力。此外，传统的供应链金融服务模式主要针对一级供应商，而二级供应商等很难获得融资。从浓香系列酒公司角度，其一方面希望提高系列酒销量，提高销售收入；另一方面希望帮助其经销商获得流动性支持，保证下游销售链条稳定。

针对上述客户需求，浙商银行设计了订单通业务方案，为浓香系列酒公司核定管控授信额度，然后根据下游经销商与浓香系列酒公司的合作层级及自身情况核定专项授信额度，通过浓香系列酒公司自有系统进行控货，在经销商缴存首笔保证金申请融资后，后续经销商可以打款提货，从而通过酒品货物质押满足了下游经销商采购资金的需求。另外，通过与浓香系列酒公司沟通调整销售策略，优化解决方案，使订单通业务模式覆盖至二级供应商，并不断提升线上化程度，提高服务效率。针对酒类商品销售的强周期性，特别是下半年、季度末，国庆、中秋及过年前为浓香系列酒公司全年销售的重点时间节点，浙商银行通过一定额度下模型审批、直

通车放款、放款中心周末加班审查投放等方式，尽全力满足浓香系列酒公司的集中投放需求。如图 10－3 所示。

释放数据信用，激发数据要素潜能

数据信用是指利用大数据技术，通过对个人、企业等经济实体的工商、税务、人行征信等相关数据进行处理和分析，从而对经营主体作出信用评估而产生的信用。随着数字经济的深入发展，数据资产融资规模将会进一步扩大，2023 年 12 月，国家数据局等 17 部门联合印发的《“数据要素×”三年行动计划（2024—2026 年）》指出，要“推动金融信用数据和公共信用数据、商业信用数据共享共用和高效流通”，通过对产业链上数据的挖掘，利用数据要素探索供应链脱核模式，逐步弱化金融机构对核心企业的依赖，增强中小企业融资可获得性，将是链式服务未来的重要趋势。浙商银行通过对综合经营主体多维度数据的建模分析，开发产业链下游分销通业务模式及针对产业链上游及特定产业集群的数据链融资业务，满足链上中小微企业“短、小、频、急”的信用融资需求。

1. 以数链接全国，满足各地经销商采购资金需求

在产业链下游，浙商银行基于核心企业与下游经销商的真实交易背景，为下游经销商提供专项用于向核心企业采购商品服务的融资业务。

H 公司是全球视频监控数字化、网络化、高清智能化的龙头企业，为全球 150 多个国家和地区的客户提供产品与服务，2022 年度该企业共有超 2000 家国内一级经销商（含工程商），通过经销商销售额是主营业务收入的重要组成部分。

对于核心企业 H 公司而言，首先，想要扩大销售，并希望将传统赊销转为经销商银行融资，控制赊销风险，稳固下游销售渠道，提升经销商合作黏性；其次，在年末和季末需要加快经销商现金回笼，优化报表，而且不为经销商提供担保。

对于经销商而言，一方面，其采购与销售回款账期不同，存在资金错配的压力，资金占用高，亟须融资；另一方面，下游经销商多为轻资产运营，缺乏抵押担保，如果不抵押房产，则难以获得融资，且传统融资金额小、成本高、手续复杂，资金缺口较大。此外，该企业经销商分散于全国各地，需要线上化操作，一点做全国。

浙商银行为该企业设计分销通解决方案，由该企业定期提供推荐经销商名单以及交易信息，根据该企业与其下游经销商真实的交易背景为其核定管控额度，通过大数据风控模型为经销商核定专项授信额度，经销商订货后，银行可立即向经销商提供融资，直接打款给该企业，专项用于货物采购，经销商销售回款后归还贷款。一方面，通过浙商银行平台化业务管理系统实现业务流程全线上化操作，有效解决了全国各地经销商缺乏采购资金的痛点；另一方面，帮助该企业快速回笼了销售资金，特别是新冠疫情期间，助力该企业稳定了销售。详见图 10－4。

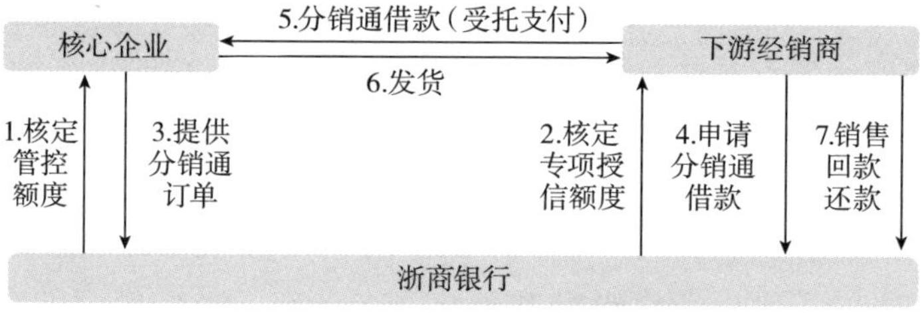

图 10－4 浙商银行分销通解决方案

浙商银行与 H 公司自合作以来，已累计服务超 200 家经销商，提供融资支持超 40 亿元，项目遍布全国 21 个省份（含直辖市），已成为该企业最大的合作银行。

2. 以数惠及小微，顾问式提供综合金融服务

N 公司是中国包装饮用水及饮料的龙头企业。该企业建立了深度下沉的全国性销售网络，下游客户主要分为一级经销商和直销客户。一级经销商负责直接向二级经销商、超市、便利店、电商平台、餐厅等客户供货。

一级经销模式销售量占总销售的98%以上，目前全国有4500多家一级经销商，结算方式全部为现款提货。直销客户有700多户，主要是大型零售商和企事业单位，如京东、物美、沃尔玛、大润发、商业银行、保险公司等。

基于全国几千家一级经销商的结算方式全部为现款提货，存在一定的资金缺口。浙商银行金融顾问实地走访了该企业浙北大区、安徽大区、河南大区、苏北大区、粤东大区、粤西大区、珠海大区，面对面调研大区销售和经销商情况，同时走访了20多家经销商及下属二级经销商或终端商户，多方面、多维度全面了解经销商实际经营情况。该企业下游经销商多为中小微企业，普遍缺乏金融知识，且规模小、户数多、分布散。根据经销商轻资产运营、缺乏抵押担保物以及按月打款的特点，浙商银行设计了下游经销商融资方案。如图10－4所示。

浙商银行为该企业核定业务管控额度，并按照经销商与该企业的历史交易采购额为经销商核定专项授信额度，并可根据经销商与该企业的合作层级情况给予额度提升，在额度内，经销商可申请信用贷款，在销售回款后归还贷款，从而缓解下游经销商现款结算的资金压力。在融资服务之外，浙商银行金融顾问还为中小微经销商提供业务咨询服务，白天经销商忙于运维，信贷问题在晚上才有时间考虑，浙商银行金融顾问对经销商的问题从产品到操作逐一解答，耐心指导，使得金融顾问服务下沉到产业链末端的小微经销商。

仅一家核心企业下游，这种消费品经销商就有7000余家，放眼整个消费品行业，推及全国区域，数量将会更大。面对这些中小微经销商，银行传统授信往往会因缺乏合格抵押物、风险识别评估难、信贷操作成本高等问题，无法满足产业链上下游中小微企业“短、小、频、急”的融资需求。而依托核心企业的优质商业信用和产业链数据信用，可以真正实现端到端精准滴灌链上小微企业，同时加上金融科技赋能，服务实现全流程线上化，结合产业链资金流转特性，高效满足上下游中小微企业的融资需求。

3. 以数服务集群，链式服务打造数字化服务生态

产业集群是某一产业领域相关联企业及其支撑体系在一定地域内发展，并形成具有持续竞争优势的经济群体。产业集群是中小企业发展的重要组织形式和载体，是县域经济增长的能量器。发展产业集群，有利于优化县域经济结构，为县域贡献大量产值、税收和就业。

县域产业集群的中小微企业在产业链分工中处于弱势地位，往往销售账期长（3～6个月）、采购账期短（0～1个月），日常经营周转需要银行信贷资金的支持。近年来，全国普惠金融快速发展，各家银行主要通过抵押贷、担保贷满足中小微企业融资需求。但是大量的中小微企业缺少抵押物，或者办理抵押贷后仍然有资金缺口，面临融资难、融资贵的问题，急需纯信用贷款。而银行用传统方式办理中小微企业信用贷款，则面临信息不对称、人工尽调成本高、审批环节复杂、信贷不良率高等问题。

进一步，我们在业务实践中发现，县域产业集群内部主要有三种链式组织形态。一是中小企业集中采购原材料的交易，如集中采购钢、铝、铜、塑料等原材料，中小企业希望能解决采购融资并降低成本；二是中小企业集中向下游企业销售货物的交易，如将产品销售给全国各地的用户、渠道商等，希望能扩大销售、加快销售资金回笼、管控应收账款风险等；三是中小企业内部之间互为上下游的交易，希望能解决临时性资金不足的问题。这三种链式组织形态分别对应产业链条上下游不同的交易环节，在三种链式组织形态中，中小企业分别有不同的融资难题与诉求，同时也都有相应的交易数据可以发掘利用。

浙商银行坚持善本金融理念，深入贯彻落实“以客户为中心”的综合协同改革，扎根县域特色产业集群，从客户真实需求出发，充分挖掘企业经营过程中积累的发票链、人行征信、电费金额等数字资产，通过大数据分析等数字化手段释放数据信用价值，针对县域产业集群块状经济及内部交易紧密两大特征，聚焦企业用款场景，从外部交易链条延伸拓展以及内部交易网络交叉验证两个方面创新推出“链式融资”新模式，开拓“链式

获客”的新渠道，以“善数融合”推动县域产业金融综合生态高质量发展。

针对县域产业集群的三种链式组织形态，浙商银行推出三种“链式融资”新模式：一是基于中小微企业与上游原料供应商的采购链服务模式；二是基于中小微企业为下游企业产品销售的销售链服务模式；三是基于集群内部中小微企业之间的交易数据，通过发票信息还原企业经营状况和交易关系，以客户为中心服务新客户，形成的集群链模式。详见图 10－5。

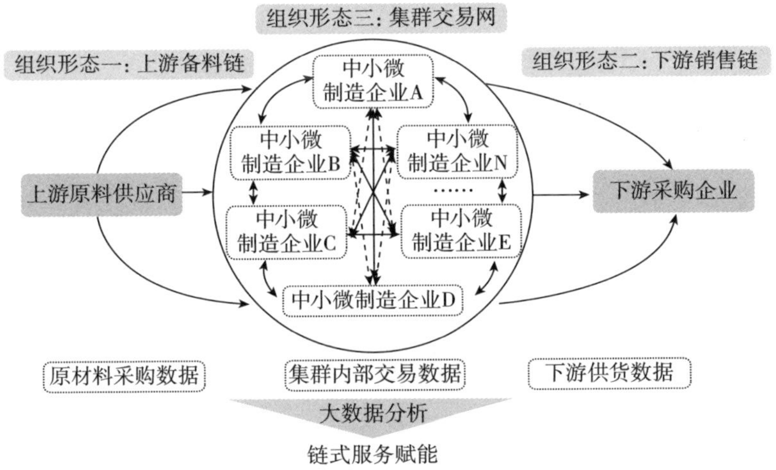

图 10－5　浙商银行“链式融资”新模式

例如，丽水市莲都区轴承产业集群和丽水市青田县智能泵阀产业集群是典型的中小微制造业企业密集型县域产业集群，集群内企业通过行业协会、上下游交易、企业主地缘关系等紧密相连。浙商银行丽水分行通过分析挖掘存量客户发票信息，延展营销其上下游客户，一点突破、链式营销，深入挖掘客户供应链生态价值。截至 2024 年 10 月末，浙商银行运用数据链融资业务，在宁波、丽水、嘉兴、广州等地区服务县域产业“集群链”客户超 200 户，投放金额超 2 亿元。

聚焦缴费场景，助力企业降本增效

缴费场景是企业生产经营中的一个共性的、典型的场景。对于一些企业，特别是制造业企业，用能缴费支出占比较大。同时，电、燃气等能源公司对企业缴费的时间约定比较严格，企业需按时缴纳费用，否则会影响企业正常经营，这就在一定程度上挤占了一部分企业经营资金。针对企业用能缴费场景，浙商银行全面升维全链条、全场景、全产品的“端到端”供应链金融服务解决方案，积极探索“电、气、水、料”等重点场景业务，通过深挖场景持续提升数智化服务能力，围绕国网、南方电网、中国燃气等央国企和大型集团客户，针对链上制造业企业用电、用气、用水等真实场景，给予制造业企业融资支持，助力制造业高质量发展。截至2024年10月末，浙商银行电费等场景金融业务余额超近300亿元，服务客户近2000户。

1. 通过电网拓展下游，满足企业电费缴费融资需求

首先，缴电费场景是企业的共性经营场景。目前，全国每年有超6万亿千瓦时电为工业用电，用电需求几乎覆盖所有企业，特别是实体制造业客户，电费占生产成本的5%～10%。在当前的市场环境下，大部分制造业企业存在延期支付电费并降低财务成本的需求，缴电费场景具有典型性。

其次，电费数据可以反哺风控。用电量是国民经济发展的“晴雨表”，企业用电数据更加真实、客观地反映了企业经营情况。同时企业的电费缴纳需求具有周期性、固定性，用电企业根据电费通知单按月提款，并且核心企业国家电网、南方电网作为交易对手保证了交易背景真实，再叠加资金指定用途，避免了一次性投放及资金挪用问题。此外，浙商银行通过办理电费证业务，每月可获取企业用电数据，增加贷后抓手，反哺风控，结合其数智化风控体系，实现对企业风险的动态把控。

浙商银行抓住企业缴电费这一典型场景，推出电费场景金融产品，帮助下游大中型用电企业开立国内证缴电费，降低财务成本；根据企业历史用电数据，解决下游小微制造业用能企业缺资金、缺抵押担保、融资难的问题，并支持全线上化放款，最快 1 分钟审批，1 秒钟放款。

案例一：天津某包装材料有限公司为天津市专精特新企业、天津市创新型企业，是我国北方地区最大的塑料薄膜生产企业。浙商银行天津分行在大走访、大调研中获悉企业每月缴纳电费超 200 万元，根据企业这一情况，浙商银行为其匹配了电费证业务模式，企业通过开立国内信用证缴纳电费，发挥国内信用证业务高效率、易操作、成本低的优势。另外，浙商银行通过线上开证及放款，减少行内审批流程，将场景证开证到议付的时间从原来的 1 个工作日缩短到最快 2 小时完成，进一步提高了服务效率。

案例二：某化学公司为国有控股上市公司，主要从事 PVC 等产品生产。浙商银行了解到公司及其子公司平均每年电费总额在 15 亿～20 亿元，原电费支付方式主要为现金和银行承兑汇票，且部分子公司无银行融资额度，仅能现金缴纳电费，从而使这部分企业资金被占用。浙商银行为该公司针对性地匹配了电费证母公司代缴模式，并开辟绿色审批通道，高效满足了其子公司缴纳电费的资金需求，成为该公司首家电费证合作银行。

2. 复制推广场景融资样本，丰富缴费场景融资产品

企业燃气缴纳场景与电费缴纳场景十分类似，浙商银行复制电费证模式，推出燃气证。燃气证是浙商银行与中国燃气等国内领先的绿色低碳综合能源服务商打造的创新缴费方式，直接服务实体经济，特别是天然气能源消耗较大的制造业企业，以融资期限灵活选择、全流程线上操作、优惠融资利率、代理议付快速放款四大优势助力企业优化现金流管理，以较低成本资金支付燃气费，更好聚焦主营业务发展。

具体来说，用气企业通过开立国内信用证缴纳燃气费，占用在浙商银行的授信额度，申请开立国内信用证，燃气公司向浙商银行申请议付（或直接由下游用气企业代理议付），浙商银行直接将资金放款至燃气公司收

款账户，燃气公司收到融资资金后快速完成销账清算。企业还款期限最长可达 1 年，凭用气结算凭证、供用气合同、发票向浙商银行申请，全流程线上化操作。

案例一：浙江某热电有限责任公司作为大型燃机电厂，主营业务为建设、经营电厂，1 年燃气费开销超亿元。浙商银行为该企业提供燃气证业务，该企业可以开立国内信用证缴纳燃气费，实现超 7000 万元燃气费延付，充分发挥场景证业务贸易背景真实、投放价格低等优势盘活企业优质现金流，降低企业财务成本。

案例二：金华某机械设备有限公司是一家国家高新技术企业、浙江省专精特新企业，由于企业制造沥青过程使用燃气，“用气”开销超千万元。通过申请燃气证，企业实现了延期支付燃气费 80 万元，1 年后还款，用款成本较低，为新年开工生产保障充裕流动性。办理流程实现全线上，仅需 1 个工作日。

第十一章
链式生态金融服务流动性管理的实践

在链式生态场景中，企业之间通常以赊销的方式进行交易，尤其是当链条中的中小企业应收账款的规模过大时，容易出现流动资金短缺进而影响企业正常经营的情况，如果中间某个企业失去偿债能力，其上下游企业的资金链都将受到影响，导致债务链上的企业陷入“三角债”困境。同时，一旦链上某一环节出现信用危机，风险将在债务链中以极快的速度传播，导致大规模的债务违约。因此，流动性在解决供应链问题中扮演着至关重要的角色。

早在 20 世纪 90 年代，票据就在解决“三角债”问题中扮演了重要角色。当企业急需短期资金融通时，可以利用所持有票据向银行申请质押或贴现，避免信用风险在债务链中的传递，有效防范和解决“三角债”问题。通过对企业流动性进行有效管理，可以避免少数企业出现信用危机对上下游企业整个债务链产生的负面影响。流动性管理犹如企业的“血液循环系统”管理，既不能太快，也不能太慢，更不能出现梗阻导致“断流”，重点要保障企业日常经营活动的高效运转。很多企业特别是中小微民营企业因评级较低或缺乏抵押物等担保资源，无法有效获得银行融资支持；即使获得融资，在期限、价格等方面也与企业融资需求不相匹配。由此可见，流动性管理是企业财务管理的关键所在，在当前复杂多变的经济环境中，有效的流动性管理对于企业的生存和发展尤为重要。企业需要基于整体战略目标，运用融资工具、优化资产配置等手段，加强流动性管理，满足业务运营需求，最大化发挥金融资源的使用效率。

本章主要从三个方面介绍浙商银行在流动性管理服务模式方面的实践。首先，详细剖析通过善融资产池的创新服务方案赋能实体企业在集团财资管理、产业链生态圈打造等方面的众多需求。其次，针对企业“走出去”进程中的融资和交易瓶颈，详细阐述聚焦跨国集团、外贸企业等“走出去”主体盘活境内外流动性的需求，通过跨境资产池、跨境资金池等创新服务模式，助力国内企业“出海远航”，推动产业链高效连通。最后，介绍了通过同业资产池支持中小同业金融机构流动性管理的探索。

善融资产池——池链融合助力企业流动性管理

企业在生产经营活动中，经常会收到或产生各种票据、信用证以及“信、单、链”类数字信用凭证和应收账款等货币化债权资产。现在很多央企、国企和大型民企在发挥供应链中的核心企业作用。很多产业链中小微企业在收到凭证资产后，经常因期限与金额错配、系统对接确权等问题而难以盘活这些资产。如果这些资产直接向供应链核心企业申请变现，成本较高。浙商银行聚焦实体企业在集团财资管理、产业链生态圈打造等方面的众多新需求，构建“生态互联、资产入池、出池融资、集团财管、客户体验”等核心服务模块，有助于企业进一步降低财务成本。

1. 创新资产融资方式，激活企业内生性“挖潜”

传统银行在企业服务方面，主要从企业资产负债表的右边“负债”入手提供融资，这种方式会增加企业负债和利息支出，且很多企业因信用评级较低、缺乏抵质押物，难以获得授信，这也是中小微企业融资难、融资贵问题难以解决的根本原因。为解决上述问题，浙商银行探索从企业资产负债表的左边“资产”入手开展金融服务，通过盘活企业资产和内部财务资源的方式，减少企业对外负债，激活企业内生性“挖潜”，银行负责提供技术、结算、担保等配套服务，必要时企业再使用贷款类融资。

（1）资产入池服务

供应链金融应用场景发展日新月异，各类“信、单、链”数字信用凭证成为企业急需盘活的新难题。善融资产池在原有票据、信用证、应收账款等货币化资产入池的基础上不断拓展，目前已支持五大类19类资产入池，尤其支持各类“信、单、链”灵活入池生成额度，与浙商银行授信额度加载相结合，有效盘活企业各类沉淀资产，最大限度地帮助企业减少银行授信占用，降低财务成本，提升流动性管理水平。详见图11－1。

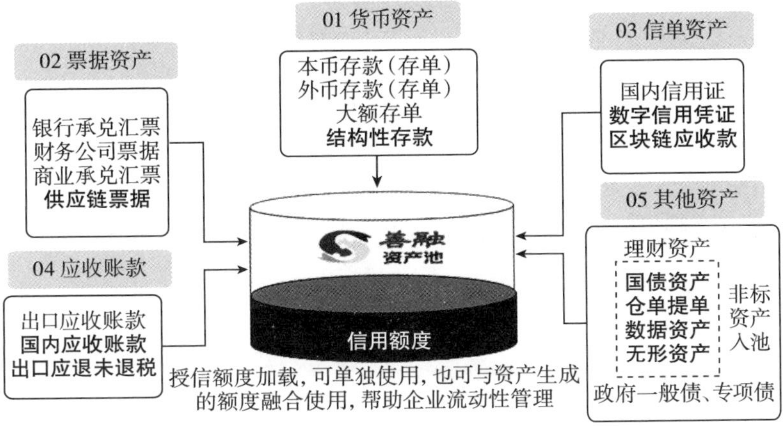

图11－1　“善融资产池”资产入池服务

（2）出池融资服务

善融资产池聚焦企业不同经营管理场景，支持企业使用池化额度办理100余种表内外融资产品，为企业提供嵌入式场景化融资服务。针对企业资金头寸备付场景，提供随借随还、按天计息的超短贷、至臻贷、智能法透等流动性管理工具。针对企业供应链交易支付场景，提供银票、商票、保函、信用证、区块链应收款、数字信用凭证等各类贸易融资产品。针对企业进出口贸易场景，配套提供进口开证、进口押汇、出口应收账款融资、出口保理融资、出口退税质押融资等一揽子进出口贸易融资服务。此外，超短贷、至臻贷、银行承兑汇票、信用证等融资产品支持全线上化办理，资金实时到账，票、证实时开立，大幅提升服务效率。详见图 11－2。

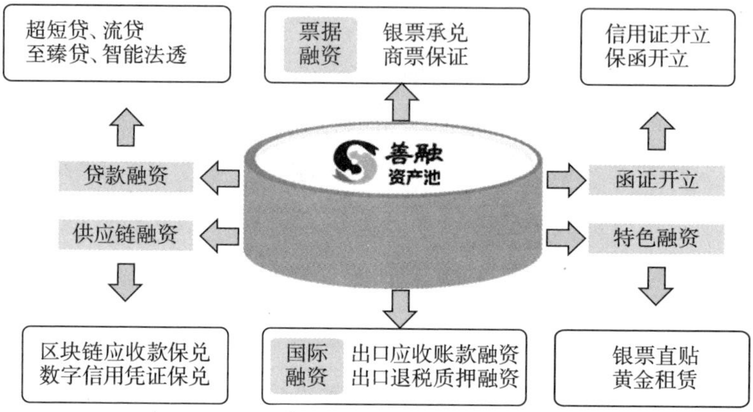

图 11－2　“善融资产池”出池融资服务

特色产品一：超短贷。

贷款期限最长不超过 30 天且不跨月末；金额、期限灵活，利率低，随借随还，手续简便。在资产池项下操作，池融资额度内可以以“直通车”的方式提款，资金实时到账。

特色产品二：至臻贷。

为满足公司客户“低成本融资、高效率服务”两大核心需求，金额、期限、利率等基本要素可以灵活组合的个性定制贷款。

特色产品三：智能法透。

借鉴零售思维，创新推出智能法透业务。实现智能核额，根据月均资产余额逐月动态核定额度；自主提额，客户可自主发起，申请临时提升额度；灵活计息，按天计息，日间透支计收半天；收费最优，资产池项下免收贷款承诺费。

（3）集团财管服务

在国务院国资委政策引导下，近年来，央企和地方国企对集团财务资源集中管理的要求日益提高。大型优质民营企业在发展、扩张过程中也逐步衍生出对集团内成员单位财务资源统筹管理的需求。对此，浙商银行善融资产池聚焦集团企业财资管理场景，将集团主办单位及成员单位的各类资产、银行授信融于一“池”，针对集团企业票据管理、资产管理、授信管理三大场景推出综合服务解决方案。票据管理可实现票据集中审核、集中签发、集中背书、集中查询；资产管理可提供集团企业间额度余缺调剂、额度转移计价等功能，并支持自主定制统收统支、自收自支的差异化管理模式，授信管理支持集团主办单位将可用集团授信额度在成员单位间灵活调剂，清晰内部成本核算，实现集团额度统一、灵活应用。

案 例

WCZD 金属集团流动性管理场景

WCZD 金属集团有限公司是业内领先的大宗商品供应链集成服务商，拥有50余家全资、控股及参股企业，与全球70余个国家拥有业务往来。由于大宗商品价格受多种宏微观因素影响，如经济周期、汇率、国际局势、供需情况等，市场行情变化快、价格波动大，导致贸易型企业的业务没有准确的计划性，因此需要具备充足的流动性来应对突发情况。此外，从资金管理目标来看，该企业注重平衡资金规模、成本和安全三者之间的关系。除控制融资成本外，该企业还非常注重现金管理，包括如何管理日常的收支流水和沉淀资金，集团对各个层级公司的银行账户资金实行集中管理和统一调配，以减少资金沉淀，加速资金周转。

浙商银行通过善融资产池为该企业提供超短贷、法人账户透支等“随借随还”特色服务，融资额度内使用“直通车”的方式线上自主提款而无须经过银行审核，资金实时到账，有效满足企业经营周转、临时性支付货款的迫切需求。灵活自主的线上化服务，帮助企业财务人员“少跑不跑”，有效提升财务人员的工作效率。灵活多元的计息方式，使企业可根据实际资金使用情况随借随还，有多种计息方式，可按日计息，针对该企业上午贷款、下午归还的资金使用需求，开发超短贷日间用款场景，仅按半天计收利息，帮助企业降低实际财务成本。

2. “开放、链接、融合”，打造四维一体的服务生态

在创新资产融资方式的基础上，浙商银行聚焦实体企业近年来在集团财资管理、产业链生态圈打造、跨境资源整合等方面涌现的新需求，以“开放、链接、融合”为主思路，充分运用数字化技术，打造四维一体的资产池综合服务生态。

（1）生态互联服务

传统企业与银行生态下，双方通过网银或柜面进行二维平面交互，服务单一、效率较低。为解决这一痛点问题，善融资产池主动对接企业内部系统、他行业务系统、三方供应链金融平台及公共服务平台，构建开放的资产池生态体系，链接企业内外、供应链上下游、境内外主体，打造企业内外部、本外币融合的综合金融服务。联动券商、信托、会计师事务所、律师事务所等金融服务机构，系统性融入金融顾问服务，打造业务互联、系统互联、机构互联的资产池综合金融服务生态，链接企业内部成员单位、供应链上下游客户、境内外业务主体，帮助企业实现财务管理流动性与效益性的统一。

（2）银企系统直联

运用最新的 OpenAPI 等数字化技术，对资产池系统功能接口全部进行了重新开发，支持与企业的 ERP 系统、司库系统、费控系统直联，将资产池的底层服务能力与企业内部管理流程、机制进行有机整合，实现资金流、信息流的实时交互。为满足央国企自建司库系统需求，资产池项下特色功能模块均部署了独立系统接口，能够以组件形式灵活嵌入企业的司库

服务系统实现银企交互，较同业传统的司库服务更加灵活，可以为企业客户提供更加定制化的服务选择。

（3）池链融合对接

为解决供应链产业链上中小微企业的融资痛点，浙商银行资产池支持与各类供应链金融服务平台系统对接，有效辐射企业产业链生态圈，助力破解产业链中小微企业收到“信、单、链”等数字信用凭证资产后的盘活难题。目前已对接中企云链等市场主流数字信用凭证供应链金融服务平台，延伸为产业链上下游客户提供数字信用凭证入池质押服务。

（4）跨行系统互通

与国内主流银行的系统建立互通渠道，为企业提供跨行票据管理、跨行现金管理等服务，帮助企业更好、更快地整合跨银行间的金融资源。

（5）公共平台联动

与新一代票据系统及供应链票据系统、人民银行动产融资统一登记公示系统、外汇管理局跨境金融服务平台进行系统对接，在票据出入池、资产质押登记、出口应收账款发票要素核验等方面，为企业提供全线上化操作的服务支撑。详见图 11－3。

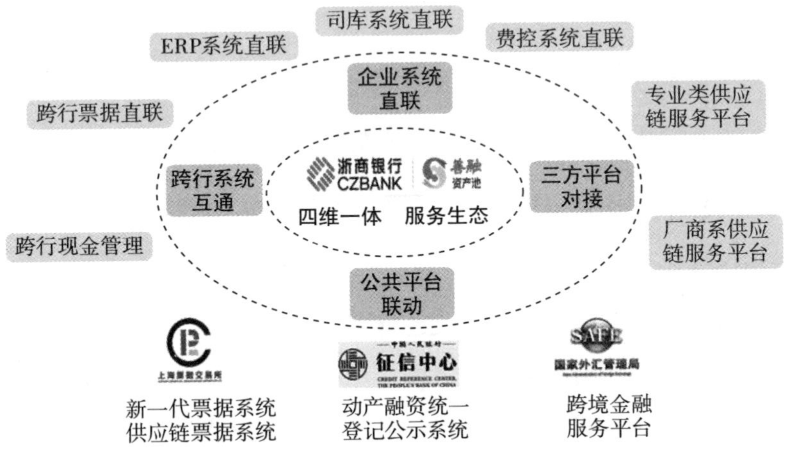

图 11－3　浙商银行“公共平台联动”

案 例

多级集团池功能银企直联服务

大型央国企由于历史原因经历了多次兼并重组，往往体系庞大，下属企业分布于全国各省，总部对各地下属企业资产、融资等进行统筹管理的需求强烈。SHYY 集团股份有限公司是沪港两地上市的大型医药产业集团，作为医药行业巨头，体系庞大，下属成员企业遍布全国，集团在对下属企业的票据资产、融资业务进行信息查询、统筹管理方面存在相当难度。同时，医药行业广泛使用票据，集团下属企业经常收到“两小一短”票据难以处理变现，而在各家银行开立银行承兑汇票的手续又较为烦琐，人力成本耗用较高，希望简化流程。

针对该集团下属企业层级较多的组织架构特点，浙商银行为客户量身打造了以集团本级为一级主办单位的三级集团池。除支持企业流动性服务外，一级主办单位可以查询各层级成员的资产池、出入池、统计报表、额度调剂等信息并汇总导出，二级主办单位能选择其成员进行查询导出。对三级池内单个成员拥有多个银行账户的操作需求，可选择其同户名账号进行票据质押/解质押、出入池查询、电子银票出票/批量出票、质押票据回款查询、申请表/确认表打印等。三级集团池内的额度调剂采用逐笔计价的方式以满足客户需要，如三级池内单个成员清分保证金回款至分销账户的个性化需求。

3. “极简、极速、极致”，打造极致客户体验

善融资产池在客户操作使用上，聚焦高效融资、票据支付、成本分摊、风险防控、内部管理五大场景，应用数字化技术，打造“极简、极速、极致”的客户体验服务。支持融资“秒级”到账，贷款秒放、银票秒达、开证极速；开发电票全程智管方案，可实现预约出票、延后出票、等额出票等灵活开票管理，实现自动收票、智能挑票入池，降低企业人工操

作成本；支持多种计付息方式，针对企业在实际交易过程中的不同计付息场景，设计丰富多样的计付息方式，对于产业链支付结算场景，支持银票买方（卖方）付息、电子商票带息、区块链应收款带息等多种计付息方式，助力企业降低财务成本和交易成本；开发资产池集团企业舆情信息管理功能，发挥银行风控优势，提供一站式、全方位的舆情信息监测、查询、管理服务。

跨境资产池——助力集团企业全球资源整合

"走出去"战略是党中央、国务院根据经济全球化新形势和国民经济发展的内在需要作出的重大决策，是发展开放型经济、全面提高对外开放水平的重大举措。在全球经济一体化和国际市场竞争日益激烈的背景下，金融作为经济发展的关键力量，在支持企业"走出去"的过程中扮演着不可或缺的角色。在中国企业加快"出海"步伐的过程中，中资企业在"走出去"过程中，迫切需要打通境内和境外主体之间的有效链接。浙商银行发挥自身跨境业务优势，聚焦跨国集团、外贸企业等"走出去"主体盘活境内外流动性的需求，以融合为导向，链接多元主体实现协同，通过加大融资支持力度，整合平台资源、创新产品服务等方式，盘活各类资源推动共赢。在此过程中，通过提供"精准、高效、无感"的金融服务体验，减少决策失误，加速布局进程，提升企业专注度，从而更好地推进全球化布局，助力国内企业"出海远航"，推动产业链高效连通。

1. "善融出口池"——盘活外贸企业流动性

针对传统出口贸易融资业务普遍存在的"一一对应难、融资成本高、操作效率低、内外贸割裂"等痛点，浙商银行通过"善融出口池"池化融资模式，将企业进出口贸易及相关经营活动中形成的各类应收账款等流动资产灵活入池，企业可享受集应收账款管理与融资等功能于一体的专业池化服务，满足日常流动性需求。其中，出口企业将出口应收账款入池质押生成融资额度，用于境内采购；进口企业将内销中收到的票据、国内信用证入池生成的融资额度开立国际信用证或办理进口押汇，专项用于进口采购。通过链式生态金融的方式，帮助进出口企业打通内外贸链条，降低财务成本。

同时，依托深化数字化改革，强化技术与数据赋能，实现客户体验“四极”服务：一是极简入池，入池资料简化，支持网银提交，操作便捷高效；二是极速融资，客户通过网银“直通车融资”功能自助办理融资提款，贷款资金秒入账，且融资品种多样、融资期限灵活，支持线上自助提前还款；三是极快入账，对符合条件的客户可开通外汇汇入汇款自动入账功能，出口应收账款回款即可自动解付入账，实现出口收汇资金快速到账；四是极广运用，根据客户业务场景，可与浙商银行善融资产池、跨境资产池、票据池、应收款链平台、货代通等特色业务灵活组合运用，实现本外币一体、内外贸融合。

案 例

“出口池＋数字信用凭证”赋能出口生态链

SR集团是宁波市日用消费品行业的外贸龙头企业。集团旗下有几十家贸易公司，产品出口全球120多个国家和地区。近几年随着美元加息企业融资成本持续上升，虽然转为通过人民币投放出口应收账款融资，融资成本依然较高，客户希望能够降本增效，减轻压力。该集团向其上游供应商付款有一定账期，部分中小供应商较难获得银行授信支持，希望该集团能通过现款结算，缓解经营用款压力。根据该集团的痛点，浙商银行创新“池链通”运用模式，为其设计了“出口池＋数字信用凭证”服务方案，由该集团旗下子公司A、B等外贸企业基于与上游供应商的真实交易及对应收账款的债权债务关系，在线开立数字信用凭证（电子债券凭证）支付给上游供应商，经浙商银行保兑，占用开立人出口应收账款入池质押形成的授信额度，上游供应商以收到的数字信用凭证向浙商银行申请较低成本的数字信用凭证融资方式，实现应收账款的快速回笼。对核心企业SR集团旗下外贸出口子公司，通过叠加“极简入池”功能，大幅提高出口应收账款入池审批时效，同时在1个工作日内完成数字信用凭证的开立、保兑，不但解决了该集团的出口融资成本及操作便利性问题，也支持其上游中小供应商在不占用自身授信的情况下获得低成本融资，解决了链式生态环节中小企业融资难融资贵的痛点。

2. 跨境“双池联动”——盘活跨国公司资源

针对企业“走出去”过程中受限于授信资源不足、传统跨境担保融资业务操作烦琐等因素，无法有效整合境内外金融资源的困境，浙商银行通过跨境资产池和跨境资金池“双池联动”服务，依托香港分行境外联动平台，通过“池化”方式实现跨国集团境内外各类现金、资产、信用额度的灵活调剂，提高资源使用效率，促进集团内部效益最大化。详见图11-4。

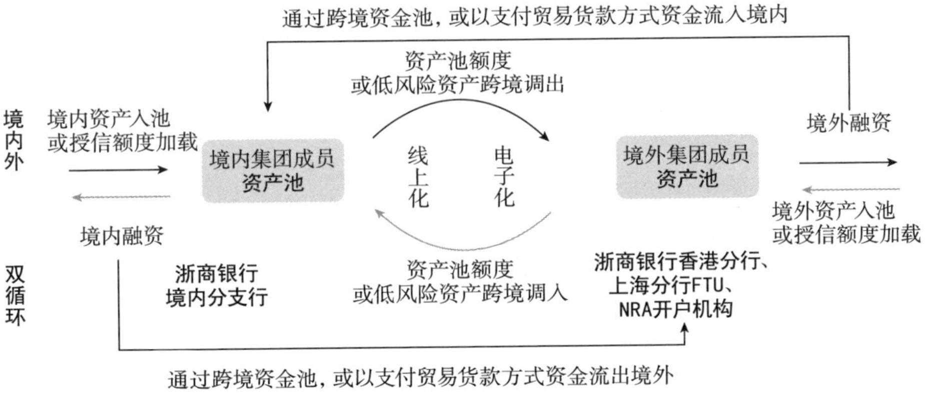

图11-4 浙商银行跨境“双池联动”

（1）跨境资金池——统筹管理境内外资金

跨境资金池重点解决跨国公司在跨境经营中经常遇到的境外账户管理难、资金跨境手续复杂、财务成本高、灵活度低及自有资金跨境调剂难等痛点问题。除集中运营管理境内外资金、外债和境外放款额度集中管理、经常项目资金集中收付和轧差净额结算等业务外，还能实现客户交易“四化”服务。

一是“资金归集”定制化，主办企业可自主设定归集频度、账户留存余额等信息，系统根据设定信息定时自动完成成员企业账户资金的归集。

二是“集中收付”便捷化，主办企业可集中为成员企业办理经常项目跨境收付款及轧差收付款，享受银企直联、涌金全球汇、极速收款、还原明细收支申报等特色服务。

三是“集中交易”智能化，主办企业根据成员企业的业务实需，集中办理即期或衍生交易，可提供初始保证金减免、集团额度（资产池、授信）抵扣保证金等特色服务。

四是“账户管理”可视化，跨国公司的全球账户资金可按定制频率（按日、周、月或账户变动）可视、可控，帮助企业及时掌握全球资金分布状况。

（2）跨境资产池——统筹管理境内外资产

跨境资产池重点解决跨国公司如何统筹盘活境内外各项流动性资产，共享集团内部金融资源问题。通过打通同一集团的境内、境外成员企业间资产池融资额度和低风险质押资产，用线上化跨境调剂并办理融资的服务模式，实现集团成员间资产跨境统筹管理，提高流动性；充分利用在岸、离岸两个市场机遇（价差），帮助企业实现资产增值或降低财务成本，提高集团整体收益。主要围绕跨国四大场景痛点提供流动性及增值服务。

场景一：企业“走出去”起步阶段，授信难。

若跨国公司境内成员企业授信额度充足，可加载入池，并办理跨境资产池跨境调剂业务，系统自动出具银行担保，可让境外企业在境内银行跨境担保下顺利办理融资。若跨国公司境内成员企业资产充足，可低风险资产入池，并办理跨境资产池跨境调剂业务，系统自动出具企业担保，可让境外企业在境内企业跨境担保下顺利办理融资。

场景二：境外企业已有一定经营规模，境内外资产统筹管理难。

若跨国公司境外成员企业授信额度充足，可加载入池，并办理跨境资产池跨境调剂业务，系统自动出具银行担保，可让境内企业在境外银行跨境担保下顺利办理融资。若跨国公司境外成员企业资产充足，可低风险资产入池，并办理跨境资产池跨境调剂业务，系统自动出具企业担保，可让境内企业在境外企业跨境担保下顺利办理融资。

场景三：境内外融资利率有明显价差，降低融资成本或获取无风险收益。

一是跨国公司境内企业通过跨境资产池将额度调剂至境外企业办理融资，再以支付贸易货款或借入外债方式使资金流入。二是跨国公司境外企业通过跨境资产池将额度调剂至境内企业办理融资，再以支付贸易货款或境外放款方式使资金流出。

场景四：规避境内外市场汇率风险。

一是境内人民币汇率低于境外。境内成员在境内分行办理人民币购汇，同时境外成员在香港分行或 FTU 办理远期结汇锁定，然后通过跨境资金池以境外放款方式将资金汇划给境外，后续需以同币种资金归还境内放款。二是境内人民币汇率高于境外。境外成员在香港分行办理购汇，同时境内成员可在境内分行办理远期结汇锁定，然后通过跨境资金池以借入外债的方式将资金调回境内，后续需以同币种资金归还外债。

案 例

池化融资服务企业走出去

XDKJ 集团有限公司是一家全球性的稀散金属材料科技集团，旗下拥有 40 多家子公司，业务遍布全球 20 个国家。全球化经营版图给该集团跨境资金管理带来了一定的挑战。该集团在中国香港成立了业务子公司，集团的进口原材料采购业务均下沉至境外子公司负责。随着大宗商品价格上涨，国际市场原材料价格波动较大，境外采购资金需求时限要求高，经常面临融资压力。

浙商银行发挥跨境资产池全流程线上化操作及多层级资产池额度灵活调度的优势，将该集团的集团授信额度通过资产池调剂至其负责集中采购的香港子公司，实现授信额度的灵活调度。同时，针对外汇波动频繁、企业容易遭受汇兑损失的问题，浙商银行结合市场形势和汇率风险管理工具为客户量身定制了外币融资方案，在无须重新申报授信的情况下快速满足了该集团的境外融资需求，帮助该集团有效管理境外资金。该集团通过将境内母公司流动性资产等跨境调剂给境外成员使用，实现境内外成员资产余缺调剂和金融资源共享，快速解决境外成员授信融资难等问题，同时办理业务时企业人员全流程线上化、电子化操作，操作和管理成本低，业务效率高。

“同有益”资产池——赋能同业流动性管理

与传统业务相比，商业银行同业业务在跨市场、差异化服务不同实体客户群等方面有较多同业间的业务合作机会。因此，应丰富各类金融机构之间的同业合作内涵，通过产品组合满足各类客户不断增长的多种需求，开展全方位的投融资合作，降低融资成本，拓宽实体企业的融资渠道。

“同有益”是浙商银行发起的一个金融联盟，旨在通过资源共享和优势互补，促进同业机构共赢发展，通过交易平台、流动性互助等机制，让联盟成员在金融市场、结构化金融、金融风险等各个领域共享信息，开展金融机构间全方位的深度合作。“同有益”平台项下资产池业务，是浙商银行围绕中小金融机构的合作需求，运用数字化工具，依托国家级金融基础设施，应用同业担保品创新产品，在同业授信业务合作中引入担保品管理机制的创新池化质押授信模式，可以为中小金融机构提供流动性互助、托管等服务，助力同业客户以更低的成本和更便捷的渠道获得流动性支持、资产交易等授信服务。

案 例

赋能同业中小银行流动性管理

XJHH 银行在股东结构方面持股比例较为分散，是一家民营控股的小型城商行，前十大股东均为当地民营企业。贷款结构方面，该行重点围绕当地棉花产业链，以服务经营棉花贸易的批发零售企业为主，业务担保方式普遍为企业存货质押、连带责任担保或第三方担保。业务呈现两大主要特点：一是小微贷款占比高；二是贷款行业集中度高。受限于自身规模和资质，该银行的同业授信资源较少，获得流动性支持的成本和难度较高。

浙商银行深入践行以客户为中心的综合协同改革，多跨协同，运用数字化工具在“同有益”平台上推出同业资产池项下票据转贴现业务合作模式。该模式支持国债、政策性金融债券、银行承兑汇票和金融债券等合格担保品开展池化质押，发挥合格担保品的主体信用风险防范作用，盘活客户存量资产，以更低成本和更便捷渠道为客户提供服务，切实增强客户获得感，双方合作同业用信率高峰值达 99%，极大地助力了当地棉花产业链发展，为解决当地中小微企业融资难融资贵问题提供了新思路和新模式。

第十二章
链式生态金融服务块状模式的实践

资源要素的区域集聚是现代经济的重要特征，特别是在浙江，块状经济已成为工业经济的显著优势。“八八战略”提出进一步发挥浙江块状特色产业优势，加快先进制造业基地建设，走新型工业化道路。块状经济也是浙江工业强县的主体形态，诸多区县将块状特色产业集聚优势作为立县之基、强县之本。

本章从链式生态金融服务浙江块状经济出发，聚焦区域金融综合服务堵点，围绕政府、企业、社会三大主体，通过打造数字化平台、整合区域内资源、构建多维金融服务体系，逐步形成以县域、乡村为主阵地的块状服务模式，在优化区域营商环境、赋能县域发展、助力乡村振兴等方面取得良好成效。

立足数字普惠场景助力营商环境优化

小微企业是民营经济的主体、经济发展的生力军、就业的主渠道和改善民生的重要支撑。历来有“56789”的说法，即小微企业贡献了50%的税收、60%的GDP、70%的技术创新、80%的就业和90%的企业数量，充分反映了小微企业在经济社会中的重要地位和积极作用。为小微企业提供优质普惠金融供给服务，是营商环境优化提升的基本要求，也是金融人民性的集中体现。北京大学近期研究显示，小微企业面临的市场需求持续疲软且有所加重，感受到成本压力的小微企业占比达到 43.2%，同比上升 4.1 个百分点；有融资需求的小微企业占比 62.4%，同比上升 3.7 个百分点。究其原因，主要有三个方面：

一是授信方式单一，融资成本较高，金融服务供给与需求不匹配。小微企业普遍缺乏稳定的盈利能力和可抵押资产，金融机构也很难通过传统审查方式了解其运营情况，难以像大中型企业一样获得较低利率的信用贷款，金融服务供给与小微企业实际需求不匹配，不利于小微企业扩大再生产。

二是惠企政策匹配度低，财税管理、法律咨询等专业人员的雇用成本较高。小微企业主要通过政策平台、园区公告途径获取惠企资讯，政策较难理解、申请过于繁杂。有些企业碍于经营成本或繁杂手续，放弃享受惠企权益。有些小微企业会将该业务外包给中介机构，但支出费用较高。

三是融资链条长，中间环节多，各环节主体“雁过拔毛”。调研显示，小微企业从大型银行获得贷款利率目前平均在 3.35% 左右，但中介服务费、担保费、过桥费等各类中介费用合计达到 8%，中间环节过多大大增加了小微企业的综合融资成本。

上述问题的核心在于金融服务需求与金融服务基础性保障供给不足之间的矛盾，而链式生态金融通过联动多方主体，集聚区域内资源，依托数字化发展普惠金融，走出了一条充分保障金融服务均衡性和保障性的发展之路。

1. 搭建“金服宝·小微”平台

“金服宝·小微”平台“数”“智”兼备，聚焦中小微企业服务生态，紧密围绕纳税、交易、采购、结算等多元场景，通过链式服务模式，打造面向政府、中小微企业/员工、企业服务商、金融机构等“科技 + 产业 + 生态”的一站式、伴随式的综合服务体系，结合金融顾问制度，形成了“融智、融资、融服务”三大服务板块。详见图 12 - 1。

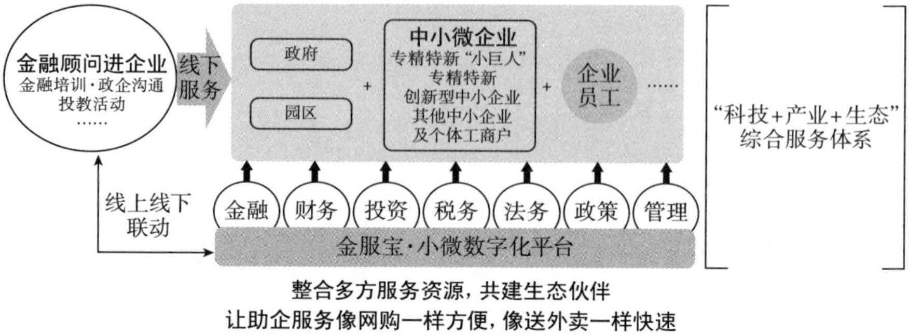

图 12－1　"科技＋产业＋生态"综合服务体系

平台于2022年1月启动建设，2022年3月首次发布，形成了"融智、融资、融服务"三大应用体系，帮助中小微企业走得对、走得快、走得好。"融智"板块为企业问诊把脉、答疑解惑。用户可通过平台一键直连金融顾问专家库，提供战略咨询、资金筹划、法务咨询、融资并购等全方位全流程一站式服务。"融资"板块帮助企业降低融资成本。构建企业经营画像，打破数据壁垒、信息孤岛。通过浙江省金融综合服务平台、工商数据等，整合政府、金融、社会服务等三方数据，形成地区特色数据库，对量大面广的中小微客群经营画像，并确保客户隐私数据安全，为企业快速匹配合适的金融服务。"融服务"板块推动企业运营成本迭代下降。通过生态伙伴共建共享的方式，为中小微企业高效便捷地提供政务服务、SaaS云服务、线下企业服务等，推动企业数字化转型，赋能企业可持续发展。例如，围绕中小微企业的数字化建设或经营服务需求，遴选了财税、人力、法务等优质第三方服务商，将票财税、云进销存、ERP、云OA等第三方SaaS软件集成至"金服宝·小微"平台的"融服务"板块，方便企业快速组建数字化工具箱。详见图12－2。

"金服宝·小微"平台首先在杭州市临平区开展试点工作。从服务成效来看，"融智"板块实现金融顾问线上直连，会聚临平区八大领域42位专业金融顾问，上架金服会、服务商视频课程17个，结合临平块状经济特点的十大行业重点上线新闻资讯内容，累计投放500篇资讯，触达1万余

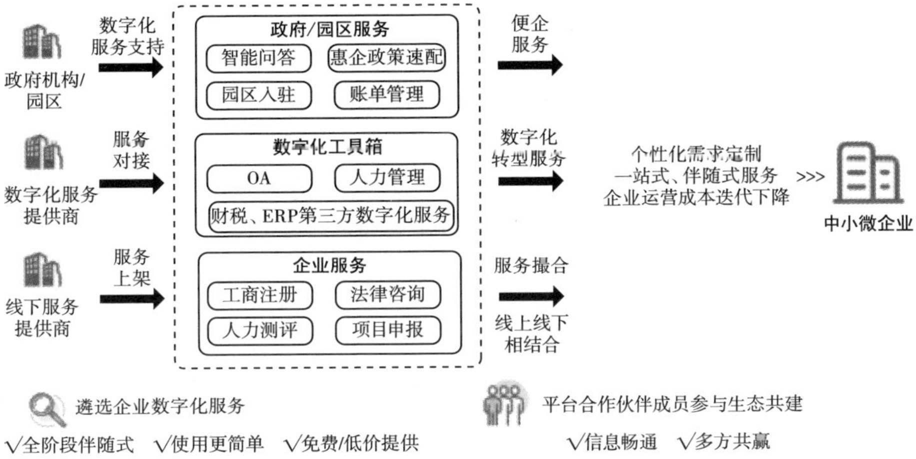

图 12－2　生态伙伴共建共享“融服务”板块

人。“融资”板块累计接入了临平区 8 家本地银行，提供 18 款定制产品，实现融资时间缩短 80%，申贷成功率提升 20%，贷款利率下降 6%。融资时间缩短至 1～2 个工作日，申贷成功率上升至 35%。“融服务”板块目前已引入区域内 43 家服务商，为中小微企业提供金融、企业服务、法务等类型产品共计 69 款，已累计服务临平地区中小微企业 3 万余户。

2. 形成多维度产品矩阵

一是坚持数据赋能，探索勾勒小微企业信用画像，拓宽低成本融资渠道。通过打通省金融综合服务平台、省小微增信服务平台等省级政务数据和企业经营数据，利用大数据技术识别和防范风险，初步构建小微企业信用画像体系，从重抵押担保转向数字化低成本融资模式。例如，浙商银行为浙江省内个体工商户定制研发线上化信用贷款产品“浙个好·数易贷”，运用省市场监管局“1＋2 小微智评体系”的信用评价结果和 800 余个精细数据指标，与全省 11 个地方金融服务平台、219 家法人银行互联互通，从根本上打破银企信息壁垒。“浙个好·数易贷”产品推出不到一年，累计发放贷款超 15 亿元，户数超 3400 户，户均 40 余万元，为全省小微企业、个体工商户开辟了“数据畅通，信用变现”的“快车道”。

案 例

“数易贷”助力非遗传承

作为杭州市传统技艺，拥有近百年历史的西湖绸伞造型轻盈、设计奇巧，既有实用价值，又有艺术欣赏价值，于2008年被列入第二批国家级非物质文化遗产名录。但受困于传统工艺品受众较小、销售渠道较窄等情况，非遗传承人相关企业面临一定资金压力。浙商银行通过对接浙江非遗保护公益基金数据，第一时间就通过“数易贷”产品满足其融资需求。金融机构与浙江省非遗保护中心高效协同，构建非遗项目商业和公益相结合的双渠道帮扶长效机制，探索全新的公益金融服务模式，为非遗保护和传承提供强大动力。

二是创新“产业大脑+金融”服务模式，服务实体经济，助力区域产业集群发展。基于浙江全省53个工业与信息业、畜牧业等产业大脑项目，系统构建以“数智融资服务”“智能支付清算”“金融科技服务”为核心的产业大脑数智金融服务模式。“数智融资服务”通过产业大脑批量连接产业集群企业，充分挖掘产业数据资源价值，对企业生产经营情况进行动态精准评判，提供用于推进产业数字化转型、满足生产经营需求、提升供应链效能的融资服务组合；“智能支付清算”围绕细分行业产业大脑在数字化组件、配套商品交易等方面的安全、高效交易服务需求，提供包括账户管理、跨行支付、资金清算、凭证定制等特色功能在内的专业化支付清算服务；“金融科技服务”根据细分行业产业大脑在建设升级过程中的技术服务需求，提供区块链、物联网、大数据等金融科技组件应用服务，支持提升产业大脑的风险控制和数据应用能力。

案 例

金融依托产业大脑助力泵阀企业协同发展

台州玉环是著名的“中国阀门之乡”，但长期以来产业集群企业规模小、生产模式落后、销售渠道单一，凭借自身实力较难从银行获得融资。通过与玉环经信部门牵头建设的“泵阀”（水暖阀门）产业大脑对接，实现对企业经营数据的实时动态掌握，基于企业用水用电、物流进出、设备开工等生产经营数据，通过风控模型自动审批生成无须抵押担保的信用授信额度，截至2024年6月，已对接97家泵阀企业，累计提供融资超4亿元。

三是依托金融顾问提供“线上＋线下”企业综合服务，融资、融智并重，提升金融服务可获得性。在线下金融顾问工作室的基础上，通过线上金融顾问企业微信平台，联合银行、保险、律师事务所等专业机构，为小微企业提供融资、财税、法律等一揽子免费、公益的专家综合服务，帮助各类惠企政策能够真正直达企业。例如，在临平地区已有79位金融顾问通过揭榜挂帅、上门走访等形式服务1800多家企业，并在金融顾问服务平台开设企业学院、金融知识、反诈学院等多个线上板块，开展70余场线下小微专场技能培训。

3. 打造多元增值服务体系

一是建立上市培育企业金融服务体系。针对企业反映的“机构牌子大、团队能力弱”导致上市走弯路问题，编制《企业上市中介机构优秀业务团队汇编》，按券商、律师事务所、会计师事务所、风投机构等多个类别，由金服会开展团队筛选、把关和推介，分“培育、股改、辅导、报审、上市”等阶段引导不同类型机构精准匹配。同时，团队专家以金融顾问的身份提供公益咨询服务。

二是建立成长性企业金融助力联盟。针对成长性企业因融资困难而长不大的困境，按照“风险共担、滚动出资”等原则，金服会成员银行组成金融助力联盟，满足处于发展期企业的资金需求。

案 例

多家金融机构联动服务成长性企业

围绕跨境电商场景，针对电商企业因缺抵押物难融资问题，浙商银行、浙江农商联合银行、杭州银行、中信银行等金融机构率先把电商业务数据价值化，作为银行信贷依据，对跨境电商新增授信4500万元。围绕科创金融场景，浙商银行针对科创企业初期缺乏抵质押物、技术估值难的问题，抓住科技企业中“人”这个关键因素，创新推出“人才银行”服务，并以此延伸出对科创企业“全方位、全链条、全周期”的综合金融服务。浙商银行“人才银行”科创金融服务获央视《经济半小时》专题报道。

三是建立服务区内企业的公益金融大讲堂平台。按照区政府、镇街政府有为企业提供金融赋能的内生需求，依托金融顾问工作室场地开设了金融公益讲堂。重点针对供应链金融、并购融资等实用热点，由省级金融顾问主讲，每次邀请区域内约20家企业，覆盖区域内代表性头部企业、中小企业等，切实赋能企业发展。

四是建立赋能园区管理的数字管理体系。园区是中小企业集聚地，从园区“招商难、管理难、服务难、融资难”四大堵点切入，金融顾问创新智慧园区管理系统等综合金融服务模式，以数字化赋能产业园区管理及服务园区企业。

围绕产业园区场景助力县域高质量发展

产业园区通过高度集聚基础设施、政策、信息、资金、技术、人才等各类资源要素，已成为区域经济发展的“火车头”和主阵地。目前，我国各类产业园区达15000多个，对我国经济的整体贡献率超过30%。浙江从2018年开始大力整治小微企业“低散乱”现象，加快推动小微企业入园集聚发展。截至2023年底，全省累计建成认定小微企业园1248个，建筑面积1.2亿平方米，入驻企业8.3万家，吸纳就业124万人，培育高新技术企业4724家、省级专精特新企业910余家、国家专精特新“小巨人”企业177家，逐步形成小微企业园高质量发展新格局。产业园区从园区规划建设、平台物业运营、生活配套完善，到园区企业入驻、孵化、成长、产业链上下游联动，再到园区人口基本消费、购房按揭、财富积累，每个环节都蕴含着巨大的金融服务空间。

在链式生态金融视角下，依托金融顾问“1＋N”机制，链接N种渠道、串联N个产业链，为园区各阶段、各环节、多主体提供全场景、全周期、综合化、专业化、数字化的一揽子金融服务，从“有什么，给什么”到“要什么，给什么”，赋能县域高质量发展。

1. 做好三类主体全生命周期服务，形成服务闭环

一是做好产业园建设运营的全生命周期服务。在园区建设阶段，为园区业主方的基础设施、厂房建设资金需求提供项目前期贷、园区开发贷、专项债、境外发债等服务。在园区招商阶段，为园区业主方、园区运营方的招商引资引入产业链企业等需求，提供融智、引企、赋能的综合金融服务，紧密政府关系，形成政银助企共同体。在运营管理阶段，满足园区业主方盘活固定资产、园区升级改造融资需求，以及园区运营方园区管理系统、物业管理等需求，深入推进金融顾问服务，协同举办政策解读、行业论坛、慈善信托活动和建设智慧园区平台等。

二是做好园区企业培育壮大的全生命周期服务。为园区企业发展提供综合化、专业化的金融服务，满足企业经营周转、贸易融资、资金结算、代发工资、物业及水电等费用代缴等多元需求，助力企业健康发展。从不同维度提供专业化金融产品和服务，在基础产品方面，如善融资产池、代发工资、电费证、法人购房贷款、标准厂房按揭贷；在零售产品方面，如联名信用卡、消费贷、个人理财、私行服务；在科创产品方面，如科创积分贷、科创共担贷、科创银投贷、认股选择权、人才银行、融资担保、股权撮合、上市服务；在供应链产品方面，如供货通、应收通、订单通、分销通、信用证、数字信用凭证、水电气证等场景化融资服务；在小微产品方面，如房抵点易贷、开薪贷、数科贷、小微转型升级贷；在跨境产品方面，如国际结算、跨境投融资、VIE 项目服务、FTU 业务、NRA 账户。

三是做好企业人员财富管理的全生命周期服务。为园区企业创始人、高管层、技术人员、普通员工精准匹配家族信托、税务规划、薪酬管理等多样化财富服务。对员工进行金融反诈知识宣传教育等，实现园区金融意识整体提升。

2. 搭建数智化平台，从“点到点”服务转向“点到面到点”服务

根据园区运营场景，以智能化运营系统覆盖园区智能化运营管理、政策服务、金融服务、企业综合服务，为园区运营管理提供服务，如实现招商和入驻企业信息管理、线上化合同管理、财务管理，以及楼宇、门禁、水电、车辆管理等。此外，可协助园区刻画企业画像，做到对园区内的企业风险早知道、企业需求早满足。比如，浙商银行与温州泰顺泰月湖轻工产业园联合共建“智慧园区系统”，运用大数据、人工智能等技术，构建系统间共享的桥梁，打破空间限制和信息壁垒，高效获取园区企业信息流、资金流、商流、物流、信用流，批量展开精准画像和辅助决策，大大提升了服务的精准性。又如，浙商银行丰富第三方数据集成，以税务数据为基础，叠加发票、知识产权、流水、电力、反欺诈等大数据信息，推出纯信用经营类信贷产品“数科贷”，风险评估维度更加细致、行业指向性

更加明确，更能满足细分客户融资需求，上线3个月就已服务1000多户园区小微企业。

3. 金融顾问链接N种资源，构建产业园区服务生态圈

建立金融顾问服务小微园区常态化服务机制，以金融顾问为核心链接保险、券商、会所、律所等各类资源，形成金融服务生态圈，为入园企业提供政策宣导、金融问诊、投融规划、风险化解、上市辅导等各类综合金融服务，打破了园区与金融机构间的信息壁垒，实现需求的高效精准匹配，助力入园企业健康发展。

案 例

以园区全场景综合金融服务赋能县域经济发展

以浙商银行为例，在成都，当地分行开展县（区）重点产业研究，形成“金融服务重点产业指引”，运用智慧园区管理系统等综合金融服务工具，协同分行金融顾问做好园区的金融服务，以数字化赋能产业园区管理及服务园区企业，延伸综合金融服务的广度和深度，打造“园企浙里”园区综合金融服务品牌。针对园区员工的金融需求，建立投资者教育属地责任制，举办公益金融教育进园区活动，依托金融顾问工作室场地，设立综合金融服务站，推广用好面向社会的“财富管理N课”培训课程，以线上、线下相结合的方式传播投资理财等知识。在衢州，当地分行围绕园区“招商难、管理难、服务难、融资难”四大堵点，按季度、分行业进行产业集群研究，形成行业跟踪报告。针对龙游县、常山县等县域的工业园区、产业园区、小微园区等园区管理方和园区内企业，积极提供覆盖园区建设、招商引资、运营管理、投融资服务等全周期、多主体的综合金融服务。在龙游县，为园区安装智慧园区平台管理系统，并新增金服宝园区系统“缴费合同退租”功能，持续以数字化赋能产业园区管理及服务园区企业。

依托乡村振兴场景促进共同富裕

乡村振兴是共同富裕的必由之路，我国收入的不平衡集中表现在城乡发展不平衡。2024 年中央“一号文件”将推进乡村全面振兴作为新时代新征程“三农”工作的重要抓手。乡村是金融服务的主阵地，链式生态金融以金融的功能性为牵引，以乡村生态改善为立足点，以推动乡村实现自我正循环为目标，形成金融服务乡村振兴的全新模式。

1. 助力共富村建设，实现惠民富村兴业

2024 年 2 月，《中共中央 国务院关于学习运用“千村示范、万村整治”工程经验有力有效推进乡村全面振兴的意见》发布，明确指出“推进中国式现代化，必须坚持不懈夯实农业基础，推进乡村全面振兴”。习近平总书记在浙江工作时亲自谋划推动“千村示范、万村整治”工程，20 年持续努力造就了万千美丽乡村，造福了万千农民群众，创造了推进乡村全面振兴的成功经验和实践范例。浙江省委、省政府提出坚持和深化新时代“千村示范、万村整治”工程，打造乡村全面振兴浙江样板，推动浙江“三农”工作全面过硬、全域提升、全程领跑。链式生态金融重点聚焦村级集体经济发展中的痛点、难点，从资金支持、产品赋能、服务保障等多层面、多角度提供金融助力，全面满足村级集体经济发展需求，为惠民富村兴业注入不竭动力。

案 例

金融服务接入生态主题，打造“金融共富新宇模式”

浙江省杭州市临平区新宇村位于杭州东北部，紧邻京杭大运河，全域面积 2.2 平方公里，有 16 个自然村，常住人口 2728 人。新宇村所在的运河镇是浙江省农业农村现代化建设示范乡镇，浙江省“甲鱼

之乡、黑鱼之乡”。新宇村虽曾是“两鱼养殖”示范村，但也面临着鱼类养殖导致环境污染的难题。为响应农村生态环保要求，新宇村积极改造原有水产养殖业，将黑鱼塘转变为美丽荷塘，将传统粗放式的农业生产之路提升为有市场竞争力、能带动农民致富、可持续发展的高效生态农业发展之路。

针对新宇村全村传统农业转型升级需要，余杭农商银行的金融顾问成立“金融促共富”服务先锋队，实地研究新宇村发展现状，深入挖掘其资源禀赋优势，探索推出区域“组团共富”金融服务，形成了一套可复制、可借鉴、可推广的“新宇模式”。

（1）打造“高效生态农业”的策源地

“李伯伯家庭农场”是省、市、区三级示范性家庭农场，临平区乡村工匠示范基地，也是新宇村传统农业转型升级的代表项目之一。几年前，这里因为鱼鳖养殖，环境受到了严重污染。近年来，随着新宇村大力推进农业绿色转型升级，农场主李国叙关停了黑鱼养殖场，开始拓展立体种养生态农业，探索农业发展转型新路径。余杭农商银行在了解情况后，多次实地走访“李伯伯家庭农场”，加强对农场文旅改造、项目技术研发及流动周转的资金支持。目前，农场已全面实施“藕鳖套养”生态养殖模式和“跑道鱼”科技养殖技术，成为现代养殖的成功样板。此外，针对新宇稻米产业、“奶奶工坊”等重点项目，余杭农商银行充分运用金融顾问“1+N”服务模式，积极推动各方资源信息互通，切实为政府管理赋能，为百姓就业解难。

（2）打造“农村企业发展”的创新地

余杭农商银行与乡镇政府展开深度合作，结合“三农”的基本特点推出“稻香共富”项目。以农村集体土地为依托，实施“农民投资认养土地、村集体牵头统筹运作、种养大户负责稻米产出、辖内企业稻米认领采购、银行提供信贷资金支持和资金监管服务”的五方长期得益“农业+金融”合作项目。其中村集体利用多矩阵宣传及农耕体验活动，进一步扩大品牌效应；种养大户依靠银行信贷支持，低成本取得生产发展资金，享受低息、贴息等优惠政策，保证销售渠道；辖内农户变土地流转“租金收入”为“租金收入 + 投资收入”，投资资金实行银行监管确保投资安全，切实助力投资增收、百姓共富；辖内企业降低稻米采购成本，确保质量。通过稻米种植、加工、流通等环节，逐步形成“种养大户销售有门路、辖内农户投资有渠道、辖内企业购买有保证、种养大户生产资金有保障、农户投资安全”的产业链闭环，促进多维度、全覆盖共同富裕。

（3）打造“特色乡村金融”的场景地

一是设立“金融共富驿站”。设立村级金融服务驿站，配备助农设备，满足小额取款、查询、转账等日常金融需求，不定期开展老物件怀旧展、长者卡代办、防诈骗宣讲、历代货币流动展等特色非金融服务。二是银行助力优质农产品销售。银行通过手机银行“丰收互联”App 中的“丰收购”模块，帮助新宇村销售农产品，上架“李伯伯家庭农场”生态养殖的甲鱼、当地生产的戴乐搪瓷、新宇稻米等产品。同时充分发挥本地银行人多面广的服务优势，发动员工采购，并当好“红娘”向客户推荐农产品，帮助拓宽农产品销售渠道。

2. 构建“1 +1”协作机制，提供多元金融支持

驻村第一书记与金融顾问相结合，从建设金融服务队伍、完善金融帮扶形式、打造金融宣传课堂三方面紧密协同，通过金融顾问的“1”，连接起产业链生态圈合作伙伴，共同推动产业升级和金融普惠，全力打通金融服务“最后一公里”，帮助当地农民增收致富，实现强村富民发展目标。

案 例

衢州席家村“1 +1”服务模式

2024 年 7 月，全国首个以乡村为服务主体的金融顾问工作室“席家村综合金融生态建设金融顾问工作室”，在龙游县罗家乡席家村正式挂牌设立。席家村综合金融生态建设金融顾问工作室首创驻村第一书记与金融顾问协作模式，联合政府相关部门、各金融机构和中介机构，为席家村提供全方位综合服务。该工作室的成立将原来单一资金支持升级为全流程服务，将原来单一派驻单位扩大为更多专业机构、企业家共同参与，提升了帮扶工作体系的可持续性。当年，各级金融顾问赴席家村开展进村企、党建联建、社会化拥军等活动 30 余人次，为当地产业打造、强村富民和金融普惠送政策、解难题，获得当地党委、政府的高度肯定。

3. 编织农产品销售网，打开村民致富门

浙商银行发挥自身数字化和渠道优势，运用微信视频号、抖音、快手等新媒体，构建以直播带货、云端购物节等新零售为主，线上、线下联动的新型农产品网络销售体系，助力“好货出山”。

案 例

用心用行，以金融力量赋能消费扶贫

浙商银行积极思考如何推进“互联网 + 消费扶贫”，通过线上化销售模式和现代化配送体系，帮助农户跨过空间上的千山万水，转化为网络里的“近在咫尺”。在自有采购分销平台——“e 家银”商城上设立“爱心专区”，不以盈利为目的，直接连接市场供需双方，并积极推动结对村有特色、可网销的农产品入驻线上商城，主动为结对村引入专业物流和电商企业作为合作伙伴，“手把手”帮助农户解决

个体农户上电商平台难度大、产品分散量小、储存运输有风险等问题，确保线上消费扶贫落地见效。“e家银”商城聚焦“三区三州”，引入甘肃农创、凉山山里淘、仪陇小城故事等9家电商，共上线生鲜、粮油、干货等农副产品156款，为推动贫困地区搭上“数字快车”、走上产业化发展路子作出了积极贡献。

为帮助结对村打破农产品自产自销的经济闭环，增强产业意识和市场竞争力，浙商银行积极运用微信、抖音、直播等新媒体新手段，为消费扶贫“线上化”点亮“新技能”，切实做到“扶上马、送一程”。在直播间的背后，是该行前中后台不同条线20多名青年员工组成的“脱贫攻坚小分队”。他们白手起家、通力协作完成了活动策划、担任主播、系统开发、内外宣传等多项工作，短期内攻克了指导农户参与直播、生鲜产品保质保量走出大山、与网友互动激发人气等一系列难题，以青春的力量和温度助力脱贫攻坚。与此同时，总分行工会配合直播活动，开展“工会邀您爱心助农”主题活动，广泛发动员工采购直播助农产品，共同参与消费扶贫。如浙商银行以“牵手仪陇”“庆丰收”为主题组织了两场直播带货活动，来自甘肃天祝的白牦牛肉、凉山园田小学的核桃、玉清村的翠红李等农产品纷纷亮相直播间。两场直播活动观看达3万人次、评论9182条、点赞达34.6万个，销售农产品4275份，销售金额达16.4万元。

第十三章
链式生态金融赋能平台模式的实践

在当今数字化浪潮的推动下，链式生态金融作为一种创新的金融服务模式，逐渐成为推动产业转型升级和政府治理现代化的重要力量。产业互联网平台和政府平台处于快速发展期，与链式生态金融高度契合。链式生态金融不仅为生态网络的单个节点提供了强有力的金融支持，更通过深度融合金融科技与各类平台，积极探索和实践链式生态金融的新路径，为产业互联网平台和政府平台提供了强有力的金融支持。平台具有丰富的产业资源、海量的交易数据、严密的风控体系，是银行批量拓客、链式拓客的有效渠道。

以下详细阐述链式生态金融赋能平台的探索与实践，分析其如何通过精准的金融服务和创新的业务模式，助力产业互联网平台和政府平台的高效运作，实现节点间链接的精准和高效，推动产业互联网平台和政府平台的协同发展，从而构筑统一共生的生态体系。

赋能产业互联网平台：激发数字时代的产业活力

随着当前市场环境变化与产业技术深度融合，产业链供应链发生了深刻变化，特别是互联网、区块链、物联网等信息技术与实体企业加速融合，传统供应链上下游的信息流、物流、资金流更加可知、可控、融合。在此背景下，产业互联网平台逐渐形成了一种新的商业模式，特别是头部产业互联网平台具有丰富的产业资源、海量的交易数据、严密的风控体系，符合商业银行“小额分散”供应链的探索方向，是“以客户为中心”的综合服务典型。在国家和地方政府的大力支持下，产业互联网平台实现跨越式发展，链接现代化产业链供应链体系，是金融机构服务实体制造业企业和全国统一大市场的重要渠道。

借助金融科技，银行能够通过平台运用数字供应链金融，创新性地采用“三流可闭环、债项可估值”的风控模式，切实满足小微企业的融资需求。尤其是一些头部产业互联网平台，凭借丰富的产业资源、庞大的交易数据和完善的风控体系，与银行的数字化转型发展战略高度契合。

1. 理论视角：链式生态金融与数字化供应链的协同逻辑

产业互联网平台通过信息互联，显著缓解了中小微企业的信息孤岛问题；通过严格的风控准入机制，解决了信用不足的痛点；通过跨境进出口贸易整合，提升了国际业务的开展效率；通过与供应链金融平台的合作，进一步推动链式生态金融的发展。

从技术支撑角度看，产业互联网依托人工智能、区块链、云计算、大数据和物联网（ABCDI）等核心技术，运用数字化、网络化和智能化手段，全面优化传统产业链和供应链体系。其在生产、交易、流通和融资等环节提升效率，实现扩链、补链、保链、强链的目标，推动形成数字经济下的新模式与新业态。这一模式有效降低了产业链运营成本，提升了融资效率，为产业转型升级提供了有力支持。

2. 实践路径：多维金融赋能下的产业互联网新蓝图

产业互联网平台的核心在于优化供应链管理。通过打破供需双方的信息孤岛，实现精准匹配，平台不仅能缓解双方矛盾，还通过交易撮合、生产优化、物流仓储等功能，增强了供需侧的适配性。在当前我国多个产业面临产能过剩的背景下，这种模式对促进国内大循环和国内国际双循环起到了重要作用，也使得产业互联网平台成为未来发展的重要趋势。

根据经营模式，产业互联网平台可分为交易撮合平台、增信融资平台、智能制造平台、物流交付平台和服务业重构平台。针对不同平台的商业模式，银行以订单信用融资和货押控货融资为主要服务手段，通过对商流、资金流、信息流和仓储物流的动态监控，精准匹配金融服务与产业需求。这不仅为金融机构参与产业互联网平台提供了理论支持，也为实践中的高效赋能奠定了基础。通过这一模式，金融科技成为驱动产业互联网发展的重要推手，在重塑产业链供应链生态、推动高质量发展方面发挥着重要作用。不同模式下赋能产业互联网平台的方式详见表 13－1。

表 13－1　产业互联网平台银行融资模式

序号	银行融资模式	模式	商流	资金流	信息流	仓储物流
1	订单信用融资	撮合服务	订单匹配	定向支付（买方 to 平台方）	—	—
2		集采服务	订单匹配	①定向支付（买方 to 平台方） ②集采或定采（平台方 to 卖方）	采购数据异动分析	—
3		AIoT + 交易服务	订单匹配	①定向支付（买方 to 平台方） ②集采或定采（平台方 to 卖方） ③平台回款	采购数据异动分析、生产状态监测、产能匹配监测	—
4		产品数据库 + 交易服务	订单匹配	定向支付（买方 to 卖方）	—	—
5		云设计 + 云工厂 + 交易服务	订单配置	①定向支付（买方 to 平台方） ②集采或定采（平台方 to 卖方） ③平台回款	生产状态监测、订单状态跟踪、订单—产能匹配监测	库存货物信息分析、物流运输状态及签收校验

续表

序号	银行融资模式	模式	商流	资金流	信息流	仓储物流
6	货押控货融资	自营服务	订单配置	①定向支付（买方 to 平台方） ②集采或定采（平台方 to 卖方） ③平台回款	采购数据异动分析、销售数据异动分析	物流运输跟踪、货物数字化实时监管
7		寄售服务	订单匹配	①定向支付 ②平台回款	销售数据异动分析	货物数字化实时监管
8		委托采购服务	订单匹配	①定向支付（买方 to 平台方） ②集采或定采（平台方 to 卖方） ③平台回款	采购数据异动分析	物流运输跟踪、货物数字化实时监管
9		联营服务	订单链接	定向支付（买方 to 卖方）	—	到货通知及签收校验
10	订单信用融资/货押控货融资	供应链基础设施 + 交易服务	订单链接 订单匹配	①定向支付（买方 to 平台方） ②集采或定采（平台方 to 卖方） ③平台回款	订单状态跟踪、销售数据异动分析	库存货物信息分析、物流运输状态跟踪

3. 服务方案：链式生态金融赋能产业互联网策略

目标客户选择。与消费互联网平台不同，产业互联网平台目前尚无领先的巨头企业，处于“百家争鸣”时期，目标客户选择具有多样性。在行业选择策略方面，可优先选择工业品、食品生鲜、跨境电商、汽车及零配件、化工、医药、纺织等行业对应的产业互联网平台；每个细分行业会有多家产业互联网平台，选择行业细分龙头产业互联网平台。在区域选择策略方面，重点聚焦“北上广深杭”等产业互联网平台龙头聚集区域。

场景和产品方案。一是优先订单、应收账款、控货类等强债项融资场景。当前自营交易、电商、差旅垫资、无车承运、撮合交易等主流平台一般为强债项场景，主要应用数字信用凭证、供货通、应收通、订单通等产品，具备场景真实、债项优质和债项可控的特征，具备风险可控、批量拓展的可行性。上述场景客观上要求系统深度对接、持续业务分析以保证风险可控，可发挥系统敏捷对接、持续流程优化的特色化优势，深化与产业平台合作，嵌入交易场景，实现与同业的差异化竞争。

二是逐步推动信用类小额分散的弱债项场景应用。在优选扩张发展行业、高频小额交易场景的基础上，积极在产业互联网平台试点推进小额分散的信用融资。基于小微商户历史交易流水，为小微商户提供小额融资，可通过引入优质担保公司或核心企业提供保证金等方式介入并实现业务的小额分散。

三是拓展司库场景应用。产业互联网平台为了管控资金流风险，往往嵌入资金支付结算环节，且因平台用户数量多、平台资金流量较大和支付结算频次高，天然有账户管理、支付结算等精细化资金管理需求。可以创新财资支付结算服务模式，拓展司库场景应用，提供数字化管理升级服务。

四是创新拓展投贷联动业务。产业互联网平台目前处于“百家争鸣”时期，投资机构和产业资本都在积极布局，平台股权投资活跃，对多元化股权结构和新增投资者持较开放态度。结合平台多元融资需求，可以创新拓展认股选择权等投贷联动业务，提高银行长期收益。

4. 实践案例：浙商银行携手 Z 公司共纺产业数字化生态

合作背景。Z 公司是一家专注于纺织服装产业数字化升级的企业，利用大数据、云计算等技术提供全产业链的智能化解决方案。作为工信部国家级制造业与互联网融合发展试点示范平台，国内最大的 B2B 纺织工业互联网独角兽企业，Z 公司通过大数据、云计算、物联网等新一代信息技术，通过接入全国超过 40% 的织布机数据，深度参与从棉花、化纤原材料到成品衣的全产业流程。利用大数据、物联网等新一代信息技术，Z 公司实现了下游订单信息与上游供应商产能的无缝对接，通过订单流向引导生产流，推动了产业链上下游的高效协同。截至 2023 年，Z 公司平台共合作有坯布厂企业约 1 万家，一批商企业约 2 万家，服装厂企业约 6 万家，当年平台融资金额 273 亿元。

合作模式。浙商银行与 Z 公司的合作，展示了金融赋能产业互联网的典型实践。作为中国纺织产业的重要组成部分，纺织行业是国民经济的刚需产业。行业内以中小企业为主，尤其是在纺纱、织布、印染、服装制造等环节，这些企业面临着融资难、融资贵的问题。

尽管纺织产业对于国民经济具有重要意义，但行业内大量中小企业常常面临融资难题。这些企业普遍缺乏足够的信用评级和抵押物，无法通过传统金融渠道获得贷款。此外，纺织产业供应链上下游企业紧密相连，生产与资金链高度依赖，但订单波动性大、资金流动性差，进一步加剧了融资需求的迫切性。

浙商银行深入贯彻“善”与“数”战略核心，通过与 Z 公司平台对接，将核心企业的生产与交易数据转化为银行可用的金融数据，支持企业融资。在此过程中，银行通过实时的交易数据对企业进行精准授信，替代了传统的抵押和担保模式，使得风险防控更加及时与精准。

在 Z 公司的数字化平台上，这些中小企业可以共享实时生产、交易等数据，从而帮助银行实现更准确的信用评估，并获得更快速的融资支持。尤其是在原材料采购、生产加工、仓储运输、订单支付等环节，信息互通大大提升了企业的透明度，增强了金融机构对其风险评估的信心。

实践路径。第一步：精准授信，数据驱动信用评估。基于数据的信用评估进行精准授信。在 Z 公司平台，企业的交易数据、生产数据等实时反映，浙商银行通过这些数据进行信用评估，提升了融资效率。这种基于企业实际经营状况的信用体系，不仅加快了融资审批，也使得平台上的企业能够更便捷地获得所需资金。

第二步：风险控制，动态监控保障安全。基于数字技术保障信贷安全和风险控制。浙商银行基于 Z 公司平台，为坯布厂、一批商客群提供分销通融资。风控措施为：Z 公司缴纳 5% 的保证金，为全部成员单位融资提供担保，并于 10 个工作日内动态补足；双方系统对接，通过数据交互进行成员单位推荐、数据传递、生产监控、交易监控等；核心企业对提供的数据和信息的真实性、有效性、完整性负责，并确认所有者的授权，协同贷后风险排查。为了确保贷款的安全性，浙商银行将平台内的交易数据与自身的风控系统对接，实时监控企业的生产和交易情况。通过动态保证金、系统监控等风控措施，银行能够提前识别潜在的风险，确保资金流向正确。

第三步：跨境贸易，拓展国际市场。随着国内外市场需求变化，越来越多的纺织企业需要拓展国际市场。Z 公司平台不仅服务国内企业，也积极推动跨境进出口贸易的整合。浙商银行通过与 Z 公司的合作，拓展跨境金融业务，解决了国际支付和外汇结算等资金需求。借助数字化工具的支持，银行能够为跨境业务提供更加便捷、安全的融资服务，提升了纺织行业在国际市场的竞争力。

合作成效。在链式生态金融模式的框架下，浙商银行巧妙地利用平台将众多企业紧密相连，特别是那些急需资金支持的小微企业。通过高效的数据共享和信息互通机制，银行得以实施小额且分散的融资策略，从而显著降低了单一融资项目带来的风险。这一灵活多变的金融服务模式，不仅为中小企业铺设了一条更为顺畅的资金获取之路，有效分散了银行的风险敞口，还显著提升了整体资产的质量，是链式生态金融在链接生态网络各个节点方面所展现出的卓越实践。截至 2023 年，Z 公司平台已合作了约 1 万家坯布厂、2 万家批发商和 6 万家服装厂，融资金额达到 273 亿元。浙商银行在这一平台上也积极拓展业务，累计融资金额已达 4. 10 亿元，业务余额 2. 51 亿元，累计拓客 77 户。Z 公司场景聚焦产业链闭环，并且通过多种维度管控借款人，整体资产质量比较可靠。

赋能政务服务平台：推进政务服务增值化改革

链式生态金融的实践深入渗透链式生态的网络，打通节点上的各类主体，金融不仅赋能市场化的产业互联网平台，而且积极融入政府类项目的合作，通过与各级政府部门工作的深度对接，推动公共服务的数字化与高效化。通过整合政府、企业和行业的资源，链式生态金融为公共服务提供了智能化、精准化的金融支持，助力政府在各项政策执行和产业发展中的精准决策和高效运作。从推动乡村振兴到助力市场监管，再到优化外汇管理，链式生态金融在公共服务领域的应用展示了其在推动社会经济数字化、提升治理效能方面的巨大潜力。

1. “信贷直通车”：打通农村金融服务“最后一公里”

链式生态金融不仅为现代工业注入活力，在助力乡村振兴方面也发挥了关键作用。农业是我国的支柱产业，而各类农业经营主体在融资方面面临诸多困境：他们信息不对称，农民和新型农业经营主体通常缺乏与金融机构直接沟通的有效渠道，导致他们的融资需求难以被及时发现和满足；许多农民和小型农业企业没有足够的信用记录，使得金融机构难以评估其信用风险。他们融资成本高，由于农业生产的周期性和风险性，金融机构在提供贷款时往往会收取较高的利率；他们所接触到的金融资源覆盖不足，农村地区的金融机构网点较少，金融服务覆盖面有限，农民获取金融服务的便利性较低。2021 年 5 月，农业农村部办公厅印发《关于开展新型农业经营主体信贷直通车活动的通知》，正式启动“信贷直通车”活动。

农业农村部的“信贷直通车”平台通过开放农业经营主体的身份认证、政策补贴、保险信息等数据，帮助金融机构实现对农业主体的精准评估，支持金融机构为农业经营主体提供便捷有效的金融服务。特别是在农村金融服务体系尚不完善的背景下，这一创新性服务有效弥补了农村金融资源的缺口，让农民和农业企业能够更加便捷地获取所需的融资支持。

浙商银行积极推进农业农村领域的数智金融服务模式创新，行内组成多部门协同的敏捷小组，制定涉农金融产品与“信贷直通车”的融合方案，并于2024年5月实现“信贷直通车”信息核验服务落地。作为首家系统对接农业农村部“信贷直通车”信息核验服务的股份制商业银行，浙商银行聚焦农业主体授信审批难、规模化发展难、风险控制难等问题，通过“数字化改革＋场景化应用”，针对农业细分领域定制“行业化＋嵌入式”的数智金融服务方案，应用“农业农村大数据＋金融”模式，提升数据价值应用能力，结合农业产业场景推出供应链金融、普惠数智贷等服务，有效提升了农业主体获贷的可及性和便利性，用高效精准金融服务为农业发展与产业链升级注入金融活水，成功实现饲料、生猪养殖、农资、乳业等多个农业产业链项目的落地应用。

2. “浙个好·数易贷”：让小微企业融资更便捷

市场监管部门的数字化转型为小微企业的融资提供了新的机遇。浙商银行与浙江省市场监督管理局合作，打造了专为省内个体工商户和小微企业定制的“浙个好·数易贷”金融产品。借助浙江省小微增信平台的信用评估体系，银行摆脱了传统贷款对抵押物的依赖，使小微企业能够在没有传统担保物的情况下获得融资支持。

该产品引入借鉴浙江省小微增信平台的“1＋2小微智评体系”信用评价结果及800余个字段信息，构建多维信用评价模型，从而摆脱传统信贷模式对抵质押物的过度依赖，为“轻资产、无抵押、市场评估难”的小微市场主体量身定制信贷服务方案，致力于解决个体工商户“数据归集难、信用评价难、融资贷款难”等问题。针对浙江省市场监督管理局遴选的省级先进个体工商户、“名特优新”个体工商户等细分群体，量身定制“浙个好·数易贷”特色子产品，并给予专项授信额度、贷款利率优惠等政策，助力个体工商户等小微市场主体融资增量扩面。

“浙个好·数易贷”不仅扩大了受众面，而且简化了办贷流程，优化了服务体验，具有“纯信用、申贷快、循环用、方便提”的线上化数智化特点。“微信扫一扫、手指点一点”，5 分钟内即可提交申请，3 分钟出额，在线签署电子合同，“可见即可贷”，为客户提供定制化、高效便捷的金融服务体验。

案 例

非遗传承，踏上浙商银行“金融普惠路”

非物质文化遗产作为中华文明传承的生动见证，不仅是民族情感与国家统一的重要基础，也随着时代变迁而面临新的挑战。面对传统非遗项目如何焕发新生这一时代命题，新一代非遗传承者们在思考与探索中砥砺前行。非物质文化遗产缺乏有形的抵押物，导致其在非遗创业过程中面临诸多困境。鉴于此，金融机构与非遗保护机构需紧密合作，共同推动政银联动，在前期广泛开展调研的基础上，运用数字技术赋能金融向善，探索金融助力非遗传承的新路径。

2008 年，西湖绸伞入选国家级非物质文化遗产名录。60 余岁的宋志明便是这项技艺的传承人。他手握一把伞，收拢一节，仿佛穿越至 20 世纪 30 年代，从事丝织行业的先辈们精心制作出极具风情韵味的西湖绸伞。20 世纪 70 年代，西湖绸伞大量销往国外，甚至在美国总统尼克松访华时被作为国礼送出。然而，随着现代工业化进程的加速，杭料稀缺、工序复杂等多重因素使得纯手工西湖绸伞逐渐面临巨大的挑战。小微企业缺乏足够的抵质押物，宋志明的工作室难以获得银行授信支持。

2023 年，在一场“黄湖非遗对接会”上，通过浙江非遗保护公益基金的牵线搭桥，浙商银行与宋志明结识。通过充分了解宋志明的融资需求，浙商银行主动上门服务，以其灵活的信贷产品为他提供了一笔信用资金支持，有效解决了非遗创业者的燃眉之急。全线上申请流程简便，仅需提供身份证、营业执照、场地证明等材料，便能为非遗项目注入新的活力。

3. 跨境平台直联：助力中小微外贸企业

为探索解决中小微企业跨境融资难问题，国家外汇管理局牵头搭建跨境金融服务平台（以下简称“跨境平台”），浙商银行充分利用该平台，运用金融科技，加强模式创新，提升服务实体经济质效。

一是采用直联模式，强化科技支撑。出口贸易融资业务金额小、笔数多、频次高，银行业务人员登录跨境平台进行核验单证时，存在业务效率不高、操作压力较大等痛点。浙商银行在同业中率先采用跨境平台直联模式，将跨境平台各个业务节点嵌入银行业务流程中，实现在线核查单证、联动登记融资信息，极大地提高了业务效率，有效地缓解了业务人员的操作压力。在此基础上，浙商银行通过优化、简化客户融资申请资料等方式进一步便利客户，为客户打造“极简入池”“极速融资”“极快入账”和“极广运用”的“四极体验”，提高客户办理出口贸易融资的认同感和满意度。

二是创新大数据应用，搭建融资快车道。秉持“数据多跑路、金融更便捷”的数字化思维，运用跨境平台的企业跨境信用信息，浙商银行创新数字金融服务模式，为中小微外贸企业打造出专属的“出口数据贷”和“浙商数据保”等大数据授信模式。该模式以系统模型审批替代传统人工审批，结合浙商银行大数据风控平台自动管控，实现从客户准入、授信审批到贷后管理、风险预警的全流程系统控制，为中小微出口企业提供信用方式授信支持，满足其融资便利和汇率避险服务需求，帮助外贸企业尤其是中小微出口企业稳市场、保订单。

案 例

银企融资对接“快车道”，融资便利又高效

绍兴地区为外贸依存度较高的城市，近年来，受国际环境变化、原材料上涨和行业竞争加剧等因素影响，绍兴地区外贸出口行业面临着账期拉长、资金周转压力大等问题，同时外贸中小企业因受制于抵质押资产较少，较难获得银行融资。

浙江HS国际贸易有限公司长期从事欧美国家出口纺织贸易，年海关出口量为1000万美元左右。企业计划扩大生产规模，进一步拓展海外市场，但传统银行授信已无法满足企业需求，抵押担保物又有限，融资需求亟待解决。此时，适逢国家外汇管理局推出跨境平台“银企融资对接”场景功能，浙商银行根据企业经营相关信息，运用大数据主动授信产品，结合企业出口退税数据，由企业扫描二维码补充相关申请信息后，快速给予企业450万元的信用授信额度，为企业扩大生产吃了定心丸。授信获批后，浙商银行又通过“涌金出口池”为企业办理了应收账款融资，盘活了企业的资产，有效满足了企业的流动性需求。跨境平台“银企融资对接”场景搭建了企业与银行的沟通平台，成为银企融资对接的“快车道”，有效缓解外贸中小企业融资难问题，为外贸企业的发展保驾护航。

以实践为基：链接共生体的价值传递

链式生态金融作为一种创新金融模式，通过数字技术和生态化理念，实现了对产业互联网平台和政府平台的深度赋能。这一赋能不仅优化了生态网络中各节点的链接方式，还推动了各节点间资源配置的高效化和协同化，最终促成了一个统一共生的生态体系。从乡村振兴到市场监管，再到外汇管理，浙商银行通过与各级政府部门的紧密合作，积极推动了金融服

务的创新与变革。

链式生态金融通过数字技术将生态中的每个节点紧密相连，使资源流动更加顺畅、信息共享更加高效。在产业互联网平台，链式生态金融帮助企业突破信息孤岛，解决信用不足的问题；在政府平台，这一模式增强了数据整合与跨部门协作能力，如通过整合市场主体，银行能够协助地方政府优化政策执行，提升经济发展效能，为产业转型和社会治理提供强大支撑。

链式生态金融的核心在于实干精神，这不仅是一种战略设想，更是贯穿生产、交易、流通和治理等环节的具体行动。以“善本金融”为理念，商业银行的角色并非居高临下的指挥者，而是产业生态的伙伴，与企业共生、与政府共谋。数字化浪潮为国内产业链注入了生机，而链式生态金融则以生态化的视角完善了产业链的结构，推动其走向更加紧密的协同与合作。

在实践中我们深刻体会到，链式生态金融并非高高在上的俯瞰，而是沉舟侧畔千帆过的陪伴，陪伴新质生产力、赋能新兴产业、聚拢产业互联网平台，用善本金融的活水灌溉万木。开放的浪潮成就了昔日国内产业链的万木逢春，而数字化的转型造就了当今产业互联网平台的快速发展。

未来，链式生态金融将持续赋能更多平台，推动生态网格中的节点之间实现深度互联，从而构建一个高度协同、共生共荣的产业生态圈。未来，在推动产业升级、支持地方经济发展及提升社会治理能力的过程中，链式生态金融将扮演更加重要的角色。秉持“善本金融”的初衷，浙商银行将进一步深化与政府和企业的合作，以数字化手段赋能各类平台，促进生态资源的充分激活与高效流动，为社会经济的高质量发展注入源源不断的活力。

展　望

数字化与金融未来

技术创新意味着颠覆传统，也意味着创辟荒途。当下，以生成式 AI 为代表的数字技术正以前所未有的速度取得创新突破，新一轮的生产力大爆发正在到来，社会经济和金融发展的逻辑逐渐被重塑。科技的每一次飞跃都在重新定义着我们的生活，我们离奇点更近了，我们的生活方式将发生难以想象的变化。央视纪录片《智能时代》在未来展望篇留给观众一个深刻的问题："你，准备好了吗?"这个问题不仅是对个人，也是对整个社会提出的，要求我们思考如何准备迎接智能时代带来的变化和挑战。

本章首先将深入探讨数字技术对未来社会经济发展的影响，从生产力的跃迁到产业结构的重塑，再到社会生活的全面变革，以及我们面临的潜在挑战与应对策略。其次聚焦金融领域，探讨数字化如何引领金融业态的变革，并展望数字化在金融服务中的应用图景，倡导向善价值观，推动 AI 在金融领域安全可信地发展。最后将探讨数字化与金融强国建设的关系，以及如何通过顶层设计和战略规划推动数字人民币发展应用，实现金融模式的创新与推广。

数字技术重塑人类社会的每一个角落

数字技术对未来社会经济发展的影响深远且广泛，它正成为推动社会进步的重要力量。在众多领域，数字技术发挥着不可替代的作用，引领着经济发展的新趋势。数字技术极大地促进了生产力发展，重塑产业结构形态，推动社会万物互联等。然而，数字技术也带来了诸多挑战。为此，我们需要构建健全的应对安全保障体系，以确保技术进步最终造福人类社会发展。

1. 生产力跃迁

以生成式 AI 为代表的数字技术将不仅提高效率，而且引发生产力层级的跃迁，这将是一个增长机制的根本性转变。自 2022 年 ChatGPT 发布以来，生成式 AI 技术备受瞩目，其展现出了强大的技术生产力属性。2024 年，达沃斯世界经济论坛更是将生成式 AI 等同于“第四次工业革命的蒸汽机”。生成式 AI 与各种数字技术融合所带来的 AGI 将催生“无人经济”模式，实现生产流程的高度自动化和智能化。这不仅将降低成本、提高产品质量，更将释放人类的创造力，专注于更高价值的活动。同时，基于数字化的全新产业将不断涌现，例如，个性化定制生产、太空经济、生命科技等重塑产业格局，驱动经济持续增长。未来工厂可能完全由机器人操作，而人类负责设计和管理；基于生物技术的个性化药物将成为可能，彻底改变医疗保健。

2. 产业结构重塑

数字技术将彻底重塑产业结构，推动传统产业向智能化、精细化、服务化转型。智能制造将实现全生命周期管理，从设计、生产到销售和售后服务，形成高度协同的生态系统。智慧农业将借助物联网、大数据和人工智能技术，实现农业生产的自动化、精准化和智能化，从根本上改变农业生产模式。未来的农业可能会实现垂直农场和室内种植，不受气候和地域的限制。现代服务业将更加注重个性化、定制化和体验化，为消费者提供更加优质、便捷的服务，基于虚拟现实技术和增强现实技术的远程医疗和教育将成为常态。

3. 社会万物互联

数字技术将构建一个更加互联互通、高效运转的智能社会。万物互联的时代，个性化服务将无处不在，从智能推荐系统到虚拟助手，将提供更加精准、便捷的服务体验。智能家居将实现家庭设备的互联互通和智能化管理，创造更加舒适、安全和节能的生活环境。智慧城市将整合城市资源，加强城市管理，提升城市运行效率，提高市民生活质量。城市将拥有一个“数字孪生”，可以实时模拟和优化城市运行。同时，AI 大模型和 V2X 通信等技术驱动的无人驾驶出行将成为城市常态化的交通方式，极大地提升人们的出行效率。

4. 挑战与应对

数字技术将带来就业、科技、数据等一系列的挑战，亟待建立积极、有效的应对体系。面对 GenAI 技术的飞速发展，“人工智能之父”杰弗里·辛顿指出，人工智能的发展可能会导致人类失去对其控制权，从而引发一系列潜在风险，包括结构性失业、贫富分化等。在所有的新问题中，最为突出的一个可能就是 AI 对齐（AI Alignment）问题。所谓 AI 对齐，简言之，就是确保 AI 能理解人类的规范和价值，懂得人类的意愿和意图，按照人类的意志行事，确保技术进步最终造福人类。

数字技术引领金融业态变革

数字技术作为一种颠覆性的力量，正在深刻地引领着金融业态的变革。在这一变革过程中，金融服务模式、金融生态系统，乃至货币的本质都在经历着前所未有的转变。同时，数字技术引领的金融业态变革也为金融行业带来了新的发展机遇。面对这一变革，金融行业需要不断创新，积极拥抱技术，以适应这个充满挑战和机遇的新时代。

1. 金融场景重塑

超个性化服务普及，基于用户数据，提供定制化金融产品和服务。大数据和人工智能技术的结合使得金融机构能够精准地把握客户需求，提供个性化的金融产品和服务。从量身定制的投资组合到智能推荐的保险产品，个性化金融服务不仅提升了用户体验，也增强了金融机构的市场竞争力。例如，根据用户的风险偏好、投资目标和财务状况，智能投顾可以为用户定制个性化的投资组合，并进行动态调整。根据用户的年龄、健康状况、生活习惯等数据，保险公司可以为用户推荐更合适的保险产品，并提供个性化的保费方案。

嵌入式金融发展，融入生活场景，提供无缝衔接的金融服务。嵌入式金融的概念由格兰诺维特在1985年提出，强调嵌入式金融主要集中在经济行为与社会结构之间的关系上。数字技术的应用使得金融服务能够无缝嵌入人们的日常生活中，用户可以在各种场景下便捷地获取金融服务。例如，移动支付让消费者在购物、餐饮、出行等场景中无需现金即可完成交易，实现了金融服务的即时性和便捷性。金融机构通过API接口等技术，将服务延伸至第三方平台，使得金融不再是独立的环节，而是成为日常生活的一部分。

元宇宙金融模式产生，探索虚拟世界中的金融创新。元宇宙作为虚拟世界的全新形态，为金融创新提供了广阔的舞台。金融机构开始在元宇宙中设立虚拟分支机构，提供虚拟金融服务，如虚拟货币贷款、非同质化代币投资等。需要强调的是，元宇宙需要建立完善的身份认证和信用体系，以保障虚拟世界中的交易安全和秩序。目前，一些游戏平台开始发行自己的虚拟货币，用户可以使用虚拟货币购买游戏道具、虚拟装备等，艺术品交易平台也开始利用NFT技术进行数字艺术品的交易。元宇宙的发展不仅拓宽了金融服务的边界，也为金融行业带来了新的增长点。

2. 金融生态演变

金融服务平台化，构建开放、协同的金融生态系统。金融机构和金融科技公司通过搭建开放平台，将金融机构、企业和消费者连接起来，形成了一个资源共享、协同发展的金融生态系统。平台化能够有效降低成本、提升服务效率和拓展服务范围，成为金融服务发展的重要方向。首先，平台化可以缓解信息不对称，降低交易成本，提高市场效率；其次，平台化可以整合多种金融服务，为用户提供一站式金融解决方案，提升服务效率和用户体验；最后，平台化可以将金融服务拓展到更广泛的用户群体，特别是长尾用户，促进普惠金融的发展。

基于 Web3 的 DeFi 提供更普惠、更高效的金融服务。互联网发展经历了 Web1 的静态网页时代、Web2 的互动互联网时代，以及当前 Web3 的价值互联网时代。DeFi 是 Web3 在金融领域的具体应用，旨在构建一个更加开放、透明和高效的金融体系。根据杜克大学金融学教授坎贝尔·哈维的观点，DeFi 实现了金融服务的去中介化，能够解决传统金融系统中的一系列核心问题。具体地，这种模式降低了金融服务门槛，提高了金融服务的效率，也为普惠金融的发展提供了新路径，并且通过智能合约等工具，用户可以直接参与金融活动，提升了自主权和灵活性。此外，DeFi 催生了新的金融产品和服务，如流动性挖矿、去中心化稳定币等，为用户提供了更多选择。通过构建去中心化的金融应用，DeFi 给传统的中心化金融模式带来重大挑战。

金融科技赋能，科技公司与金融机构合作，推动金融创新。金融科技公司与金融机构的合作日益紧密，共同推动金融服务的创新。金融科技公司利用大数据和人工智能技术，可以帮助金融机构提升风控能力，更精准地评估风险，降低坏账率。利用人工智能技术，可以帮助金融机构优化客户服务，如智能客服、个性化推荐等，提升客户体验。此外，金融科技公司与金融机构合作，可以开发新的金融产品和服务，如智能投顾、区块链保险等，满足用户多样化的需求。

3. 数字货币崛起

法定数字货币重塑货币体系，提升金融效率和安全性。法定数字货币是由国家中央银行发行和背书的数字形式的货币，它与实物现金具有同等法律地位。法定数字货币的出现，旨在重塑现有的货币体系，提升金融效率和安全性，并增强货币政策的有效性。法定数字货币可以简化支付流程，降低交易成本，提高支付效率，尤其是在跨境支付领域。中国央行数字货币（DCEP）可以在不依赖传统银行账户体系的情况下进行实时转账和支付，极大地提高了支付效率。此外，法定数字货币可以增强金融安全性，降低洗钱、恐怖融资等非法活动的风险。由于数字货币的交易记录可追溯，监管机构可以更有效地监控资金流动，打击金融犯罪。

稳定币降低波动性，促进数字资产交易。稳定币通过与法币锚定，降低了加密货币市场的波动性，成为数字资产交易的重要媒介。稳定币的出现，为加密货币市场的稳定发展提供了重要支撑。稳定币的稳定性使其成为数字资产交易中的重要媒介，可以降低交易风险，方便投资者进行价值转换。此外，稳定币是 DeFi 生态系统的重要组成部分，为 DeFi 应用提供了稳定的价值基础。在目前市场上，Tether（USDT）和 USD Coin（USDC）是最主要的两种稳定币，它们都与美元锚定，其价格通常保持在 1 美元左右。

加密货币探索新的价值存储和交换方式。加密货币如比特币、以太坊等，以去中心化、不可篡改的特性，成为一种新的价值存储和交换方式。尽管存在争议，但加密货币仍在探索中前行，不断影响全球金融体系。加密货币不依赖于中央银行或其他金融机构，其交易由分布式网络进行验证和记录，更加去中心化和透明。同时，加密货币使用密码学技术来保护交易安全，防止伪造和双重支付。此外，加密货币还成为一种新的投资资产，为投资者提供了新的投资机会，但也伴随较高的风险。在加密货币市场，比特币是第一个也是最著名的加密货币，它被一些人视为“数字黄金”，并被作为一种价值存储的手段。以太坊是一个支持智能合约的区块链平台，其原生加密货币以太币被广泛用于 DeFi 应用中。

数字技术在金融服务中的应用图景

数字技术正在以前所未有的方式重塑金融服务的图景，从前端的用户体验到后端的风险管理，都发生了翻天覆地的变化。生成式 AI 大模型的应用将革新金融技术生产力，赋能虚拟理财顾问、实时合规监控和智能客服系统，提供更加个性化和高效的服务。大数据驱动下的精细化运营和决策，将使个性化金融生活规划、全方位信用评估体系和管理仿真决策平台成为可能。区块链技术应用于跨境支付、供应链金融和智能合约等领域，将极大地提升金融生态的透明度和安全性。物联网技术将拓展金融业务场景，实现智能资产监控和个性化保险生态系统。而 VR 和 AR 技术则将带来金融服务体验的变革，通过虚拟金融服务生态系统、互动式金融知识普及平台和混合现实金融指挥中心，为用户提供更具沉浸感和互动性的金融服务。这些技术的融合应用，将共同描绘未来金融服务的全新图景，倡导向善价值观，使其更加智能、便捷、安全和普惠。

1. 生成式 AI 大模型革新金融技术生产力

虚拟理财顾问。银行可以建立基于生成式 AI 大模型的虚拟理财顾问，客户可以通过语音或文字与其互动，还可以借助全息投影技术与顾问进行面对面交流，咨询投资组合、市场趋势等问题。虚拟理财顾问集成了先进的预测分析和机器学习算法，能够实时分析市场数据，预测市场动态，并提供前瞻性的专业建议。此外，它还能通过虚拟现实技术，为客户打造沉浸式的投资体验，让客户在虚拟的投资环境中进行模拟交易，从而提升投资决策能力。

实时合规监控。利用生成式 AI 大模型，银行可以建立全方位实时合规监控与预警系统。大模型不仅能够自动扫描和解读新的监管政策，还能够通过预测分析技术，预判即将到来的监管变化，提前调整内部合规流程。AI 系统能够实时监测交易行为数据，通过深度学习和模式识别，有效预防内幕交易、市场操纵、洗钱等违规行为。同时，大模型还能够自动生成合规报告，为管理层提供决策支持，确保银行对风控、合规保持实时感知、预警和处置。

智能客服系统。基于大模型的智能客服系统能够通过多语言自然语言处理、情感智能与同理心交互，提供24 小时无缝服务。同时，大模型能够预测客户需求，主动提供解决方案，并通过虚拟现实辅助复杂业务解释。此外，大模型客服还能基于客户数据提供个性化的金融产品推荐，从而提升服务效率和客户体验，重塑金融客户服务体系。

2. 大数据驱动精细化运营与决策

个性化金融生活规划。银行利用高级大数据分析，不仅能够推荐各类金融产品，还能为每位客户打造全方位的金融生活规划。通过分析客户的健康数据、教育背景、职业发展等多元信息，银行能够预测客户未来的财务需求，并提供相应的投资、保险和教育储蓄方案，实现真正的个性化金融服务。

全方位信用评估体系。利用传统的财务数据及用户的行为、健康以及公共服务等多维度大数据，银行能够建立全方位的信用评估模型，进而能够更准确地评估风险，同时可以为那些在传统体系下难以获得信贷的群体提供贷款机会。

管理仿真决策平台。利用大数据和机器学习技术，模拟不同的市场情况和战略选择对业务发展的影响。管理层可以通过管理仿真决策平台进行"假设分析"，预测市场变化、客户行为演变以及潜在的政策影响，从而作出更加科学和更具前瞻性的决策。

3. 区块链技术极大提升金融生态的透明度与安全性

区块链跨境支付平台。在跨境支付与结算领域，区块链技术的未来发展将超越现有的平台，实现全球范围内的即时支付体验。未来跨境支付网络将不再局限于银行联盟，而是构建一个去中心化的全球支付生态系统，任何个人和机构都能在几秒内完成跨境转账，无须中介机构参与，交易费用接近于零。此外，该平台通过集成人工智能实时监控交易模式，预防洗钱和其他金融犯罪。

区块链供应链平台。在供应链金融方面，区块链技术的应用将推动整个供应链的透明化和自动化。基于区块链的供应链平台不仅记录产品的每一个流转环节，还通过物联网设备实时监控产品的状态和环境条件，确保产品质量。金融机构可以根据这些透明可靠的数据快速提供融资服务，而企业能够通过智能合约自动执行支付和结算，大幅减少人为错误和时间成本。

区块链智能合约。智能合约的应用能够实现金融产品的自动化执行与管理。在未来的金融市场中，基于区块链的智能合约将用于自动化交易、衍生品合约执行、债券发行与偿还等复杂金融操作。例如，金融机构可以推出基于个人健康数据的动态保险产品，智能合约能够根据被保险人的实时健康数据自动调整保险费率和赔偿金额，实现真正的个性化保险服务。

4. 物联网技术将拓展金融业务场景

全方位智能资产监控网络。金融机构利用物联网技术可以开发全方位智能资产监控网络，通过在各类动产上安装高精度传感器和微型摄像头，不仅能实时追踪位置，还能监测设备性能、环境条件等关键指标。结合大数据分析和机器学习，该系统能够预测资产维护需求，提前警示潜在风险，并自动调整贷款条款，为中小企业提供更加灵活的融资解决方案。

个性化保险生态系统。保险公司可以构建一个基于物联网技术的个性化保险生态系统。在人身保险场景，通过可穿戴设备和智能家居监测用户的健康数据、生活习惯和环境因素，系统根据用户的健康状况和风险偏好动态调整保险计划，甚至能够预测疾病风险，提供预防性健康管理建议，从而降低赔付率并提升客户满意度。在车险场景，保险公司通过车载传感器收集驾驶员的速度、刹车、转弯等数据，根据实际驾驶行为动态调整保险费率，鼓励安全驾驶。

沉浸式金融生活体验中心。金融机构可以建立沉浸式金融生活体验中心，将金融服务无缝融入智能家居环境。用户在家中通过 AR 眼镜和智能面板与金融助手互动，不仅能进行日常金融操作，还能在虚拟环境中体验金融产品，如模拟投资组合的表现。此外，系统还能根据用户的生活习惯和消费模式，主动推荐个性化的金融解决方案。

5. 虚拟现实与增强现实将带来服务体验变革

全方位虚拟金融服务生态系统。金融机构可以开发全方位虚拟金融服务生态系统，客户通过高级 VR 设备不仅能进入虚拟的银行网点，还能访问一个完整的虚拟金融世界。基于虚拟技术，客户可以在虚拟商场中体验购物，并在虚拟房产中预览未来的家。通过与虚拟客户经理和人工智能顾问的互动，客户可以获得个性化的金融规划、投资建议和即时贷款审批，实现真正的沉浸式金融服务体验。

互动式金融知识普及平台。金融机构可以利用 VR 技术和 AR 技术创建一个互动式金融知识普及平台。用户可以在虚拟环境中学习金融原理，通过 AR 游戏模拟投资操作，甚至可以在虚拟交易大厅中体验真实的市场交易。互动式金融学习平台不仅提高了用户的金融素养，还为金融机构提供了一个新的客户教育和吸引工具。

混合现实金融决策中心。金融机构可以建立混合现实金融决策中心，投资经理和分析师通过高分辨率的 AR 眼镜和全息投影技术，将复杂的金融数据以三维形式投影到现实空间中。金融专家借助 AR 技术和设备直接操作数据模型，进行实时分析和模拟，还可以与不同地方的同事召开虚拟面对面会议。基于混合现实的可视化决策支持系统会极大地提高金融分析和决策的速度和准确性。

数字化与金融强国建设

在全面推进中国式现代化的时代背景下，2023 年 10 月中央金融工作会议提出要加快建设金融强国，推动我国金融高质量发展。金融强国离不开数字技术的赋能和引领。具体地，首先，需要一个多层次、全方位的金融数字化战略布局与顶层设计；其次，需要加强数字化金融基础设施建设，推动数字技术在金融领域的广泛应用，并完善数字金融监管体系；再次，需要稳步推进数字人民币的推广和应用，推动数字人民币的国际化发展；最后，需要鼓励金融模式创新，以香港等地区为试点，积极探索和推广金融创新的经验与成果，最终实现金融强国的战略目标。

1. 顶层设计和战略规划

加强数字化金融基础设施建设。这包括构建安全可靠的金融网络、数据中心和云计算平台，以及制定统一的数据标准和接口规范。强大的数字基础设施是金融创新的基石，也是保障金融安全的重要屏障。推动建设国家级的金融云平台，可以为金融机构提供安全可靠的云计算服务，降低其 IT 成本，提升效率。

推动数字技术在金融领域的应用。鼓励金融机构应用大数据、人工智能、区块链等数字技术，提升金融服务的效率和质量。利用人工智能技术进行风险评估和反欺诈，可以有效降低金融风险。此外，利用区块链技术进行跨境支付，可以提高效率、降低成本。

完善数字金融监管体系。数字金融的发展也带来了新的监管挑战，需要建立健全数字金融监管体系，防范风险，保护消费者权益。通过制定数字货币监管法规，规范数字货币的发行和交易。同时，加强对金融科技公司的监管，防范其带来的系统性风险。

2. 数字人民币的推广和应用

加快数字人民币试点，探索跨境支付等应用场景。数字人民币自 2020

年试点以来取得了长足发展，截至 2024 年，数字人民币的试点范围已经覆盖了 17 个省（市），累计开立个人钱包超过 1.8 亿个，累计交易金额达到 7.3 万亿元。展望下一阶段，可以通过扩大试点范围，不断优化和完善数字人民币的技术框架和应用场景，确保其在实际操作中的稳定性和便捷性。具体地，积极探索数字人民币在跨境支付领域的应用，简化跨境交易流程，降低交易成本，提升效率。此外，利用数字人民币的可追溯性和实时结算特性，优化供应链金融流程，提高资金流转效率，降低融资成本。在支付环节，持续优化数字人民币在零售支付场景下的用户体验。

制定相关政策，推动数字人民币的普及和应用。数字人民币的推广应用离不开政策的引导和支持。可以通过消费红包、手续费减免、积分奖励等措施，鼓励商户和消费者使用数字人民币。此外，可以简化数字人民币的开户、充值、提现等流程，降低使用门槛，提升用户体验。同时需要加强数字人民币的安全技术研发和应用，保障用户资金安全和隐私安全，增强用户对数字人民币的信任。逐步完善数字人民币相关的法律法规，明确数字人民币的法律地位、发行机制、监管框架等，为数字人民币的健康发展提供法律保障。

加强国际合作，推动数字货币的国际化发展。数字人民币的国际化发展对提升人民币的国际地位具有重要意义。首先，可以与共建“一带一路”国家、金砖国家以及东盟各国等加强合作，共同制定数字货币跨境支付标准，探索不同数字货币之间的跨境互操作性，建立互联互通的数字货币支付网络。其次，积极参与国际数字货币标准的制定，推动数字人民币的国际标准化，为数字人民币的全球推广应用创造有利条件。

3. 金融模式创新与推广

以香港等地区为试点，探索金融科技创新模式。在香港等地区开展金融科技创新试点工作，探索新的金融科技应用模式，如虚拟银行、保险科技、监管科技等。中国香港拥有约 200 家银行和 800 余家金融科技公司，拥有完善的金融体系和开放的市场环境，是进行金融科技创新的理想之地。以中国人民银行数字货币为例，自 2020 年底香港启动数字人民币跨境支付试点项目以来，积极推动数字人民币的跨境支付、个人小额跨境汇款服务以及数字人民币与香港本地支付条码互通。此外，香港还参与了多边央行数字货币桥（mBridge）项目，并成功完成了全球首个基于真实交易场景的试点测试。

推广成功经验，推动全国金融科技创新发展。将香港等地区的成功经验推广到全国，推动全国金融科技创新发展。以虚拟银行牌照为例，自 2019 年香港金融管理局颁发虚拟银行牌照以来，香港已经成立 8 家虚拟银行，截至 2023 年，虚拟银行的存户已经达 220 万名。内地可以借鉴香港的虚拟银行或者数字银行的经验，推广虚拟银行业务。

加强风险防控，确保金融稳定。在鼓励金融创新的同时加强风险防控，确保金融稳定。建立健全金融科技风险监管机制，通过制定相关法律法规，明确金融科技企业的合规底线，同时建立跨部门、跨行业的协同监管机制，实现信息共享和资源整合，形成监管合力。此外，需要加强消费者权益保护，制定严格的个人信息保护制度，规范金融科技企业收集、使用、存储和销毁个人信息的行为，防止金融科技公司滥用数据、侵犯消费者权益。

参考文献

[1]陆建强．善本金融[M]．北京:中信出版集团,2024.

[2]陆建强．深化链式生态金融实践[J]．中国金融,2024(20).

[3]阿尔文·托夫勒．第三次浪潮[M]．北京:中信出版社,2018.

[4]安彬,张曦如,安博．基于"以客户为中心"的零售银行产品战略转型研究[J]．新金融,2019(1).

[5]白钦先．金融结构、金融功能演进与金融发展理论的研究历程[J]．经济评论, 2005(3).

[6]贝塔朗菲．一般系统论:基础发展和应用[M]．北京:清华大学出版社,1968.

[7]布莱恩·阿瑟．技术的本质[M]．杭州:浙江人民出版社,2014.

[8]范从来,张前程,彭明生．经济金融共生共荣:理论、测度与实现路径[J]．现代财经(天津财经大学学报),2021,41(1).

[9]房慧颖．数字资产属性的界定及其证成[J]．学术月刊,2024,56(5).

[10]费孝通．乡土中国[M]．上海:上海人民出版社,2006.

[11]何大勇,张越,刘月．个人金融新格局:新趋势下的变革与创新[M]．北京:中信出版社,2016.

[12]何自力,徐学军．一个银企关系共生界面测评模型的构建和分析:

来自广东地区的实证[J]. 南开管理评论,2006(4).

[13]黄海洋,叶春明. 博弈分析框架下的供应链应收账款融资研究[J]. 物流科技,2014(12).

[14]黄锐. 金融区块链技术的监管研究[J]. 学术论坛, 2016(10).

[15]黄益平,黄卓. 中国的数字金融发展:现在与未来[J]. 经济学(季刊),2018(4).

[16]李翔,常灿. 非利息业务会提升银行的绩效吗?——基于 PSTR 模型的非线性影响实证检验[J]. 预测,2014,33 (4).

[17]李东荣. 从金融电子化到数字化金融[J]. 中国金融,2018(5).

[18]李雯轩,李晓华. 全球数字化转型的历程、趋势及中国的推进路径[J]. 经济学家,2022(5).

[19]普里马韦拉·德·菲利皮,亚伦·赖特. 监管区块链:代码之治[M]. 北京:中信出版社, 2019.

[20]刘晓曙,鞠卓. 以综合服务能力提升中小银行对公负债质量[J]. 中国银行业,2024(7).

[21]麦肯锡. Fintech 2030:全球金融科技生态扫描[R]. 北京:麦肯锡中国,2021.

[22]麦肯锡. 麦肯锡中国金融业 CEO 季刊 2023 年秋季刊[R]. 北京:麦肯锡中国,2023.

[23]曼纽尔·卡斯特. 网络社会的崛起[M]. 北京:社会科学文献出版社,2003.

[24]尼尔·斯蒂芬森. 雪崩[M]. 成都:四川科学技术出版社,2018.

[25]尼古拉·尼葛洛庞帝. 数字化生存[M]. 北京:电子工业出版社,2017.

[26]戚聿东,蔡呈伟. 数字经济时代的企业管理变革[J]. 管理世界,2020(6).

[27]宋科,陈醒,李振,徐蕾. 中国商业银行数字化转型:指数构建与演

进趋势[J]. 应用经济学评论,2023(9).

[28]苏朝晖. 客户关系的建立与维护[M]. 北京:清华大学出版社,2007.

[29]王勋,黄益平,苟琴,邱晗. 数字技术如何改变金融机构:中国经验与国际启示[J]. 国际经济评论,2022(1).

[30]维克托·迈尔-舍恩伯格. 数据资本时代[M]. 北京:中信出版社,2018.

[31]维克托·迈尔-舍恩伯格,肯尼思·库克耶. 大数据时代:生活、工作与思维的大变革[M]. 杭州:浙江人民出版社,2012.

[32]吴明晖,周苏. 大数据分析[M]. 北京:清华大学出版社,2020.

[33]吴桐. 基于区块链的开放式金融的优势、制约与推进对策[J]. 经济纵横,2020(2).

[34]吴桐. 链改:重塑社会结构和经济格局[M]. 北京:中国发展出版社,2018.

[35]小米生态链谷仓学院. 小米生态链战地笔记[M]. 北京:中信出版社,2017.

[36]肖远企. 金融的本质与未来[J]. 金融监管研究,2018(5).

[37]谢绚丽,王诗卉. 中国商业银行数字化转型:测度、进程及影响[J]. 经济学(季刊),2022(6).

[38]徐玉德,程东. 数据资产赋能数字经济发展的机制、挑战与应对[J]. 财务与会计,2024(13).

[39]杨东. 监管科技:金融科技的监管挑战与维度建构[J]. 中国社会科学,2018(5).

[40]易小明,邓敏. 利己与利他相统一:善的最高层次[J]. 齐鲁学刊,2011(4).

[41]袁纯清. 金融共生理论与城市商业银行改革[M]. 北京:商务印书馆,2002.

[42]约翰·冯·诺伊曼,奥斯卡·摩根斯坦．博弈论与经济行为[M]．普林斯顿:普林斯顿大学出版社,1944.

[43]约瑟夫·熊彼特．经济发展理论 [M]．北京:商务印书馆,2020.

[44]詹·法格博格,戴维·莫利,理查德·纳尔逊．牛津创新手册[M]. 北京:知识产权出版社,2009.

[45]张葵．以社交化经营重构银行客户关系[J]．中国银行业,2021(10).

[46]赵明．先秦儒家政治哲学引论[M]．北京:北京大学出版社,2004.

[47]曹诚．应收账款融资视角下供应链金融的博弈分析[J]．甘肃金融,2023 (2).

[48]周文辉,何奇松．创业孵化平台赋能对资源配置优化的影响:基于机制设计视角的案例研究[J]．研究与发展管理,2021,33(1).

[49]邹炎, 谢邵虎, 朱明杰．云原生构建:微服务、容器化与容器编排[M]．北京:机械工业出版社,2023.

[50]布莱特·金．银行4.0[M]．广州:广东经济出版社, 2018.

[51]Eugene P. Odum. 生态学基础[M]．北京:高等教育出版社,2008

[52]Gozalo – Brizuela R. , Garrido – Merchan C. ChatGPT is not all you need. A state of the art review of large generative AI models[J]. 2023, arXiv preprint arXiv:2301. 04655.

[53]Granovetter M. Economic action and social structure: The problem of embeddedness[J]. American Journal of Sociology, 1985, 91(3): 481 –510.

[54]Hunt, Anthony Dewayne. Bitcoin: A peer – to – peer electronic cash system, 2008.

[55]Jacques Ellul. The technological society[M]. Vintage Books, 1964.

[56]John Nash. Equilibrium points in N – person games [J]. Proceedings of the National Academy of Sciences,1950.